TRINITY

MARIANNE WILLIAMSON

DU BIST STÄRKER *als dein* SCHMERZ

SEELISCHE WUNDEN HEILEN UND INNEREN FRIEDEN FINDEN

Aus dem Amerikanischen von
Susanne Kahn-Ackermann

TRINITY

Die amerikanische Originalausgabe erschien 2016 unter dem Titel »Tears to Triumph«
bei HarperOne, einem Imprint von HarperCollins Publishers, New York, USA.

I. Auflage
Deutsche Erstausgabe
© 2017 der deutschsprachigen Ausgabe
Trinity Verlag
in der Scorpio Verlag GmbH & Co. KG, München
© 2016 Marianne Williamson
Umschlaggestaltung: Guter Punkt, München
Satz: BuchHaus Robert Gigler, München
Druck und Bindung: Pustet, Regensburg
ISBN 978-3-95550-221-8

www.trinity-verlag.de

Im Gedenken an
Richard

INHALT

Daß ich dereinst, an dem Ausgang der grimmigen Einsicht,
Jubel und Ruhm aufsinge zustimmenden Engeln.
Daß von den klar geschlagenen Hämmern des Herzens
keiner versage an weichen, zweifelnden oder reißenden Saiten.
Daß mich mein strömendes Antlitz glänzender mache;
daß das unscheinbare Weinen blühe.
O wie werdet ihr dann, Nächte, mir lieb sein, gehärmte.
Daß ich euch knieender nicht, untröstliche Schwestern,
hinnahm, nicht in euer gelöstes Haar mich gelöster ergab.
Wir, Vergeuder der Schmerzen.
Wie wir sie absehn voraus, in die traurige Dauer,
ob sie nicht enden vielleicht.
Sie aber sind ja unser winterwähriges Laub,
unser dunkeles Sinngrün, eine der Zeiten des heimlichen Jahres —
nicht nur Zeit —, sind Stelle, Siedelung, Lager, Boden, Wohnort.

AUS: RAINER MARIA RILKE,
DUINESER ELEGIEN, DIE ZEHNTE ELEGIE,
INSEL VERLAG, LEIPZIG 1923

VORWORT

Alle sehen wir uns Zeiten im Leben gegenüber, in denen uns Schmerz und Qual des Daseins schier unerträglich erscheinen. Bei manchen kommen solche Erfahrungen selten vor, und der Schmerz ist relativ glimpflich. Andere aber können von der entsetzlichen Qual erdrückt werden und nur schwer zum winzigsten bisschen Trost finden. Immer tiefer und tiefer fallen wir in den Brunnen unserer Tränen, hinab in eine scheinbar bodenlose Finsternis. Wir fragen uns, woher all dieses Leiden kommt. Und wir fragen uns, ob es je ein Ende haben wird.

Wenn Sie selbst eine solche Zeit durchmachen — eine Zeit, in der allein schon der nächste Atemzug oder das Durchstehen eines weiteren Tages kaum vorstellbar scheint — oder ein von Ihnen geliebter Mensch, dann freue ich mich, dass Sie dieses Buch lesen. Es könnte sein, dass Sie hier ein paar Puzzleteile finden, die Sie noch nicht erforscht haben. Auf ein Geheimnis stoßen. Oder vielleicht auf ein Wunder.

Das heißt nicht, dass Sie sich nicht anstrengen müssen. Das heißt nicht, dass Sie keine Arbeit leisten müssen. Wunder sind keine Schnellreparatur oder einfache Lösung. Aber sie aktivieren eine von Gott herrührende spirituelle Kraft und Macht, um Ihnen zu helfen. Gott ist hier, ist da, auch inmitten Ihres Leidens. Und wenn Sie die Hand nach ihm ausstrecken, wird er sie Ihnen reichen.

Ziehen Sie nun die Möglichkeit in Betracht, dass alles geschehen könnte. Ich bitte Sie nicht, dies zu glauben, ich bitte Sie nur, in Betracht zu ziehen, dass dem so sein könnte. Allein der Gedanke, dass Wunder möglich sind, bewirkt mehr, um Ihnen den Weg zur Heilung zu ebnen, als Sie sich vorstellen können. Er öffnet die Pforten zu einem Reich unbegrenzter Möglichkeiten, unabhängig davon, was Sie durchgemacht haben oder gerade durchmachen.

Nicht der Schmerz, den Sie durchleben, bestimmt über Ihre Zukunft; Ihre Zukunft wird bestimmt davon, wer Sie sind, während Sie Ihren Schmerz durchleiden. Das soll die Tiefe Ihres Leidens nicht infrage stellen. Es ist innerhalb der sterblichen Welt ganz gewiss real. Aber weder ist die Realität, in der wir uns verfangen haben, das, was sie zu sein scheint, noch sind Sie selbst ganz das Wesen, das Sie Ihrem gegenwärtigen Gefühl nach sind. Wir können die Definition von unserem wahren Wesen und auch vom Wesen und der Natur der Welt erweitern – und unser Leben wird sich allmählich verändern. Ihr menschliches Ich oder Selbst mag sich momentan in der Hölle befinden, aber Ihr göttliches Selbst ist von Ihrem Leiden buchstäblich unberührt. Und Ihr göttliches Selbst ist Ihr wahres Wesen.

Ihr Unterbewusstsein ist Ihrer umfassenderen Realität gewahr und wird die Rolle übernehmen, sie Ihnen aufzuzeigen, wenn Sie dafür bereit sind. Dieser Prozess wird eine der großen Reisen Ihres Lebens sein, da Sie Dinge sehen werden, die Sie noch nicht gesehen haben, und Dinge erfahren werden, die Sie nicht wussten. Ihre Tränen, Ihr Gefühl von Hoffnungslosigkeit, Ihre Angst, Ihre

Wut, Ihr Schuldgefühl, Ihre Verbitterung, Ihr Reuegefühl, Ihr Schrecken – nichts davon wird übertüncht oder geleugnet. All das werden Sie nicht auflösen, indem Sie es im Dunkeln belassen, sondern indem Sie es dem Licht aussetzen. Und dabei werden Sie jenseits all dessen eine solche Herrlichkeit – in Ihnen selbst und in der Welt – wahrnehmen, dass Sie die Reise Ihres Leidens tatsächlich segnen werden, denn sie hat Sie zu sich selbst und dem Sinn Ihres Lebens geführt. Spirituelle Heilung liegt nicht in der Verleugnung Ihres Schmerzes, sondern darin, dass Sie ihn voll und ganz fühlen und Gott übergeben.

Und dann nehmen die Wunder ihren Anfang …

Dieses Buch ist eine spirituelle Betrachtung über das menschliche Leiden, über seine Ursachen und Transzendierung. Spiritualität bedeutet kein zartrosa gefärbtes, vages, psychologisch schlichtes Weltverständnis. Vielmehr stellt sie die tiefgründigste Erläuterung der Arbeits- und Vorgehensweise unseres Geistes dar und erklärt, wie dieser unsere Erfahrungen filtert. Spiritualität erkennt die außergewöhnliche Tiefe unserer grundlegendsten Sehnsucht – unserer Sehnsucht nach Liebe – und des außerordentlichen Schmerzes, den wir empfinden, wenn wir sie nicht finden.

In unserer Welt gibt es eine Epidemie von Depressionen und unzähligen Optionen, sie zu behandeln. So wie es natürliche Heilmittel für körperliche Krankheiten gibt, gibt es auch natürliche Heilmittel für Krankheiten des Geistes. Und mit einem »natürlichen Heilmittel« für Depression meine ich nicht Kräuter oder homöopathische Arzneien; ich meine die praktische Anwendung von Liebe und Vergebung als Medizin für die Seele.

Als Gesellschaft laden wir die Depression geradezu ein, indem wir die Liebe trivialisieren. Wir haben unsere Seelen für ein Linsengericht verkauft. Die menschliche Existenz ist nicht einfach nur eine zufällige Episode ohne einen höheren Sinn und Zweck als den, dass wir alle bekommen sollten, was wir haben wollen. Schauen wir aus diesem Blickwinkel auf unser Leben, ohne Deckschicht des reinen Geistes* *(spirit)*, scheint es keinen letztendlichen Sinn zu haben. Und die Seele lechzt nach Sinn und Bedeutung, so wie der Körper nach Sauerstoff lechzt. Existiert kein spiritueller Rahmen, sind uns zwar die Mechanismen des Lebens bekannt, doch schrecken wir davor zurück, sie zu verstehen. Da wir es nicht schaffen, das Leben zu verstehen, missbrauchen wir es. Und durch diesen Missbrauch bewirken wir Leiden – für uns selbst und für andere.

Jede große religiöse und spirituelle Philosophie behandelt das Thema des menschlichen Leidens. In diesem Buch werden die tiefen Erkenntnisse und Einsichten, die uns die religiösen und spirituellen Lehren und Unterweisungen dieser Welt zur Verfügung stellen, nur oberflächlich berührt. Doch dringt es hoffentlich bis zu einem Punkt vor, der sich oftmals hinter den Schleiern von Dogma und Missverständnis verbirgt.

---

* Ausgehend von *Ein Kurs in Wundern*, wird auch in diesem Buch das englische *spirit* durchgängig mit »reiner Geist« übersetzt. (A. d. Ü.)

Zum Beispiel begann die spirituelle Reise Buddhas, als er zum ersten Mal des Leidens ansichtig wurde; Moses wurde vom Leiden der Israeliten bewegt; Jesus litt am Kreuz. Aber es geht nicht einfach nur darum, dass Buddha das Leiden sah; es geht darum, dass er es durch die Erleuchtung, durch das Erwachen, transzendierte. Es geht nicht einfach nur darum, dass die Israeliten versklavt waren; es geht darum, dass sie gerettet und ins Gelobte Land geführt wurden. Es geht nicht einfach nur darum, dass Jesus gekreuzigt wurde; es geht darum, dass er wiederauferstand. Das menschliche Leiden war nur der erste Teil einer Gleichung. Am meisten zählt das Geschehen, nachdem sich Gott kundtat.

Auch wir leiden und beobachten Leiden rings um uns herum; auch wir sind durch einen inneren Pharao versklavt; auch wir sterben am Kreuz der Grausamkeit und mangelnden Ehrfurcht der Welt. Ob es vor Tausenden von Jahren stattfand oder sich heute abspielt, Leiden ist Leiden, Unterdrückung ist Unterdrückung, und Grausamkeit ist Grausamkeit. Diese Dinge sind keine uralten Realitäten, die nicht mehr existieren. Sie sind nicht *verschwunden*.

Und auch nicht Gottes Macht und Kraft, sie auszulöschen. Reiner Geist erleuchtete Buddha; reiner Geist erlöste die Israeliten; reiner Geist ließ Jesus wiederauferstehen. Wenn wir wissen, dass unser Leiden das Gleiche ist wie das ihre, dann ergibt es Sinn, ihre Befreiung tiefer verstehen zu wollen, damit wir unsere eigene Befreiung leichter herbeiführen können. Wie blind wir sind, wie arrogant, wenn wir meinen, dass unser Leiden das Gleiche ist, dass wir aber doch irgendwie unseren Umgang damit verbessert haben.

Glaubt wirklich irgendjemand, dass Buddha das Leiden dadurch hätte transzendieren können, dass er mehr Geld verdient, sich einen besseren Arbeitsplatz besorgt oder ein besseres Auto gekauft hätte? Oder dass die Israeliten der Sklaverei hätten entkommen können, wenn sie noch mal mit dem Pharao verhandelt oder ein Privatflugzeug gehabt hätten, das sie ins Gelobte Land brachte? Oder dass Jesus von den Toten hätte auferstehen können, wenn es damals schon die Kryokonservierung gegeben hätte?

Während der letzten paar Hundert Jahre hat die Menschheit das Auftreten mancher Leidensformen verringert und das anderer vermehrt. Wir haben die Bedrohung durch Kinderlähmung verringert, aber die Bedrohung durch eine atomare Katastrophe erhöht. Wir haben die Gefahren des Reisens gemindert, aber die Möglichkeit, dass unser ganzes Ökosystem implodiert, vergrößert. Und wenn wir meinen, wir hätten mit dem »Vergewaltigen und Plündern« aufgehört, brauchen wir uns nur das Geschehen überall auf der Welt anzusehen.

Es gibt heute keine weltliche Lösung für das Leiden der Menschheit oder deren Neigung zur Selbstzerstörung, die sich mit den Lösungen vergleichen ließe, die uns die großen Religionen und spirituellen Philosophien anbieten. Und genau darum hat der Ego-Geist sie für seine Zwecke eingespannt. Er hat in unserer Welt und in unseren Herzen die Macht des Friedens in die Macht des Schwertes verwandelt.

Heute beschränkt sich die Suche nach spiritueller Nahrung nicht auf eine bestimmte Lehre. Ob Buddhismus oder Judentum,

Christentum oder Islam oder Hinduismus, hier gibt es kein Richtig oder Falsch. Sie alle sind kaleidoskopartige Facetten des einen essenziellen Diamanten. Ob wir uns persönlich auf die Geschichte von Buddha, Moses, Jesus, Mohammed oder Krishna beziehen; ob wir die Wahrheit tiefer gehend verstehen, wenn sie durch C. G. Jung, Joseph Campbell oder *Ein Kurs in Wundern* zum Ausdruck kommt; die wesentlichen Themen all dieser Lehren sind in ihrem Kern universeller Natur. Sie gelten für alle Menschen und – ganz wichtig – für alle Zeiten.

Die großen religiösen Persönlichkeiten und Unterweisungen der Welt sind Gottes Geschenke, eine göttliche Hand, die hinabreicht, um den Geist und das Gemüt jener zu erreichen, die sich aufgerufen fühlen. Während das Ego die äußerlichen Aspekte dieser Lehren nutzt, um uns voneinander zu trennen – manchmal sogar als Rechtfertigung, um einander zu zerstören –, vereinen uns ihre inneren Wahrheiten, indem sie uns lehren, wie wir miteinander leben sollen. Auf der inneren Ebene haben die großen Religionen der Welt immer zu Wundern geführt. Auf der äußeren Ebene führten sie genauso oft zu Gewalt und Zerstörung. Das muss sich ändern und wird sich ändern, da mehr Menschen dahin kommen, die mystischen Wahrheiten zu erkennen, das innere Gold, das sie alle in sich bergen. Die größte Chance für das Überleben der Menschheit im 21. Jahrhundert liegt nicht in der Erweiterung unseres äußeren Horizonts, sondern in der Vertiefung unseres inneren Horizonts. Das gilt für uns ganz persönlich und ebenso für uns alle gemeinsam.

Und solange wir das nicht tun, werden wir traurig sein. Unser Körper, unsere Beziehungen, unsere Karrieren, unsere Politik werden weiterhin ein Quell des Leidens sein, wo sie doch eigentlich ein Quell der Freude sein sollten. Im Innern aller großen spirituellen Lehren und Unterweisungen verbirgt sich der Schlüssel, um das umzukehren. Wenn wir den Schlüssel erst einmal finden und im Schloss umdrehen, werden wir erstaunt sein über das, was hinter der Tür verborgen liegt. Wir sind nicht ohne Hoffnung; wir haben sie einfach nur nicht gesehen. Wir sind nicht ohne Macht; wir haben sie einfach nur nicht in Anspruch genommen. Wir sind nicht ohne Liebe; wir haben sie einfach nur nicht gelebt.

Wenn wir diese Dinge sehen, beginnt sich unser Leben zu verändern. Unser Geist ist erwacht. Wunder geschehen. Und endlich sind unsere Herzen froh.

I
LEID UND KUMMER ÜBERGEBEN

Wir sehnen uns alle nach Glück und Liebe, und manchmal finden wir sie. Die meisten von uns werden jedoch zu irgendeinem Zeitpunkt auch von Kummer und Leid heimgesucht. Eine Beziehung, ein Arbeitsplatz, bestimmte Umstände machten uns glücklich — doch dann lief irgendetwas schief. Manchmal können wir auch nicht genau sagen, warum, aber wir empfinden kein Glücksgefühl und fühlen keine Liebe.

Das Leben ist tatsächlich nicht immer einfach, und es kann äußerst schwierig sein, in einem Raum von tiefem Kummer und Leid in Würde zu verweilen. Emotionale Torturen, überwältigendes Leid, unerträgliches körperliches Leiden, Schreie aus dem tiefsten Grund unserer Seele — warum ist ein solches Leiden Bestandteil unserer Erfahrungen? Was bedeutet es? Und wie können wir es überleben und sogar transzendieren?

Eine spirituelle Weltsicht weicht solchen Fragen nicht aus; vielmehr gibt sie darauf eine Antwort. Tatsächlich finden sich diese Fragen im Zentrum aller großen religiösen Lehren; angefangen bei Buddhas erster Begegnung mit dem Leiden, nachdem er den königlichen Palast seines Vaters verlassen hatte, über das Leiden der unter dem Pharao versklavten und dann durch die Wüste wandernden Israeliten, bis hin zu Jesus, der am Kreuz litt. Die universellen spirituellen Wahrheiten, die sich in den großen religiösen Lehren finden, sind unmittelbar vom Geist Gottes gesandter Herzensbalsam.

Paradoxerweise verdecken die institutionalisierten Religionen diese Wahrheiten oft mehr, als dass sie sie enthüllen, so bleiben die außerordentlichen Kräfte des Trostes und der Inspiration, die sie verleihen sollen, verborgen. Dieses Buch möchte diese Prinzipien ans Licht bringen, denn es handelt sich hierbei um verschlüsselte Botschaften, die nicht nur auf die Quelle des Leidens, sondern auch auf die Quelle seiner Heilung deuten.

Tatsächlich ist die Heilung des Herzens Gottes Spezialität. Der reine Geist strukturiert unser Denken auf unsere Bitte hin um und bringt damit unserem Herzen Frieden. Innerer Friede entsteht nicht aus einer Veränderung des intellektuellen Denkens, sondern durch einen spirituellen Prozess, der sich auf Körper und Seele auswirkt. Diese Veränderung ergibt sich durch göttliche Vermittlung, die keineswegs metaphorischer Natur ist, da wir unsere Gedanken mit den Gedanken Gottes in Einklang bringen.

Theologie allein bringt keinen Trost. Aber spirituelle Prinzipien sind, wenn sie praktisch angewandt werden, Pforten zum inneren Frieden. In diesem Buch geht es darum, diese Prinzipien in ein alchemistisches Gebräu persönlicher Transformation zu verwandeln, wobei wir die Einsichten und Erkenntnisse großer religiöser Wahrheiten dazu nutzen, den Schmerz zu lindern, der Bestandteil unseres menschlichen Daseins ist.

Einfach nur morgens aufzuwachen und die tägliche Routine einer normalen Existenz zu durchlaufen kann emotional oder auch körperlich belastend und beschwerlich sein. Unerträglicher Schmerz kann monate- oder sogar jahrelang auf dem Herzen lasten, alle Freude vernichten und auch den geringsten Trost unmöglich werden lassen. Traumatische Erinnerungen können die Psyche mit rasiermesserscharfen Schnitten verletzen. Das Leiden kann alles andere überwältigen, und wenn wir an die Existenz Gottes glauben, kann es in solchen Momenten den Anschein haben, dass er sehr weit weg ist.

Aber Gott ist nie weit weg, weil sich Gott in unserem Geist befindet. Wir sind frei zu denken, was immer wir wollen. Die Tür zur emotionalen Befreiung ist primär geistiger Natur. Wenn wir unsere Gedanken mit den Gedanken Gottes in Einklang bringen, können wir inmitten unseres Leidens für ihn erwachen. Wir können ihn inmitten der Finsternis finden. Ähnlich einem Haus, in dem Stromleitungen verlegt sind, ist das Universum für Gottes Licht ausgelegt, und jeder Geist ist wie eine Lampe. Aber die Lampe muss eingestöpselt sein, um Licht verbreiten zu können. Mit jedem Gebet schließen wir uns an das Licht an. Mit jeder Einsicht in unsere Fehler und der Bereitschaft, sie zu berichtigen, schließen wir uns an das Licht an. Mit jeder Handlung der Vergebung schließen wir uns an das Licht an. Mit jeden fünf Minuten Meditation schließen wir uns an das Licht an. Mit jedem barmherzigen Gedanken schließen wir uns an das Licht an. Mit jedem Augenblick des Glaubens schließen wir uns an das Licht an.

Die Suche nach Gott ist eine Suche nach Licht, und außerhalb dieses Lichts sind wir in der Tat beklagenswert. Sind wir im Licht, werden wir geheilt, werden wir ganz.

IN EIN TIEFES,
DUNKLES TAL FALLEN

Ich weiß etwas über Leiden, bei mir wurde zweimal eine klinische Depression diagnostiziert. Ich habe persönliche Tragödien und den Tod geliebter Menschen erlebt. Ich habe niederschmetternden Verrat und verheerende Enttäuschungen durchlitten. Mehr als einmal hatte ich das Gefühl, dass mir jedwede Chance auf Glück, die ich je gehabt haben mochte, genommen wurde. Ich habe das Leiden hautnah und an mir selbst erfahren, in meinem eigenen Leben und im Zuge meiner beruflichen Laufbahn auch im Leben vieler anderer. Nichts schärft den Blick für das Leiden anderer mehr als die Erfahrung eigenen Leidens. Ich kenne das Gesicht der Depression, und ich kenne es gut.

Als ein Mensch, der die Dinge schon immer aus mystischer Sicht betrachtet hat – auch bevor ich verstand, was es wirklich bedeutet –, habe ich die Ereignisse meines Lebens stets im Kontext einer spirituellen Reise gesehen. Schmerzliche Zeiten waren für mich Bestandteil einer rätselhaften Entwicklung, dunkle Nächte meiner Seele, für die ich, egal, wie verheerend sie waren, voll und ganz präsent sein musste. So tief mein Leiden auch sein mochte, ich wollte es nicht narkotisiert durchleben. Wie eine Gebärende, die während der Wehen keine Medikamente bekommen möchte, weil sie eine »natürliche Geburt des Kindes« erleben will, wollte ich für die Tiefen meines Schmerzes voll und ganz verfügbar sein. Warum? Weil ich wusste, dass er mich etwas zu lehren hatte. Ich wusste, dass mein Leiden irgendwie, auf irgendeine Art, zu einer neuen, gleißenden Morgendämmerung führen würde — aber nur dann, wenn ich willens war, die tiefe dunkle Nacht, die ihr voranging, zu ertragen.

Damit soll das Leiden keinesfalls romantisiert werden. Schlaflose Nächte, zwanghafte Gedanken, extremer geistiger und emotionaler Schmerz sind nicht auf die leichte Schulter zu nehmen. Aber meine Reise durch tiefe Traurigkeit und Schwermut hat mir letztlich so viel über das Licht gezeigt, wie sie mir über die Dunkelheit zeigte — denn indem ich dahin kam, mein Leiden zu verstehen, kam ich auch dahin, mich selbst tiefer zu verstehen.

Am anderen Ufer meines Leidens habe ich Dinge gesehen, die ich ansonsten nicht gesehen hätte. Ich habe gesehen, auf welche Weise ich zu meinen eigenen Katastrophen beigetragen habe. Ich habe gesehen, dass die Liebe kein Spiel ist und ernst genommen werden sollte. Ich habe gesehen, dass die Gefühle anderer Leute ebenso wichtig sind wie die meinen. Ich habe gesehen, dass Äußerlichkeiten nicht das sind, was zählt. Ich habe gesehen, dass ein Leben, das mit allen möglichen Zielen und Zwecken außer der Liebe gelebt wird, zu Kummer und Leid führt. Ich habe gesehen, dass die Liebe mächtiger ist als das Böse. Ich habe gesehen, dass nichts außer der Liebe Gottes garantiert werden kann. Und ich habe gesehen, dass das Leben in der Tat weitergeht.

Bedauern, Gewissensbisse, Demütigung, körperlicher Schmerz, Trauer, Versagen, Verlust – alles das kann qualvoll sein. Aber so schwer diese Dinge auch zu ertragen sein mögen, sie können zuweilen den Weg zur Erhellung ebnen: Gewissen, Vergebung, Demut, Reue, Wertschätzung, Dankbarkeit und vertrauensvoller Glaube. Manchmal erkennen wir im Rückblick Zeiten tiefen emotionalen Schmerzes als jene Feuerproben, aus denen die Wahrheit über unser wahres Wesen hervorging.

Ich habe eine Menge aus diesen Zeiten des Mitternachtsblues gelernt, so qualvoll sie auch sein können. In schlaflosen Nächten sehen wir uns oft Monstern gegenüber, die sich in den Stunden des Tageslichts nur allzu leicht verscheuchen lassen, Monster, die nicht nur Leid, sondern auch Informationen mitbringen. Was schwierig ist, muss nicht immer schlecht sein. Wir erkennen vielleicht etwas, das wir in uns verändern oder für das wir Wiedergutmachung leisten müssen, wir sehen, wo sich ein Charaktermangel zeigt oder wo neurotische Muster unser Leben zerstören, wir erkennen, welche Schuld wir vergeben oder was wir verbessern müssen. Vielleicht kommen wir schließlich mit Gott ins Reine, erbitten seine Hilfe, damit wir uns selbst vergeben können. Vielleicht machen wir die Erfahrung seiner Gnade, wenn wir um eine Chance beten, die Dinge in Ordnung bringen zu können. Wir mögen um geliebte Menschen trauern, die wir verloren haben, und schließlich doch das ewige Band spüren, das uns für immer mit ihnen eins sein lässt. In solchen Nächten weinen wir oft Tränen, die einfach geweint werden müssen.

Manchmal *entstammt* das Licht den Erkenntnissen, zu denen wir in dieser Dunkelheit gelangen. Nicht immer sind Leidensphasen Umwege auf der Reise zur Erleuchtung, sie können auch als bedeutsame Haltepunkte auf dem Weg dienen. Persönliche Dämonen, die aus der dunklen Höhle tiefer Traurigkeit und Schwermut hervorkommen, lassen sich nicht einfach »behandeln«; sie müssen durch das Licht der Selbsterkenntnis aufgelöst werden. Alles, was angeschaut werden muss, muss angeschaut werden; alles, was verstanden werden muss, muss verstanden werden; jedes Gebet, das gebetet werden muss, muss gebetet werden.

Und das kann dauern. Eine Phase emotionalen Leidens ist oftmals nicht einfach nur ein *Symptom* unserer Depression, sie ist ebenso sehr ein notwendiger Faktor ihrer Heilung. Eine solche Phase kann das sein, was wir durchlaufen müssen; das, was wir möglichst nicht umgehen sollten auf unserer Reise an den Ort, wo wir nicht mehr leiden.

Deshalb müssen wir manchmal für unseren emotionalen Schmerz Raum schaffen. Es können zuweilen Monate der Trauer und des Kummers sein, die wir durchleben müssen, in denen wir die Mysterien der Liebe und des Verlusts verarbeiten müssen, um schließlich zu erkennen, dass es im reinen Geist keinen Verlust gibt und dass in Gott immer Hoffnung ist. Ein solches Trauern ist eine heilige Reise und kann und sollte nicht übereilt werden. Wenn wir fünfundvierzig Tränen zu weinen haben, sind siebzehn geweinte Tränen nicht genug. Tiefer Kummer ist ein Fieber der Seele, und wie im Körper sinkt auch in der Psyche das Fieber, wenn es eben sinkt. Wie der Körper hat auch der Geist die Tendenz zur Reparatur – verfügt er über ein Immunsystem, das sich immer in Richtung Heilung bewegt. Wir müssen ihm nur Zeit lassen.

Die Möglichkeit eines gebrochenen Herzens ist immer gegeben, das ist Teil unserer menschlichen Erfahrung. Wo Liebe ist, ist Glücksgefühl. Aber wo die Bande der Liebe zerstört sind, ist Schmerz. Wie könnten unsere Herzen angesichts der Tatsache, dass die Welt so sehr von Angst beherrscht und in vielerlei Hinsicht so resistent gegen Liebe ist, zuweilen nicht vom Schmerz zerrissen werden, einfach nur weil wir hier leben?

Und haben wir erst einmal genug gelebt, dann wissen wir das. Schließlich leben wir ja damit, und wir leben damit in Würde. Wir lernen, die Schläge einzustecken im Wissen, dass sie Bestandteil des Lebens sind. *»Hello darkness, my old friend; I've come to talk with you again«* (Hallo Dunkelheit, mein alter Freund; hier bin ich wieder, um mit dir zu reden) ist mehr als nur eine Textzeile in einem Song von Simon and Garfunkel. Dieser Satz beschreibt eine bestimmte Haltung, die Bereitschaft zu akzeptieren, dass diese Woche oder dieser Monat oder auch dieses Jahr hart sein könnte – aber du weißt, dass du es überstehen wirst. Und in gewisser

Weise ist die Person, zu der wir werden, *weil* wir es durchlebt haben, lebendiger – vielleicht sogar schöner – als die, die wir davor waren. Um es mit den Worten von Elisabeth Kübler-Ross auszudrücken: »Würdest du die Canyons vor den Stürmen schützen, würdest du nie die Schönheit ihrer zerklüfteten Felsen sehen.«

Depression bedeutet ein emotionales Fallen, manchmal in ein sehr tiefes, dunkles Tal. Das ist wahr. Doch ein Leben des spirituellen Sieges ist nicht eines, in dem wir nie in dieses Tal fallen; es ist ein Leben, in dem wir gelernt haben, wie wir da wieder herauskommen, falls und wenn wir fallen. Wir brauchen emotionale Muskeln, um uns emotional zu erheben, so wie wir physische Muskeln brauchen, um uns körperlich zu erheben. Diese Muskeln zu entwickeln ist die Arbeit der Seele. Es ist das Suchen nach Gott und das Finden unseres wahren Selbst.

Gott ist nicht außerhalb von uns, sondern in uns – die Liebe, die die Essenz unseres wahren Wesens ist. Wir leben in Gott, und Gott lebt in uns. Der Schmerz der Welt ist das unerträgliche Leiden des Lebens außerhalb unserer Beziehung zu Gott, denn außerhalb dieser Beziehung sind wir von uns selbst getrennt. Was könnte deprimierender sein, als in Trennung von unserem wahren Selbst zu leben? Und was könnte natürlicher sein als die Tatsache, dass wir die Ganzheit an Orten suchen, wo unsere Herzen zerrissen wurden? In Schmerzen auf die Knie fallen – in dieser Weise sind viele von uns zum ersten Mal im Gebet auf die Knie gefallen. In Augenblicken, in denen der Schmerz einfach nicht mehr zu ertragen ist, ist der Körper bereit für Demut vor Gott.

Ganz gleich, was für ein Problem in unser Leben getreten ist, ganz gleich, welcher Schmerz unser Herz versengt hat, die grundlegende Antwort darauf ist, den Frieden Gottes zu erlangen. *Ein Kurs in Wundern* lehrt, dass wir meinen, viele verschiedene Probleme zu haben, aber in Wirklichkeit haben wir nur eins: unser Getrenntsein von Gott. In diesem Buch geht es darum, unser Leiden zu lindern. Manchmal durch Gebet, manchmal durch Vergebung und immer durch das Aufgeben und Loslassen aller unserer Gedanken, die nicht von Gott sind.

Darin liegt innerer Frieden.

UNSERE GEISTIGEN FILTER AUSWECHSELN

Gedanken aufgeben, die nicht von Gott sind, meint, dass wir Gedanken aufgeben, die nicht von der Liebe kommen. Wir alle besitzen ein spirituelles Immunsystem, das da ist, um die verletzte Psyche zu heilen, so wie das physische Immunsystem den physischen Körper heilt; aber es bedarf der bewussten Anstrengung, um es zu aktivieren. Unsere Lieblosigkeit aufzugeben ist nicht immer leicht, vor allem wenn wir emotionale Schmerzen leiden. Aber wir müssen es tun, um zu heilen. Spirituelle Heilung ist *Arbeit* in dem Sinn, dass sie nichts Passives, sondern etwas Aktives ist. Es ist eine Medizin, die wir gemeinsam mit Gott erschaffen.

Diese Medizin ist ein Wunder. Sie bedeutet den Wechsel von

der Identifizierung mit dem leidenden Ich oder Selbst zur Identifizierung mit dem spirituellen Selbst. Dies entzündet das Feuer Gottes in uns, ein Feuer, das mit der Zeit jeden Gedanken erfasst, der in uns Schmerz verursacht. Es geleitet uns zu einer Neuinterpretation von allem, was sich in unserem Leben ereignet hat, und ersetzt einen geistigen Filter, der unseren Schmerz festigt, durch einen geistigen Filter, der unsere Erlösung vom Schmerz garantiert. Es tut dies, indem es uns in die Radikalität der Vergebung und Liebe hineinführt.

Wunder sind Gedanken, und Gedanken bringen alles hervor. Der Gedanke ist die Ursache; die Welt, wie wir sie kennen, ist die Wirkung. Ein Wunder bedeutet, dass unsere Wahrnehmung sich von der Angst zur Liebe verändert; dass sich in unserem Leben eine Auswirkung verändert, weil wir das Denken verändert haben, das diese Auswirkung verursacht hat.

Der größte Teil unseres Leidens ist weniger auf unsere Umstände als vielmehr auf unsere Gedanken über sie zurückzuführen. Tatsächlich ist die Welt nur eine Projektion unserer Gedanken. Alles, was wir durchmachen, wird entweder durch den Geist der Liebe oder durch den Geist der Angst gefiltert; Liebe erzeugt Frieden, Angst erzeugt Schmerz. Angst existiert nicht in sich und aus sich selbst heraus, vielmehr ist sie die Abwesenheit von Liebe. Das die Welt beherrschende Denksystem lehnt die Liebe ab und verstößt sie, daher ist es ein Gefängnis, in dem wir zwangsläufig leiden. Diesem Leiden können wir nur entfliehen, wenn wir uns über das Denksystem, das es erzeugt, erheben.

Natürlich soll der Schmerz, den wir während unseres Lebens in dieser Welt erfahren, nicht geleugnet werden, doch lässt er sich transzendieren. Denken, das Wunder beachtet, unterdrückt unsere Emotionen nicht, vielmehr bringt es sie nach oben, damit wir sie auf einem Pfad zur wahren Heilung platzieren können.

Heilung findet statt, wenn wir unsere schmerzlichen Gefühle erkennen und bestimmen und dann in Gottes Hände legen und beten, dass die Gedanken, die diese Gefühle erzeugten, in Einklang mit ihm gelangen. Eine Situation Gott zu überantworten bedeutet, unsere *Gedanken* über sie zu überantworten, damit sie auf kausaler Ebene eine Veränderung erfahren. Was auf den Altar gelegt wird, wird dann verwandelt.

Es würde gegen unseren freien Willen verstoßen, wenn Gott unsere Gedanken umordnen würde, ohne dass wir ihn bewusst darum gebeten hätten. Aber wenn wir darum bitten, werden unsere Gebete beantwortet. Wenn wir unser Leiden übergeben haben, setzt sofort ein alchemistischer Heilungsprozess ein. Mit der gottbegnadeten Veränderung unserer Gedanken werden Situationen wundersam transformiert.

Wo wir an Bitterkeit festhielten, werden wir zu Wegen der Vergebung geführt. Wo wir an der Vergangenheit festhielten, werden uns sanft neue Möglichkeiten in der Gegenwart aufgezeigt. Wo unsere allgemeine Einstellung negativ war, sehen wir Dinge allmählich in positiverem Licht.

Der Kernpunkt ist hier: Sind wir erst einmal *willens,* die Dinge anders zu sehen – uns mit einem Gott zusammenzutun, der »unseren Selbsthass überlistet«, wie es in *Ein Kurs in Wundern* heißt –, dann beginnt die Heilung.

Unser Bewusstsein wird erhellt, zunächst vielleicht nur ein ganz klein wenig, aber der winzige Lichtspalt, den wir in unseren Geist eingelassen haben, wird sich zu einem wundervollen Strahlen ausweiten. Eine Beziehung wird unausweichlich entspannter; jedes Buch, das uns helfen kann, landet vor unseren Füßen; eine Freundin, die mit einer hilfreichen Erkenntnis aufwartet, ruft zufällig an. Uns kommen Einsichten darüber, wie wir uns anders hätten verhalten können.

Eine spirituelle Sichtweise verleugnet weder unseren Schmerz noch irgendeinen Aspekt unserer menschlichen Erfahrung. Sie verwahrt sich nur gegen deren Macht über uns. Sie gibt uns die Stärke, durchzuhalten, wenn Tränen fließen, und die Kraft, jenseits dessen Wunder aufzurufen.

VON DEN ILLUSIONEN ZUR WAHRHEIT

Ein Wunder verändert unsere Sicht auf die Welt, durchdringt den Schleier der Illusion, der uns in Schmerzen und Leiden gefangen hält. Ein Bittgebet um ein Wunder ist nicht die Bitte, dass eine Situation anders *sein* möge, sondern eine Bitte, dass wir sie anders *sehen*. Nur wenn sich unsere Gedanken verändert haben, werden sich auch die Auswirkungen unserer Gedanken verändern. Nur wenn wir über die Illusionen der Welt hinaussehen, werden wir über den Kummer und das Leid, das sie produzieren, erhoben. Und was sind diese Illusionen? Sie sind die von der Angst erzeugten Manifestationen, die das Antlitz der Liebe verbergen.

Die materielle Welt ist eine riesige Matrix der Illusion, die vom sterblichen Geist erschaffen wurde. Jedoch geht es bei der spirituellen Suche nicht nur darum, zu erkennen, dass die Welt voller Illusionen ist; es gilt auch, die letztendliche Wahrheit zu erkennen, die jenseits davon existiert. Wenn wir sagen, dass die Welt, wie wir sie kennen, nicht die letztendliche Wirklichkeit ist, bedeutet das nicht, dass wir keine letztendliche Wirklichkeit *besitzen*. Wir haben eine letztendliche Wirklichkeit – die jenseits unseres Körpers, unserer Fehler und überhaupt jenseits dieser Welt existiert.

Wir sind keine winzigen Staubkörnchen – kurzlebige, endliche, unvollkommene sterbliche Wesen mit keinem größeren Ziel als dem, auf mitleiderregende Weise nach einem bisschen Glück zu grabschen, bevor wir unausweichlich leiden und sterben. Solange wir in einer so gestörten Wahrnehmung von der Bedeutung des Menschseins gefangen sind, sind wir zu geistigen und emotionalen Qualen verdammt. Stattdessen können wir uns eine tiefere Wahrheit zu eigen machen: dass wir Geistwesen sind, nicht nur Körper. Wir sind großartige und herrliche Wesen mit großartigen und herrlichen Missionen auf dieser Erde, und da wir dies vergessen haben, sind wir in ein äußeres Reich des Schmerzes und der Verzweiflung geworfen worden. Unsere Aufgabe ist also, einen

Weg zurück zu dieser edleren Sicht von unserem wahren Wesen zu finden, damit der Schmerz aufhören möge.

Unser existenzieller Schmerz ist das Ergebnis davon, dass wir in einer halluzinatorischen Erlebniswelt leben und diese für real halten. Für unser sterbliches Ich ist die dreidimensionale Erfahrungsebene sehr real, aber irgendetwas tief in unserem Innern weiß, dass es da noch mehr gibt. Das heißt nicht, dass wir diese oder jene menschliche Erfahrung nicht durchlitten haben. Es bedeutet, dass dieses »Ich«, das sie durchlitten hat, nicht unser wirkliches Selbst ist. Wenn unsere Gedanken über unser wahres Wesen in *Bezug* zur Erfahrung umstrukturiert werden, transformiert sich unsere Erfahrung der Erfahrung. Das erklärt unser irdisches Leiden nicht für nichtig, sondern bekräftigt unsere Fähigkeit, uns darüber zu erheben. Das wirkliche »Ich« oder »Du« ist Liebe, unbeeinflusst von dem, was nicht Liebe ist. Unser reiner Geist – Gottes Schöpfung, die unsere letztendliche Wirklichkeit ist – ist unveränderlich und unberührt von der Lieblosigkeit der Welt.

Der menschliche Geist ist gespalten. Ein Teil des Geistes weiß, wer wir sind, und sieht über den weltlichen Schleier der Illusion hinaus, der andere Teil des Geistes ist wahnhaft und blind. Der Pfad zur Erleuchtung bedeutet, dass wir lernen, den wahnhaften Geist auseinanderzunehmen, das auf Angst gegründete Ego aufzulösen. So wie die Dunkelheit vom Licht vertrieben wird, wird die Angst von der Liebe vertrieben. Das Ego wird aufgelöst und durch einen Geist des reinen Geistes ersetzt, der Liebe ist.

Liebe ist die Wahrheit, wie Gott uns schuf; wenn unsere Gedanken nicht liebender Natur sind, sind wir buchstäblich *nicht wir selbst*. Auf psychischer Ebene ist jeder lieblose Gedanke ein Akt der Selbstauslöschung. Eine Welt, die weder den Vorrang der Liebe anerkennt noch sie in ihrem Ausdruck fördert, ist in der Tat eine deprimierende Welt.

Erleuchtung, die unendliches Mitgefühl ist, ist das einzig wahre Gegenmittel für unser Leiden. Diese Heilung tritt nicht unbedingt rasch ein oder ohne intensive und sogar qualvolle Arbeit. Denn die Welt kann hart sein und unser Widerstand gegen die Liebe sehr stark. Doch unsere Bereitschaft ist alles, und Gott reagiert auf die leiseste Einladung, uns zu helfen, die Dinge anders zu sehen. Eine spirituelle Neuinterpretation der Ereignisse verleiht uns eine übernatürliche Macht – den Winden zu befehlen, die Wasser zu teilen und alle Ketten zu zerbrechen, die uns fesseln. Die Macht Gottes wird und kann nicht versagen. Wir fühlen Frieden, wo wir zuvor nur qualvolle Angst kannten; wir spüren Hoffnung, wo wir zuvor keine Möglichkeit zum Durchbruch erkennen konnten; und wir lernen zu vergeben und fühlen, dass uns vergeben ist.

Eine spirituelle Betrachtungsweise unseres Lebens bedeutet keine weniger gebildete Art, unser Erleben zu interpretieren, sondern eine hoch entwickelte und komplexe Art. Die Liebe, die uns rettet, ist keine Abstraktion oder kümmerliche Sentimentalität. Mitgefühl ist die größte Macht im Universum. Der Geist, der die Macht der Liebe, uns aus dem Leiden zu befreien, herabmindert und bagatellisiert, ist der Geist, der überhaupt erst unser Leiden erschafft und es dann aufrechterhält und verficht.

Der lieblose Geist ist die eigentliche Ursache hinter jeder Katastrophe und jeder Träne. Das Einzige, wovor wir wirklich gerettet werden müssen, ist das wahnwitzige Denken, das diesen Planeten beherrscht. Unsere Erlösung liegt daher darin, dass wir uns mit dem göttlichen Selbst in Übereinstimmung bringen. Denn wir leiden in dem Maße, wie wir uns mit der Zerrissenheit und Gebrochenheit der Welt identifizieren, und unsere heilende Kraft liegt im Wissen, dass wir tatsächlich nicht *von* dieser Welt sind. Wir sind Kinder Gottes, wir müssen den Irrsinn der Welt nicht so erleiden, wie wir es tun.

Wenn wir unser Denken über die Grenzen der dreidimensionalen Realität hinaus ausdehnen, befreien wir uns von diesen Grenzen. Wir bilden neue Pfade in unserem Gehirn, im Bereich unserer Wahrnehmungen und Erfahrungen. Wir nutzen eine Menge Möglichkeiten, die wir sonst nicht sehen würden.

Bei diesem Prozess handelt es sich nicht um einen unmittelbaren »Heureka!«-Moment. Ein Mensch, der an Depression leidet, sagt nicht einfach: »Ah, jetzt kapiere ich!«, und lässt dann alles hinter sich.

Zum Beispiel ist es nicht leicht, jemandem zu vergeben, der uns verraten hat; optimistisch in eine bessere Zukunft zu blicken, wenn die Vergangenheit eine Tragödie war; die Möglichkeit einer ewigen Verbindung mit einem Menschen anzunehmen, der gestorben ist oder uns verlassen hat, weswegen wir am Boden zerstört sind. Aber wenn wir mit der Hilfe Gottes bereit und willens sind zu sehen, was wir jetzt nicht sehen, dann wird unser inneres Auge geöffnet. Wir dehnen unsere Wahrnehmung über den Schleier weltlicher Illusion hinaus aus und werden in eine Welt jenseits davon befördert.

Nichts davon ist leicht, denn unsere Gefängnismauern sind dick. Sie werden durch die Erscheinungen der materiellen Welt verstärkt und durch die geistige Übereinkünfte unserer Spezies. Die Menschheit wird seit Ewigkeiten von einem auf Angst gegründeten Denksystem beherrscht, und Erleuchtung bedeutet eine radikale Zurückweisung der grundlegenden Glaubenssätze dieser Weltsicht. Wenige Dinge sind revolutionärer, als in einer leidenden Welt zu wahrem Glücklichsein zu finden.

WEISHEIT

Erleuchtung beinhaltet ein Umschulen unserer mentalen Muskeln, da wir gegen die emotionale und psychische Schwerkraft eines auf Angst gegründeten Geistes angehen.

Das Ego ist bestrebt, sich selbst zu erhalten, indem es uns bei jeder Gelegenheit in lieblose Gedanken hineinlockt. Und in einem können Sie sicher sein: Es trachtet nicht nur danach, uns zu ärgern, sondern es möchte uns leiden lassen. Es trachtet nicht nur danach, uns Ungelegenheiten zu bereiten, sondern es möchte uns, wenn irgend möglich, töten. Von der Sucht bis hin zum Krieg –

das Ego ist nicht nur darauf aus, die Liebe zu verweigern, sondern uns zu zerstören.

Aus der Angst entsteht eine Vielfalt negativer Emotionen, von denen einige relativ harmlos und manche wirklich irrsinnig sind. Eine Ansammlung von auf Angst gegründeten Emotionen wird allgemein als Depression bezeichnet. Depression ist eine Implosion von Negativität, die zumindest zeitweilig unsere Fähigkeit unterdrückt, »es einfach wegzustecken«. Sie gleicht einem emotionalen Muskelkrampf, der uns an einem starr festgelegten und schmerzhaften Ort festhält.

Angesichts des Zustands der heutigen Welt, angesichts all der Angst und Zerstörung ringsum ist es verständlich, dass Depressionen weitverbreitet sind. Das Leben auf Erden kann in der Tat herzzerreißend sein. Aber tiefe Traurigkeit, ja intensives emotionales Leiden muss uns nicht zerbrechen. Dies ist Bestandteil der menschlichen Erfahrungswelt, Teil unserer spirituellen Reise. Auch im glücklichsten aller Leben kann es zutiefst traurige Tage geben. Wenn wir diese Tatsache erst einmal akzeptieren, ihr in unserem Bewusstsein Raum geben, hören wir auf, jeden depressiven Anfall als Eindringling zu betrachten, der sofort aus dem Haus gescheucht werden muss.

Die Tatsache, dass wir todunglücklich sein können, ist Bestandteil unserer tiefen Menschlichkeit, keine Charakterschwäche. Wenn schon, dann sind unsere Angst vor einem authentischeren Blick auf unser Leiden und unser Widerstand, klüger mit dem Leiden umzugehen, eine Schwäche.

Wenn wir zutiefst traurig sind, lautet die klügste Frage nicht: »Wie kann ich diesem Schmerz sofort ein Ende machen oder ihn betäuben?« Sie lautet: »Was bedeutet dieser Schmerz?« oder: »Was enthüllt er mir? Was soll ich durch ihn verstehen?«

Die spirituelle Bedeutung unseres Schmerzes ehrlich zu erforschen verlängert ihn nicht, sondern beschleunigt eher sein Ende. Ob wir an unserem Leiden wachsen oder uns ihm unterwerfen, hängt in erster Linie davon ab, ob wir selbst in den allerqualvollsten Umständen eine spirituelle Lektion entdecken können. Die Suche nach diesen Lektionen ist die Suche nach Weisheit, und die Suche nach Weisheit ist die Suche nach Frieden. Um es mit den Worten des Philosophen Friedrich Nietzsche zu sagen: »Leben heißt leiden, um zu überleben, um einen Sinn im Leiden zu finden.«

In der heutigen Welt wird die Suche nach Weisheit banalisiert und oft unterbewertet. Die Vernunft kann zwar eine Situation analysieren, aber nur die Weisheit kann sie zutiefst verstehen. Die Suche nach Weisheit ist nicht irgendein philosophischer Zeitvertreib ohne praktischen Nutzen. Die Suche nach Weisheit ist eine Suche danach, wie wir sowohl als Einzelperson als auch als Spezies unser Leben verantwortungsbewusster leben können. Ohne Weisheit treffen wir oft schreckliche Entscheidungen. Wir werden emotional unstet und stürzen uns regelmäßig kopfüber in selbstzerstörerische Situationen. Und obwohl wir dann Unmengen von Zeit und Energie darauf verwenden, die von unserem Mangel an Weisheit verursachte Situation wieder ins Lot zu bringen, verwenden wir nur vergleichsweise wenig Zeit darauf, zu lernen, wie wir künftig klüger und weiser leben können.

Deshalb ist es so wichtig, herauszufinden, was uns unser Schmerz zu lehren hat: So wird es weniger wahrscheinlich, dass wir denselben Schmerz noch mal erleben müssen. Der Geist, der uns in die Hölle geführt hat, ist immer überglücklich, uns dort wieder willkommen zu heißen.

Wie merkwürdig, dass wir uns so ausgiebig mit der Dunkelheit befassen und so wenig mit der Suche nach dem Licht. Das Ego verherrlicht sich liebend gern durch Selbstanalyse, aber die Dunkelheit werden wir nicht los, indem wir ihr mit dem Baseballschläger eins überziehen. Die Dunkelheit werden wir nur los, indem wir das Licht anmachen.

Auf der Suche nach Gott treten wir in die Dunkelheit ein, aber nur, um sie dem Licht auszusetzen. Wie Isis, die das Land durchstreifte, um die verstreuten Teile ihres geliebten Osiris wieder einzusammeln und zusammenzusetzen, müssen wir die nicht integrierten Teile unseres Selbst wiederfinden und bergen. Aus diesem Akt der Liebe gebären wir neues Leben. Wenn wir aus den Zeiten tiefen Kummers und Schmerzes wieder auftauchen, geschieht etwas Bedeutsameres, als dass wir einfach nur wieder glücklich werden. Nachdem wir einen Blick in die tiefste Finsternis geworfen haben, sehen wir das Licht Gottes klarer. Wahrlich, wenn Gott überall ist, dann ist er auch in den dunkelsten Tagen bei uns. Und wenn unsere dunkelsten Tage nicht mehr bei uns sind, vergessen wir nicht, dass er in diesen dunkelsten Tagen bei uns war.

Unsere Qual während dieses Prozesses ist nicht einfach nur eine kalte und klinische Angelegenheit, sondern ein heiliger Prozess, der zum Ende unseres Schmerzes führt und darüber hinaus zum Beginn eines neuen Selbstgefühls. Wir werden vielleicht leiden, aber mit der Zeit werden wir heilen. Ein neues Kapitel unseres Lebens wird aus der Asche hervorgehen. Wie es in der Offenbarung Kapitel 7, Vers 17, und auch in *Ein Kurs in Wundern* heißt: »Gott selbst wird alle Tränen von ihren Augen abwischen.«

Unsere Gesellschaft ist besessen von dem unreifen und neurotischen Versuch, immer glücklich zu sein. Doch zuweilen ist es so, dass wir durch das Weinen unserer Tränen endlich unsere Segnungen erkennen können. »Die Welt zerbricht jeden, und nachher sind viele an den gebrochenen Stellen stärker«, wie Ernest Hemingway es ausdrückt. Alle, die leiden, müssen sich also die Frage stellen, ob sie zu denen gehören wollen, die durch die Erfahrung gestärkt werden.

Sich zu erlauben, das eigene Leiden zu ehren, und sich gleichzeitig darauf zu verpflichten, das Erleben zu überleben – diese Balance zu finden, das ist eine psychische Kunst. Sich zu sagen: »Ich weiß, es ist eine schreckliche Zeit. Aber sie ist nicht ohne Sinn, und ich bin entschlossen herauszufinden, was sie bedeutet. Ich bin entschlossen, mich für die Lektionen zu öffnen, die es hier zu lernen gilt.« Und auf irgendeine Art ist die Lektion immer die Erweiterung unserer Fähigkeit zu lieben.

Es gibt nur ein wirkliches Problem im Leben: dass jemand der Liebe den Rücken gekehrt hat. Doch ganz gleich, wie heftig das

Ego den Geist in seinem dämonischen Griff hat – von der milden Verärgerung bis hin zum direkt Bösen –, Gottes Liebe ist so groß und sein Erbarmen so unendlich, dass er immer das letzte Wort haben wird. Das Universum ist immer bereit, noch mal zu beginnen, in einer nie endenden Welle des »Dann versuch's damit« eine weitere Gelegenheit zur Liebe zu schicken. Das Universum der Liebe lässt sich nicht erschöpfen. Es erschafft immer neue Möglichkeiten, neue Varianten wundersamer Gelegenheiten. Es gibt nichts, was wir je tun könnten oder was uns je widerfahren könnte – nichts, ganz gleich wie finster –, das letztlich gegen den Willen Gottes bestehen könnte. Dies zu wissen ist die Morgendämmerung des Verstehens. Dies zu glauben ist der Beginn des Glaubens. Dies zu erleben ist das Wunder des neuen Lebens.

Diese Geisteshaltung erhebt auch eine schmerzliche Erfahrung auf die Ebene einer höheren emotionalen Frequenz und erzeugt das Empfinden, dass wir, auch während wir weinen, von Engeln gehalten werden.

2
DURCH DIE DUNKELHEIT INS LICHT

Teurer dunkler Anzug, frisches weißes Hemd und schöne Krawatte – als Jonathan mein Apartment betrat, war es ihm anzusehen, dass er sich nicht ganz sicher war, auf wen er da treffen würde und ob er überhaupt hier sein wollte. Ein befreundeter Psychiater hatte angefragt, ob ein Treffen möglich wäre.

Jonathan konnte es sich nicht verkneifen, ein paar herablassende Bemerkungen über meine aus seiner Sicht mangelnden Referenzen zu machen, um mir zu verstehen zu geben, dass er viel zu smart war, um unter normalen Umständen so jemanden wie mich aufzusuchen. Ich schob mein Urteil über seine selbstgefällige Einstellung stillschweigend beiseite, setzte mich, sah ihm in die Augen und fragte: »Also, warum sind Sie hier, Jonathan?«

»Oh, Daniel dachte nur, es sei vielleicht eine gute Idee, wenn wir beide ein paar Ideen durchspielten über einige Dinge, die ich durchgemacht habe«, gab er mit gekünstelter Gewandtheit zur Antwort.

»Ach wirklich?«, fragte ich. Ich kannte Daniel und fand es daher äußerst unwahrscheinlich, dass er Jonathan eine Sitzung mit mir vorgeschlagen hatte, damit wir »ein paar Ideen durchspielten«. Ich hielt Jonathans Blick stand.

Ein paar Sekunden Schweigen, dann sagte er schließlich sehr still: »Nein, eigentlich nicht.«

Und dann, als hätte er Schmerzen, wurde sein ganzer Körper schlaff. Er wandte den Blick ab und flüsterte: »Ich habe alles verloren.«

Ich stellte eine Schachtel Taschentücher auf das Tischchen vor ihm und blieb still. Ich wollte ihm in der Tiefe seines Leids begegnen.

Dann fragte ich ihn mit sanfter Stimme: »Können Sie mir sagen, was passiert ist?«

Er begann zu reden.

Jonathans Geschichte, obschon für ihn zutiefst schmerzlich, war relativ typisch für die heutige Zeit. Er hatte eine schöne Frau, ein großes Haus, eine erfolgreiche Anwaltspraxis und ein beeindruckendes Leben – bis die ebenso beeindruckenden Rechnungen zu viel für ihn wurden und er ein paar verzweifelte Schritte unternahm, die nicht alle ganz legal waren. Schließlich verlor er seine Frau, sein Geld, sein Haus, seine Anwaltslizenz und entging nur knapp dem Gefängnis. Nun lebte er bei seiner Schwester und deren Familie, versuchte verzweifelt, sein Selbstwertgefühl wiederzugewinnen und Hoffnung für einen Neuanfang zu finden. Verständlicherweise war er zutiefst deprimiert.

Mit Tränen in den Augen fuhr er fort: »Eigentlich bin ich nicht so dumm. Ich bin nicht so ein Arschloch, dem es egal ist, was es macht. Ich war einfach … mir sind die Dinge … irgendwie entglitten.«

Er lachte sarkastisch.

Ich wartete einen Moment, bevor ich fragte. »Waren Drogen im Spiel?«

»Nein«, erwiderte er. »Aber es hätte gut sein können. Ich hatte das Gefühl, irgendwie high zu sein.«

»Nun ja, eine bestimmte Art von Leben hat Sie high gemacht«, erwiderte ich.

»Ja, so war es.« Er seufzte. »Ja, so war es.«

»Also lassen Sie mich mal sehen.« Ich sprach langsam. »Sie waren ein großer Macher, und jetzt sind Sie es nicht. Die Frau, von der Sie dachten, dass sie Sie liebt und mit Ihnen durch dick und dünn geht, hat Sie verlassen, als die Sache brenzlig wurde. Sie dürfen Ihren Beruf nicht mehr ausüben, Sie haben kein Geld, um Miete zu zahlen, und wohnen im Haus einer Verwandten. Habe ich das richtig verstanden?«

»Ja«, sagte er und griff nach einem Taschentuch. Seine Gesichtsmuskeln entspannten sich allmählich. Die Wahrheit war raus. Die Maskerade hatte ein Ende.

»Mit anderen Worten, es gibt nichts mehr zu verlieren. Keine Fassade mehr aufrechtzuerhalten. Sie können sich nun endlich entspannen, denn Sie sind ganz unten angekommen.«

Schweigen.

»Ist denn nicht ein kleiner Teil von Ihnen erleichtert?«, fragte ich.

Er wusste nicht, worauf ich hinauswollte, aber ich merkte, dass ich einen Nerv getroffen hatte. Er lächelte kläglich.

»In gewisser Weise, seltsamerweise, ja ...«

»Wissen Sie, manchmal beginnen die Dinge gerade dann, wenn alles so schrecklich ist, besser zu werden. Ihr ganzes Leben ist in die Brüche gegangen, das verstehe ich. Aber sind Sie für die Möglichkeit offen, dass daraus irgendetwas Gutes entstehen könnte?«

»Nun, ich weiß, schlechter kann es nicht werden. Und ich bin hier. Also bin ich offensichtlich auf der Suche nach etwas Hoffnung.«

»Im Zen-Buddhismus gibt es einen Spruch über das Leeren deiner Tasse, damit sie gefüllt werden kann«, sagte ich. »Manchmal besteht das Beste, das uns widerfahren kann, darin, dass unser Leben leer wird, sodass es wieder mit etwas Besserem gefüllt werden kann. Ich denke, dass Sie auf unterbewusster Ebene Ihre Tasse leer gemacht haben.«

Noch vor einem Jahr hätte Jonathan nicht ein Wort von dem gehört, was ich sagte. Aber in seiner momentanen Situation war er auf eine Weise offen, wie er es früher nie gewesen wäre. Er war auf der Suche nach Hilfe und etwas bescheidener geworden gegenüber einer Person, die vielleicht imstande war, ihm diese Hilfe zuteilwerden zu lassen.

Nachdem er alles verloren hatte, was die Welt anzubieten hatte (so dachte er jedenfalls), konnte er sich nun ein paar Gedanken anhören, die nicht in sein normales Denkschema passten. Wenn wir das Gefühl haben, dass alle Hoffnung verloren ist, beginnt manchmal ein neues Leben hervorzutreten. Unser Herz bricht auf, und dann bricht unser Geist auf. Wenn das Ego sagt: »Es ist alles vorbei«, sagt Gott: »Jetzt können wir anfangen.«

»Durch all das wurde Ihr Stolz zerstört, nicht wahr?« fragte ich.

»So viel ist sicher.«

»Aber ist Stolz etwas Gutes?«, fragte ich mit sanfter Stimme. Emotional gesehen, war er wie ein Opfer mit Brandwunden, und ich wollte, dass meine Worte eine heilende Salbe waren und kein Reizmittel.

»Ich möchte Ihnen eine Frage stellen, Jonathan. Hat das Leben, das Sie führten, für Sie wirklich funktioniert?« Ich wartete einen Moment. »Weil Sie es selbst zerstört haben, wissen Sie«, fuhr ich fort. »Nichts von alledem ist aus dem Nichts heraus passiert. Ihr Unterbewusstsein hat Ihr Leben auseinandergerissen. Wissen Sie, warum Sie das getan haben?«

Er dachte einen Augenblick lang nach. »Nein«, sagte er leise. »Offensichtlich war ich verrückt.«

»Vielleicht. Sie waren sicher verrückt, sich selbst derart zu sabotieren, aber auf einer anderen Ebene war es von Ihnen nicht verrückt, alles in die Luft zu jagen.

Das Leben, das Sie sich geschaffen hatten, war nicht mehr aufrechtzuerhalten. Es war ein hoher Baum mit sehr flachen Wurzeln. Das Universum zerstört immer, was letztlich ungesund ist, aber es zerstört nicht *Sie,* Jonathan. Tatsächlich stürzten all diese Dinge rings um Sie herum ein, damit sich Ihr wirkliches Selbst erheben kann.

Auch unsere Fehler können uns zu einem besseren Ort führen, wenn wir uns erst einmal dem unterwerfen, dem wir zuvor nie unterworfen waren. Es geht darum, dass Sie jetzt werden, wer Sie zuvor nicht waren, damit Sie von anderer Stelle aus neu starten können.

Sind Sie denn jetzt in irgendeiner Weise eine bessere Person, weil Sie all das durchgemacht haben?«

Sein Blick schien sich auf einen fernen Horizont zu richten, aber er sagte nichts.

»Schauen Sie«, sagte ich. »Es gibt hier eine Menge zu entwirren. Ihr ganzes Leben war darauf ausgerichtet, Ihnen beim Vermeiden von Themen zu helfen, die Sie sich nun anschauen müssen. Zum Beispiel, warum Sie eine Person heirateten, die nur auf das Geld aus war. Und so leid es mir tut, auf einer bestimmten Ebene wussten Sie es. Und warum Sie überhaupt ein so grandioses Leben führen wollten, wo Sie doch wussten, dass Sie dem nicht gewachsen waren. Und warum Sie bereit waren, gegen das Gesetz zu verstoßen, wo Sie doch wussten, dass es nicht nur falsch war, sondern auch das ganze Haus zum Einsturz bringen konnte. In all diesem Verhalten steckte eine Menge Selbsthass. Wenn Sie heilen und neu anfangen wollen, dann werden Sie sich all das anschauen müssen, Jonathan. Und es wird sich manchmal schrecklich anfühlen. Sie werden das Gefühl haben, sich mit Nadeln in die Augen zu stechen. Aber Ihre Bereitschaft, das zu tun, sich mit dem zu konfrontieren, was hier wirklich passiert ist – Ihre Fehler wiedergutzumachen und allen anderen die ihren zu vergeben –, ist alles.«

Nach ein paar Sekunden fuhr ich fort: »Es gibt hier schlechte Nachrichten, aber es gibt auch gute.« Ich sprach langsam. »Die schlechte Nachricht ist, dass Sie alles verloren haben. Die gute Nachricht aber ist, dass Sie jetzt bei Ihrem wahren, authentischen, todunglücklichen Selbst gelandet sind. Ich weiß, Sie fühlen sich gedemütigt und hassen sich und haben im Augenblick Angst, aber seien Sie sich darüber im Klaren: Sie haben das so eingerichtet, weil Sie es auf einer bestimmten Ebene geschehen lassen wollten. Sie wollten, dass dieser ganze lächerliche Lebensstil zusammenkracht, weil Sie auf einer bestimmten Ebene wussten, dass er Mist war. Sie haben aus vielen Dingen Götzen gemacht, und Götzen stürzen immer. Sie wollten erwischt werden, weil Sie auf einer bestimmten Ebene wussten, dass Sie es verdienten. Sie wollten alles verlieren, weil Sie auf einer bestimmten Ebene wussten, dass Sie sich nur auf diese Weise so weit demütigen würden, um irgendetwas kennenzulernen, das real oder wichtig ist.«

Er nickte langsam.

Zu diesem Zeitpunkt hatte Jonathan den Eindruck, das Schlimmste, was passieren konnte, sei eingetreten. Doch nach und nach würde er erkennen, dass es auch das Beste war. Noch wichtiger, dass es unausweichlich gewesen war, denn ein Haus, dessen Fundament verfault ist, stürzt ein. Er hatte eine Menge Versöhnungsarbeit zu leisten und musste damit bei sich selbst anfangen. Er musste eine Menge wiedergutmachen und sich einer Menge Schatten stellen. Dieser Prozess würde kein Vergnügen sein. Aber er würde auch erste Eindrücke von der spirituellen Reise bekommen und einen Pfad entdecken, der ihn aus seiner gegenwärtigen Dunkelheit herausführen würde. Wenn er diese Erfahrung nutzte, um das innere Gold der Selbsterkenntnis zu schürfen, würde er lernen, sein Denken neu auszurichten und sich selbst und anderen zu vergeben. Er würde zu einem besseren Ort aufsteigen, als er je gewesen war.

»Ihre Fehler machen Sie nicht weniger liebenswert, Jonathan. Ich weiß, Sie fühlen sich nicht liebenswert, aber Sie sind es. Menschen machen Fehler, und Sie haben zufällig sehr viele auf einmal gemacht! Sie mögen mir nicht glauben, wenn ich das sage, aber es wird die Zeit kommen, wo Sie Dinge wertschätzen werden, denen Sie zuvor nie Wertschätzung entgegengebracht haben. Und es wird Ihnen sogar relativ egal sein, was nötig war, um Sie dahin zu bringen.«

»Das tue ich schon in gewisser Weise«, sagte er. »Ich habe nie gedacht, dass ich für Dinge so dankbar sein könnte. Meine vierjährige Nichte kam heute Morgen in mein Zimmer und brachte mir Pfannkuchen, die sie für mich gebacken hatte, und ich fing an zu weinen.«

»Das heißt nicht, dass Sie verrückt sind, sondern dass Sie endlich geistig so gesund werden, dass Sie wissen, was wirklich wichtig ist. Ich weiß, es ist ein schrecklicher Schlag für das Ego, so viel zu verlieren. Sie sind im Moment deprimiert und am Boden zerstört. Das passiert. Aber willkommen im Club, Jonathan. Sie und ich und so gut wie jedermann ist irgendwann mal vom eigenen wahren Wesen abgekommen und dann gegen eine Mauer geknallt. Das bedeutet nicht, dass wir schlechter sind als andere. Es bedeutet nur, dass es eine traurige Sache ist, wenn man mit der eigenen Macht schlecht umgeht. Sie müssen sehr mächtig gewesen sein, um die Dinge derart zu vermasseln, meinen Sie nicht?«

Auf seinem Gesicht zeigte sich ein schwaches Lächeln.

»Als ich ein kleines Mädchen war, pflegte mein Vater zu sagen: ›Stolze Tage verfliegen bald.‹ Sie waren ein bisschen der goldene Prinz, Jonathan, und es hat sie erwischt, weil es passieren musste. Bei all Ihrem Talent und Ihrer Intelligenz musste das Universum Ihnen zeigen, wer Gott ist. Das war im Grunde alles nur eine riesige Initiation. Und jetzt werden Sie ein König werden – im Innern, echt.«

Jonathan lachte. Ein lautes, herzhaftes Lachen. Er verstummte, und dann, nach ein paar Augenblicken: »Ich war so ein Idiot.«

»Und das überrascht Sie?« Auch ich lachte.

»Wir sind alle ab und zu Idioten, Jonathan. Es macht Sie anderen gegenüber barmherziger, wenn Sie die ganze Barmherzigkeit erleben, die Gott Ihnen gegenüber zeigt. Es geht hier nicht darum, dass Sie Ihre Karriere zurückbekommen, obwohl das natürlich so sein wird, wenn Sie dafür arbeiten. Es geht hier nicht darum, dass Sie finanziell wieder auf die Beine kommen, obwohl Ihnen das mit der Zeit gelingen wird. Es geht hier nicht darum, dass Sie wieder lieben werden, obwohl Sie und ich wissen, dass Sie das wieder tun werden. Doch nichts davon wird Ihr Triumph sein. Ihr Triumph wird in der Einsicht bestehen, dass es keinen Grund gibt, irgendetwas zu tun oder überhaupt zu leben, außer dem, der Mensch zu werden, der zu sein Sie fähig sind. Wenn Sie das erkennen – das gleißende Licht spiritueller Verwirklichung, das wir alle im Lauf der Zeit bestimmt sind zu sehen –, dann wird alles andere daraus folgen. Sie fallen auf die Knie und erheben sich zu neuen Höhen. Alle guten Dinge werden wieder zurückkommen, aber dieses Mal werden sie auf einem gesunden Fundament aufgebaut sein, und dieses Mal werden sie bleiben.«

Unsere Sitzung an diesem Tag ließ Jonathans Traurigkeit nicht ganz verschwinden, aber sie half ihm, sich auf eine neue Reise zu begeben. Er wusste, er würde seine dunkle Nacht der Seele durchleben müssen und daraus lernen; es würde nicht leicht werden, aber er war bereit, damit zu beginnen. Er würde Bücher lesen und spirituelle Wege entdecken. Und – das war am wichtigsten – er würde Einsichten und Offenbarungen über sich selbst und sein Leben gewinnen, die ohne das tiefe Graben im Innern nicht möglich wären.

Nicht alles, worüber er nachdenken musste, wäre vergnüglich, manches davon ganz klar schrecklich. Aber wenn er diesen Erinnerungen mit echter Wiedergutmachungsbereitschaft und Demut vor Gott begegnete, würden sie sich in Diamanten verwandeln, die, so er es zuließ, sein Leben erhellten.

Wir schwiegen beide ein paar Minuten, dann fragte ich ihn, ob er gern ein Gebet sprechen würde.

»Ja, bitte.«

Und das taten wir.

Lieber Gott,
ich übergebe dir
den Schmerz in meinem Herzen,
meine Scham,
meinen Verlust,
meine Verwüstung.
Ich weiß, lieber Gott, dass in dir
alle Dunkelheit zu Licht wird.
Lass deinen göttlichen Geist
in meinen Geist einströmen,
und hilf mir, meine Vergangenheit zu vergeben.
Lass mein Leben wieder beginnen.
Stelle meine Seele wieder her,
und bring mir Frieden.
Tröste mich in dieser schmerzlichen Stunde,
damit ich wieder
meine Unschuld und das Gute sehe.
Lieber Gott, ich bin gefallen
und habe das Gefühl, mich nicht erheben zu können.

Bitte hebe mich auf, und gib mir Stärke.
Setze meine Füße auf den Pfad des Friedens,
und hilf mir, nicht wieder abzukommen.
Ich bete um Vergebung.
Mein Versagen schmettert mich nieder.
Bitte zeig mir, wer ich für dich bin,
damit der Selbsthass mich nicht besiegt.
Hilf mir, mich an das Gute in mir zu erinnern
und es wiederzugewinnen.
Hilf mir zu werden,
wer ich deinem Wunsch nach sein soll,
und das Leben zu leben, das ich deinem Wunsch nach leben soll,
damit meine Tränen enden.
Amen.

Als wir das Gebet beendet hatten, wischte Jonathan sich die Tränen aus den Augen.

Wir gingen zur Tür, und ich nahm in seinem Gang eine Leichtigkeit wahr, die bei seiner Ankunft nicht da gewesen war. Das Letzte, was er an diesem Tag zu mir sagte, war: »Danke.« Es schien von einem sehr zärtlichen Ort herzukommen.

DORNEN ESSEN

Um ihren wunderschönen Federschmuck zu erzeugen, verspeisen Pfaue manchmal Dornen, so sagt man. Die harten, spitzen Dornen werden in ihren Mägen verarbeitet und tragen dann zu Federn bei, die mit ihren außerordentlich schönen Farben und Formen in der gesamten Natur ihresgleichen suchen. Und so verhält es sich auch mit uns.

Oft ist das, was sich am schwersten verdauen, verarbeiten, in unsere Lebenserfahrungen integrieren lässt, letztlich das, was uns auf positive Weise umwandelt. Manchmal müssen wir ein paar spitze, bittere Dornen menschlicher Erfahrung essen, um zu werden, wer wir sein sollen. Da unterscheidet sich Jonathan nicht allzu sehr von uns allen. Wer von uns ist noch nicht ins Straucheln geraten, hat noch keine Fehler begangen?

Beziehungen gingen zu Bruch, und dieses Scheitern ließ uns begreifen, wozu Beziehungen da sind und wie man die Kunst des Liebens meistert. Wir betrauerten den Verlust eines geliebten Menschen und kamen durch diese Erfahrung dahin, für jeden Tag, den wir mit unseren Lieben haben, dankbar zu sein. Wir machten in unserem Unternehmen Verluste, und im Rückblick war dies eine Lehre, die wir offensichtlich brauchten. Wir wurden betrogen und erlebten die unglaubliche Macht der Vergebung. Wir machten Fehler und erfuhren Gottes Barmherzigkeit und Gnade, als wir sie eingestanden, Wiedergutmachung leisteten und sie korrigierten. Alles und jedes kann eine Plattform für ein Wunder sein.

Manchmal führt uns unser Leiden auf mysteriöse Weise zu der uns innewohnenden Heiligkeit. Nachdem wir vom Bittersten gekostet haben, kosten wir oftmals vom Süßesten. Unser Herz wurde gebrochen, nun kann es aufbrechen. Das winzige Licht der Hoffnung, das wir inmitten unseres Leidens erblicken, kann zu einem so hellen, strahlenden Licht werden, dass die Unermesslichkeit seiner Macht und Kraft nur noch von der Tiefe seiner Zärtlichkeit übertroffen wird. In die Regionen unserer eigenen Hoffnungslosigkeit eingetreten, entdecken wir schließlich, wo die wahre Hoffnung liegt. Wir verstehen allmählich, wer wir sind und warum wir uns auf Erden befinden. Das Licht, das uns aus dem Leiden herausführen kann, führt uns in die Arme Gottes.

Die Phasen größter Depression in unserem Leben können Initiationen in unsere spirituelle Kraft sein, wenn wir einen ehrlichen Blick auf die tieferen Kräfte werfen, die in unseren persönlichen Dramen wirken.

Von solcher Art ist der spirituelle Pfad, und er ist wahrhaftig eine Heldenreise. Der Name des Helden mag Jonathan oder ein anderer sein – es ist Ihr Name und mein Name und jedermanns Name. Es ist die Reise weg von der Zerstörungskraft und Zerstörungswut des Ego, wenn wir, wie auch immer blutverschmiert vom Anstieg, emporklettern zum emotionalen Gipfel der Nacktheit vor Gott, um dort unsere Maske fallen zu lassen und unser wahres Selbst zu umarmen. Natürlich ist es schmerzhaft, den Todeskampf des falschen Selbst zu erdulden, diesen sich selbst sabotierenden Feind, der, wenn wir ihn lassen, blindwütig und ungezügelt durch alle Winkel unseres Lebens tobt. Aber wenn falsche Teile unserer Persönlichkeit zu sterben beginnen, bekommt die Wahrheit über unser wahres Wesen zumindest die Chance zu atmen. Jeder Gedanke der Angst, jedes auf Angst gegründete Verhaltensmuster und jede von Angst erfüllte Maske, die wir tragen, verbirgt ein Licht in unserem Innern so strahlend hell, dass es in seiner Großartigkeit jegliche Schönheit auf dieser Welt übertrifft.

Und das ist die endgültige Erlösung vom Leiden – die Erkenntnis, dass wir deshalb bessere Menschen sein können. Die spirituelle Reise vom emotionalen Schmerz zum inneren Frieden beinhaltet eine Transformation unserer Persönlichkeit, von einer vom Leiden geschwächten Person zu einer, die vom Leiden feingeschliffen wurde. Um das Wunder der Liebe zu erleben, die nur das Vergeben mit sich bringt, müssen wir auf die Dunkelheit in unserem Innern blicken und anderen für die Dunkelheit vergeben, die wir in ihnen sehen. Aus diesem Tun gehen wir siegreich hervor. Wir gliedern die abgespalteten Teile unserer Persönlichkeit wieder ein, die in den dunklen Höhlen der Angst verschüttet lagen, in die sie vom Ego-Geist hineingeworfen wurden. Vielleicht langsam, aber mit Sicherheit werden wir von Gott dahin geführt, aufzutauchen, hinein ins Licht unseres wahren Selbst.

Und in diesem Licht gibt es unzählige Wunder. Denn Wunder geschehen auf natürliche Weise als Ausdrucksformen der Liebe. Wir setzen unsere Ängste als Gedanken der Liebe frei und werden weniger von ihnen eingekerkert. Wir verweigern uns nicht länger unseren Problemen, sondern leisten Wiedergutmachung und lernen, uns selbst zu vergeben. Wir erfahren, wie wir uns kindgleich in die Arme Gottes geben, erleben eine Umerziehung kosmischer Art, aus der wir schließlich als die Erwachsenen hervorgehen, die wir sein sollen. Das Ego möchte uns in einem Zustand endloser Kindlichkeit und in der Opferrolle geduckt halten. Gott möchte, dass wir erhobenen Hauptes dastehen, eingehüllt in den Mantel der Gnade und der Macht und des Sieges. Das ist die großartigste Geschichte, die Geschichte aller Geschichten, und es ist die Geschichte eines und einer jeden von uns.

3
WIDER
DIE BETÄUBUNG

Die reizende junge Frau, die mir gegenübersaß, schien verunsichert und durcheinander zu sein, aber sie war auf der Suche nach Antworten. Bei Miranda war eine Depression diagnostiziert worden, und sie nahm verschiedene Medikamente. Ich bat sie, mir ein bisschen von sich zu erzählen, um zu verstehen, warum das so war.

Ich bekam die Geschichte einer Reise zu hören, wie sie typisch ist für viele junge Menschen in den Zwanzigern, die sich mit der zugegebenermaßen schwierigen Aufgabe befassen, herauszufinden, wer sie sind. Und für mich klang es zwar abolut nicht nach einer wundervolle Kindheit, aber Miranda berichtete auch nicht von irgendwelchen besonders befremdlichen Symptomen. Daher verblüffte mich ihre psychiatrische Diagnose. Man hatte ihr verschiedene Formen von Depression und dazu noch eine Angststörung bescheinigt.

Ich stellte ihr noch weitere Fragen, um festzustellen, ob es irgendwelche dramatischen Probleme gab, die sie bei ihrer Erzählung ausgelassen hatte. Sie berichtete von einem Familiendrama, das aber nicht allzu ungewöhnlich oder unüberwindbar klang.

Was hörte ich, als ich dieser jungen Frau zuhörte? Ich hörte eine Frau, die verzweifelt darum bemüht war, erwachsen zu werden, aus ihrem Leben schlau zu werden, herauszufinden, was sie damit anfangen sollte, und ihren Platz im Universum und ihre Identität als Frau zu finden.

Erwachsen zu werden ist eine chaotische Angelegenheit. Zu werden, wer wir sind, ist schwierig, und die Arbeit an der persönlichen Transformation kann zum Schwierigsten gehören, was wir je tun. Aber diese Arbeit lässt sich nicht vermeiden. In Miranda sah ich eine Person, die sich sicherlich in einer spirituellen Krise befand, aber nicht jede spirituelle Krise muss gleich als eine »Störung« oder »Krankheit« angesehen werden. Manchmal ist Traurigkeit schlichtweg menschlich.

Zu meiner Überraschung hatten die Ärzte ihr gesagt, sie müsse wahrscheinlich den Rest ihres Lebens Medikamente nehmen. Das schien mir unglaublich. Seit über dreißig Jahren berate ich Menschen, die extreme und schwer traumatische Situationen durchlebten. Manchen hatte die Einnahme von Pharmazeutika bei ihrer Heilung geholfen, manchen nicht. Aber etwas hatte sich in den letzten paar Jahren geändert. Heutzutage treffe ich auf mehr Menschen, deren Probleme nicht sehr extrem sind, die aber trotzdem Medikamente verschrieben und von ihren Ärzten und Therapeuten gesagt bekommen, sie seien auf absehbare Zeit, wenn nicht gar für immer, auf Medikamente angewiesen.

Mensch zu sein ist keine Krankheit. Sicher, das Leben ist voller Prüfungen, und manchmal sind diese Prüfungen schmerzhaft. Aber eine automatische Pathologisierung emotionalen Schmerzes ist eine dysfunktionale Reaktion auf die Erfahrung des Menschseins.

Trauer und Kummer können Bestandteil eines Transformationsprozesses sein, der nicht automatisch als negativ bezeichnet werden sollte. Schwierige Emotionen sind zuweilen angebracht; sie können genau das sein, was wir brauchen, um wirklich zu heilen, zu wachsen und auf die andere Seite unseres Leidens zu gelangen, nachdem wir bedeutsame Lektionen gelernt haben.

Damit soll emotionales Leiden keinesfalls bagatellisiert werden, auch möchte ich dessen kräfteraubende Auswirkungen nicht in Zweifel ziehen. Aber es gibt verschiedene Möglichkeiten, die Quelle einer Depression, ihre Bedeutung und den besten Umgang mit ihr zu interpretieren. Im spirituellen Licht betrachtet, ist Depression das unvermeidliche Ergebnis davon, dass wir uns als vom Rest des Universums getrennt betrachten. Sie ist eine Krise der Seele.

Ja, es kann schmerzhaft sein, sich den Landschaften unseres Lebens zu stellen – sich an unsere Kindheit zu erinnern und sich klarzumachen, wie anders sie war, als sie hätte sein sollen; den Verrat durch Freunde und geliebte Menschen zu erleben; die Kluft zu schließen zwischen unserem Verhalten in bestimmten Situationen und dem Verhalten, das wir, wie wir später merken, an den Tag hätten legen sollen; den Verlust von uns wichtiger Arbeit und liebevollen Beziehungen zu überleben; es auszuhalten, von Geliebten und Ehepartnern verlassen zu werden; den Tod jener zu betrauern, die unserem Herzen nahe waren, und so weiter.

Als ich Miranda zuhörte, wurde mir klar, dass ihr noch nie jemand irgendetwas von all dem gesagt hatte. Sie hatte noch nie irgendeinen Grund dafür gesehen, zu hoffen, dass auch ohne Einnahme von Medikamenten ein Leben jenseits ihrer Traurigkeit möglich war. Sie war darauf trainiert, sich selbst als Opfer ihres Zustands zu betrachten. Und das sagt viel über unsere heutige Gesellschaft aus. Tiefe Traurigkeit als Krankheit und daher als etwas zu betrachten, das man möglichst vermeiden sollte, ist ein heimtückischer Versuch, den Dingen auszuweichen, denen wir uns am meisten widmen müssen. Wenn wir traurig sind, ist es unsere Aufgabe, uns mit dem *Grund* für die Traurigkeit zu befassen – und nicht nur mit der Traurigkeit selbst. Ich sah Miranda nicht als Kranke, ich sah sie als Suchende.

In den meisten Fällen wird die Depression auf bloße chemische Prozesse im Gehirn oder psychologische Dynamik reduziert. Damit wird sie ihrer tieferen Bedeutung beraubt und folglich auch des Potenzials an Erlösung, das ihrer Heilung innewohnt. Der Reise aus dem Leiden ist eine Alchemie der Transformation zu eigen, die sich zuweilen kraftvoller in spirituellen als in psychotherapeutischen oder biologischen Begriffen beschreiben lässt. Die Epidemie von Depressionen, die wir heutzutage beobachten, sollte als das angesehen werden, was sie wirklich ist, ein kollektiver Ruf nach der Heilung unserer Herzen.

DIE TRAURIGKEIT
EINLASSEN

Ich *war* Miranda — vor vielen Jahren. Ich war verwirrt, verloren und litt schreckliche Schmerzen. Ich kann mir gar nicht vorstellen, wo ich heute wäre, wenn mir die Experten, die mir damals durch meine Schwierigkeiten hindurchhalfen, gesagt hätten, ich sei auf Dauer geschädigt. Doch sie versicherten mir, ich würde einfach nur eine sehr harte Zeit durchmachen. Ich verbrachte ein ganzes Jahr in Tränen, aber sie versahen mich nicht mit einem Haufen Etiketten, die meine Selbstwahrnehmung für immer verbogen hätten.

Tatsächlich sagte in dieser Zeit eine Freundin zu mir. »Du wirst es jetzt nicht glauben, Marianne, aber eines Tages wirst du darauf zurückblicken und es als ein gutes Jahr ansehen.« Ich habe das nie vergessen, denn mit der Zeit erkannte ich, wie wahr ihre Bemerkung war. Jetzt betrachte ich jene Phase als schmerzhaften, aber notwendigen Bestandteil meiner Reise zu einem funktionierenden Erwachsenendasein. Depression kann eine heilige Initiation in die Reise zur Erleuchtung sein.

Ich hatte immer das Gefühl, dass jene Zeit in meinem Leben die Zeit war, in der ich am menschlichsten wurde. Unter anderem erweckte sie in mir ein bis dahin noch nie gekanntes Gewahrsein vom Schmerz in anderen. Als sich die zerstreuten Stückchen meiner Psyche langsam wieder zusammenzufügen begannen, fragte ich mich, ob andere Menschen je so gelitten hatten wie ich, ob irgendjemand jemals einen solchen Schmerz empfunden hatte. Und in mir reifte ganz klar die Erkenntnis, dass dem natürlich so war. Jedermann leidet. Ich war einfach nur zu sehr mit mir beschäftigt gewesen, um es zu bemerken. Da ich meinen Schmerz noch nie auf einer solchen Ebene empfunden hatte, hatte ich auch keine Vorstellung davon, was Leiden wirklich bedeutet. Genauso wenig dachte ich darüber nach, dass auch andere Menschen ihn fühlten.

Es geschieht etwas, wenn dir Folgendes klar wird: Wenn andere Menschen auch nur einen Bruchteil deines Leids erfahren haben, verdienen sie alles Mitgefühl, das du empfinden kannst, und alle Anstrengungen, die du unternehmen kannst, ihnen beim Lindern ihres Schmerzes zu helfen.

In allen von uns ist ein solches Leiden das Ergebnis eines fürchterlichen Risses zwischen einem Leben der Liebe und einem Leben, wie wir es geschaffen haben. Dieser Riss, dieser Bruch, ist die Ursache allen Leidens, und ihn zu schließen bedeutet das Ende allen Schmerzes. Der Bruch zwischen uns und Gott und zwischen uns untereinander ist ein und derselbe Bruch. Wenn wir den einen schließen, schließen wir auch den anderen. Zu lernen, wie wir das machen, ist eine spirituelle Reise.

Diese Reise ist ein Weg der Selbstverwirklichung. Wenn wir den Mut haben, uns unserem Leiden zu stellen – es auszuhalten, daraus zu lernen, es zu verarbeiten, es zu transzendieren –, dann finden wir oft den Schlüssel dazu, unser Leben auf kraftvollste Weise zu leben. So wie man es beim Erlernen des Klavierspiels oder irgendeiner anderen Fähigkeit zur Meisterschaft bringen kann, kann man es auch beim Erlernen, wie man das Leben gut lebt, zur Meisterschaft bringen. Und zu lernen, wie man durch die turbulentesten Augenblicke des Lebens hindurchsteuert, ist schlichtweg Bestandteil der Reise. Wenige Menschen gehen aus der Erfahrung des Menschseins unversehrt hervor. Doch oft können wir aus unserer Traurigkeit wunderbare Erkenntnisse gewinnen, und dem Schmerz ausweichen heißt dem Gewinn ausweichen.

MEDIKAMENTE UND DIE SPIRITUELLE REISE

Emotionaler oder seelischer Schmerz ist nicht einfach nur ein psychisches Problem, es ist eine spirituelle Angelegenheit. Depression kann eine Erkrankung des Gehirns sein oder auch nicht, bestimmt aber ist sie eine Erkrankung der Seele. Man sollte sie nicht einfach von klassischen Ärzten oder traditionellen Psychotherapeuten behandeln lassen, denn wie kann man von jemandem, der die Existenz der Seele nicht anerkennt, erwarten, dass er sie heilt?

Theoretisch ist die Seele die Domäne der Religion. Aber in der heutigen Gesellschaft wenden sich nur relativ wenig Leute an sie, um in ihrer Verzweiflung echte Heilung zu finden – und das aus verständlichen Gründen. Die institutionalisierte Religion hat in fast jeder Hinsicht ihre Rolle als spirituelle Trostspenderin abgegeben, wenn nicht durch ihr eigenes Fehlverhalten, dann zumindest durch ihre Abkoppelung von der Beseeltheit ihrer eigentlichen Mission.

Die moderne Psychotherapie hat hier ein wenig von der Flaute abgefangen, doch auch sie scheitert, wenn sie nicht anerkennt, dass es zur Heilung unseres emotionalen Schmerzes nötig ist, mit der Seele zu arbeiten. Nun hat sich der psychotherapeutische Berufsstand der Pharmaindustrie zugewandt, um seine oftmals mangelnde Effektivität auszugleichen, doch die Pharmaindustrie kann unsere Traurigkeit lediglich betäuben.

Tatsache ist, dass sich die Ärzteschaft in den letzten paar Jahren das Thema Depression zu eigen gemacht und die Wörter »Traurigkeit« und »Depression« künstlich voneinander getrennt hat, was niemandem dient außer der Pharmaindustrie. Diese Trennung ist ein manipulatives Konstrukt, das mehr für den Verkauf von Medikamenten als zur Behandlung eines Problems eingesetzt wird. Man spricht jetzt über »klinische Depression«, als gäbe es einen Bluttest, um die Diagnose zu verifizieren, tatsächlich aber gibt es nichts dergleichen. Um zu überprüfen, ob eine klinische Depression vorliegt, wird letzlich nur ein Fragebogen ausgefüllt.

Sicher, manchmal müssen Leute zusehen, dass sie an Hilfe bekommen, was immer sie kriegen können, sei sie pharmazeutischer oder anderer Natur. Und die Behandlung einiger psychischer Störungen – etwa der manisch-depressiven Erkrankung oder der Schizophrenie – mit Medikamenten kann Leben retten. Aber obwohl in manchen Fällen der Einsatz von Medikamenten *unter Umständen* ein positiver, ja lebensrettender Heilungsplan sein kann, kann bei dem verbreiteten *beiläufigen Gebrauch von Antidepressiva,* mit dem wir es heute zu tun haben, ganz sicher nicht davon gesprochen werden.

Laut vieler Experten wird die klinische Depression in einem alarmierend hohen Maße überdiagnostiziert und überbehandelt. Den Leuten werden heutzutage Antidepressiva angeboten – und sie greifen bereitwillig danach –, als bedeute ihre Einnahme nicht mehr, als eine Tüte Bonbons zu futtern. Hunderttausende erwähnen gegenüber ihren Hausärzten ein paarmal, dass die Zeiten letzthin etwas schwierig waren, und schon wird ihnen ein Rezept rübergeschoben.

»Dafür gibt es doch ein Medikament«, ist zum meistverbreiteten beiläufigen Vorschlag geworden, ohne dass ein ernsthaftes Gespräch darüber stattfindet, was das genau bedeutet. Ja, der Vorschlag kommt von Ärzten, aber auch von besorgten Freunden und Familienmitgliedern und von der Werbung. Von überall her werden wir mit Angeboten für ein besseres Leben durch die Chemie bombardiert.

Nicht alle, die eine schwierige Zeit – sogar eine äußerst schwierige Zeit – durchmachen, sind psychisch krank. Natürlich ist es wichtig, dass wir Probleme der geistigen Gesundheit nicht bagatellisieren, aber gleichermaßen wichtig ist es, dass wir das normale menschliche Leiden nicht pathologisieren. Es ist wahr, das Leben kann hart sein. Aufwachsen ist hart, aber es ist keine psychische Störung. Scheidung ist hart, aber sie ist keine psychische Störung. Den Tod eines geliebten Menschen zu betrauern ist hart, aber es ist keine psychische Störung. Wenn etwas als psychische Störung angesehen werden sollte, dann die Suggestion, dass alles tiefes Leiden eine psychische Störung ist.

Manche Menschen würden einwenden, den Gebrauch von Antidepressiva infrage zu stellen sei ein Zeichen von mangelnder Sensibilität gegenüber Problemen mit geistiger Gesundheit. Oder es zeuge sogar von Ignoranz gegenüber der Notwendigkeit einer medikamentösen Behandlung, um das Selbstmordrisiko zu senken. Doch viele Menschen, die Antidepressiva *einnahmen*, haben Selbstmord begangen, und nur im winzig Kleingedruckten wird auf den Zusammenhang zwischen bestimmten Antidepressiva und Selbstmordgedanken hingewiesen. In manchen Fällen – *insbesondere bei Teenagern und jungen Erwachsenen* – können Antidepressiva das Selbstmordrisiko erhöhen, statt zu senken.

Ein weiterer Satz, den ich oft zu hören bekomme, lautet: »Depression ist die Auswirkung eines chemischen Ungleichgewichts.« Und da es sich bei der Depression um ein Leiden chemischer Natur handele, sei eine »medikamentöse Behandlung« erforderlich. Obwohl sich fragen ließe, wer das hier einfordert. Onkologen sagen nicht, dass eine Chemotherapie »erforderlich« ist, auch wenn sie sagen, dass sie diesen Behandlungsweg empfehlen. Es mag stimmen, dass die Depression oft von einer Veränderung in der Chemie des Gehirns begleitet wird, aber das sollte nicht automatisch als Grund für eine pharmazeutische Intervention begriffen werden. Auch Liebe, Vergebung, Mitgefühl und Gebet bewirken physiologische Veränderungen. Es hat sich zum Beispiel gezeigt, dass Meditieren neuronale Schaltkreise und die Aktivität der Gehirnwellen verändert. Die automatische Annahme, dass Pharmazeutika für die Behandlung von Depression notwendig sind, stößt allmählich auf den Widerstand, den sie verdient.

Das unechte Mitgefühl der Multimilliarden-Dollar-Werbekampagnen – wohlgemerkt nicht nur für ein Antidepressivum, sondern für ein zweites, das Sie zusätzlich zu dem ersten einnehmen sollen (so kleine Risiken wie etwa Leberversagen sind doch egal!) –, reicht aus, um jeden, der keine Antidepressiva nimmt, in Alarm zu versetzen. Abilify (Aripiprazol) zum Beispiel – gegenwärtig eines der meistverkauften verschreibungspflichtigen Medikamente in den Vereinigten Staaten – ist als Antipsychotikum eingestuft. Aber Pharmafirmen vermarkten solche Medikamente, die einem sehr kleinen Bevölkerungsanteil mit einer ernsthaften psychischen Erkrankung vorbehalten sein sollten, für die allgemeine Bevölkerung.

In den letzten paar Jahrzehnten stieg die Einnahme von Antidepressiva sprunghaft an, insbesondere unter denen, bei denen nie eine ernsthaftere psychische Erkrankung diagnostiziert wurde. Nie waren wir Amerikaner stärker herausgefordert, selbstständig zu denken. Wir werden psychisch betäubt, wo wir doch stattdessen psychisch erwachen sollten.

Die pharmazeutische und psychotherapeutische Industrie bildet einen ausgeklügelten Komplex, der einem Drogenring im Unternehmergewand gleichkommt, der mit menschlichem Leiden Milliardenprofite macht. Heute schlecht gelaunt? *Hier ist ein Stimmungsaufheller.* Sie fühlen sich irgendwie durcheinander? *Sie könnten ein Borderlinefall sein, wissen Sie.* Sie können nicht schlafen? *Das könnte Depression sein; probieren wir es mal mit einem Medikament.* Ihre Mutter ist gestorben? *Lassen Sie uns die Dosis eine Weile lang verdoppeln.* Und die schlimmste, geradezu kriminelle Verkaufsmasche, die besonders unverantwortlich hinsichtlich der Leben junger Menschen ist: *Sie sollten davon ausgehen, dass Sie sie für den Rest Ihres Lebens einnehmen.*

Der gegenwärtige Trend, rasch ein paar Pillen zu schlucken, damit wir bloß nicht ein oder zwei Tränchen vergießen, ist psychisch und spirituell ungesund. Das läuft auf ein gesellschaftlich sanktioniertes Vermeidungsverhalten hinaus, das uns infantil und emotional unreif bleiben lässt. Es verhindert, dass wir die Fähigkeiten entwickeln, die wir für den effektiven Umgang mit den entscheidenden Themen und Problemen des Erwachsenendaseins brauchen. Es blockiert unser Urteils-, Wahrnehmungs-, Durchblicks- und echtes Verständnisvermögen. Und indem wir uns von unserem eigenen Schmerz abkoppeln, machen wir uns für den Schmerz anderer unempfindlich. Wenn ich für meinen eigenen Schmerz taub und empfindungslos werde, ist es sehr viel wahrscheinlicher, dass ich auch für deinen Schmerz taub werde. Das wiederum wird zu mehr Schmerz führen.

Eine übliche Rechtfertigung für die leichtfertige Einnahme

von Antidepressiva lautet, dass sie die extremen Auswirkungen abmildern, während man an der Psyche arbeitet. Aber in den häufigeren Fällen besteht die Arbeit genau darin, dass wir bei den extremen Auswirkungen bleiben, bis sie sich gelegt haben. Vielen Menschen wird heute mittels Antidepressiva geholfen, und ich freue mich für alle, bei denen dies der Fall ist. Aber für die Menschen, die eine schwierige Lebensphase durchmachen, die als deprimierend bezeichnet werden kann, wenngleich nicht im pathologischen Sinn, gibt es einen anderen Weg.

UNSERE SEELE ZURÜCKHOLEN

In Gott ist unsere Seele auf ewig heil, ganz, vollkommen, vollständig. Eine übermäßig veräußerlichte Weltsicht trennt uns von unserer Seele und bewirkt, dass wir leiden. Dieses Leiden beenden wir nur dadurch, dass wir uns unsere Seele zurückholen. Dies geht nicht so vor sich, dass wir Licht über der Dunkelheit auskippen; vielmehr ist es ein Prozess, mittels dessen wir die Dunkelheit ins Licht bringen. Wir müssen unsere innere Dunkelheit ausgraben – unsere Barrieren gegenüber der Liebe –, denn nur dann können wir sie befreien und loslassen. Und nichts davon fühlt sich unbedingt gut an, wenn es geschieht.

Wenn wir unserer Traurigkeit ausweichen, weichen wir unserem Leben aus. Aus unserer Traurigkeit zu lernen kann großartige Früchte tragen, und ihr auszuweichen kann verschiedene Folgen nach sich ziehen. Wir haben die Wahl zwischen dem Empfinden des scharfen Schmerzes der Selbstentdeckung und dem Ertragen des dumpfen Wehs von Unbewusstheit, die den Rest unseres Lebens andauern wird. Unseren Schmerz zu unterdrücken beendet unseren Schmerz nicht; es verlagert ihn bloß.

Meiden wir unsere Traurigkeit, dann mindern wir unsere Fähigkeit, aus ihr zu lernen. Denn wie können wir zutiefst verstehen, was wir uns nicht zutiefst angesehen haben? Manchmal ist es so, dass wir inmitten unserer Tränen eine Situation umfassender verstehen. Auch ein glückliches Leben kann traurige Tage aufweisen, und Traurigkeit ist manchmal einfach nur ein Zeichen für Weiterentwicklung und Wachstum. Keinem von uns ist gedient, wenn wir fast allem ein gelbes Smiley-Gesicht überstülpen, so als sei Traurigsein *falsch*. So wie Stürme eine Funktion in der Natur haben, haben sie auch eine Funktion in der Psyche. So wie Babys, die nie irgendwelchen Keimen ausgesetzt werden, möglichweise nicht die notwendigen Antikörper entwickeln, entwickeln Menschen, die sich nie ihrem vollem Leiden aussetzen, nicht die emotionalen Fähigkeiten, die sie für den Umgang damit brauchen.

Wenn wir die spirituelle Bedeutung unserer Traurigkeit erkennen, finden wir den ihr – in unserer Psyche und in unserem Leben – angemessenen Platz. Uns wird klar, auf welche Weise wir uns von der Liebe, voneinander und damit von Gottes Frieden getrennt haben. Und wenn wir um die wahre Quelle unseres Schmerzes wissen, können wir das Problem auf der Ebene korrigieren, auf der es angesiedelt ist.

Die unsere Gesellschaft durchdringende Einstellung des »Ich zuerst« ist die Quelle der Epidemie des Ungücklichseins. Die Heilung liegt in der kollektiven Veränderung dieser Einstellung. Eine Gesellschaft, deren gesamtes soziales und wirtschaftliches Gefüge die Trennung von uns selbst, voneinander und von der Erde, auf der wir leben, nährt und begünstigt, ist eine Gesellschaft, die das Leiden garantiert. Eine irrsinnige Welt sagt Leuten, die sich nicht auf sie einstellen können, *sie* seien verrückt. Aber für Menschen eine Methode zu finden, mittels derer sie in einer gestörten Gesellschaft problemloser funktionieren können, bedeutet nicht die Heilung unserer Verzweiflung; sie vertieft sie auf perverse Weise.

Aus spiritueller Sicht leidet die Menschheit an einer Erkrankung des Herzens. Um ein gebrochenes Bein zu heilen, werfen wir nicht einfach eine Schmerztablette ein – wir müssen den Knochen wieder einrichten. Und um unser gebrochenes Herz zu heilen, können wir ebenfalls nicht einfach ein Schmerzmittel schlucken – wir müssen unser Denken neu ausrichten.

DIE VERLETZTE SEELE

Die Wurzel des Leidens ist zumeist nicht auf der Ebene der chemischen Vorgänge im Gehirn, sondern auf der Bewusstseinsebene angesiedelt. Eine wissenschaftlich orientierte Weltsicht, die die Macht des Bewusstseins nicht anerkennt, kann uns daher nicht vollständig heilen. Ein emotionales Trauma wird für das Gehirn zum physischen Trauma, *weil* es ein spirituelles Trauma ist.

Die schwere Depression eines zurückkehrenden Kriegsveteranen zum Beispiel ist manchmal auf eine Gehirnverletzung zurückzuführen, aber nicht immer. Oft ist der vorrangige Grund dafür eine Verletzung der *Seele*. Wenn ein junger Mensch im Krieg verletzt wurde, wenn andere Menschen versucht haben, ihn zu töten, wenn er die Gräuel der Schlacht mitangesehen hat und wenn er zur Tötungsmaschine ausgebildet und darauf trainiert wurde, mit den Nachwirkungen seines Tuns zu leben – wie kann da seine Seele nicht leiden? Ich sprach mit der trauernden Mutter eines Soldaten, der kürzlich Selbstmord begangen hat – ein junger Mann, den ich einst als lustiges, brillantes und von Lebenslust erfülltes Kind kannte, ich war sicher, er würde eines Tages große Dinge vollbringen. Seine Mutter sagte unter Tränen zu mir: »Ach Marianne, sie haben versucht, ihn in jemanden zu verwandeln, der zu sein ich ihn nicht aufgezogen habe.« Sie mussten es natürlich tun, aber was für eine Tragödie für uns alle.

Alle wollen wir unsere leidenden Veteranen geheilt sehen. Und es gibt überall in unserem Land außergewöhnliche Ärzte und Therapeuten, die mit ihnen arbeiten und sie auf unzählige Weise heilen. Aber wer behaupten will, dass angesichts der hohen Selbstmordrate unter den Veteranen (laut einer Untersuchung des Departments of Veteran Affairs von 2013 gab es im Durchschnitt pro Tag 22 Suizide) die weitverbreitete Einnahme von Antidepressiva eine Notwendigkeit ist, sollte berücksichtigen, dass das

Selbstmordrisiko bei Menschen, die Antidepressiva nehmen, bekanntermaßen erhöht ist. Dieses Risiko gilt vor allem für die, die neunundzwanzig oder jünger sind, was die große Mehrheit unserer Veteranen mit einschließt. Kein Medikament kann für sich allein genommen die Probleme solcher Erinnerungen lösen, mit denen es unsere zurückkehrenden Soldaten zu tun haben.

Diese Männer und Frauen brauchen spirituelle Medizin, und das bedeutet nicht nur den Trost Gottes, sondern auch die Liebe ihrer Mitmenschen. Sie brauchen menschliche Güte und Freundlichkeit, Gebet, Therapie, Meditation. Sie brauchen eine Gesellschaft, die durch ihre Wirtschafts- und Gesellschaftspolitik gegenüber Veteranen (nicht nur mit politischer Rhetorik und leicht dahingesprochenen Worten wie »danke für deinen Dienst«) den Beweis erbringt, dass es nicht so ist, dass sie sich einen Dreck darum schert. Eine Gesellschaft, die sich vielleicht auch dafür entschuldigt, dass sie so viele von ihnen in Kriege geschickt hat, die nie hätten geführt werden dürfen, und die – überall – ein Zeichen setzt, dass wir ernsthaft über Alternativen zum Krieg nachdenken.

Spiritualität ist nicht irgendein wunderliches Stiefkind einer intelligenten Weltsicht. Sie ist auch nicht die einzige Option für diejenigen von uns, die nicht gescheit genug sind, die Fakten der realen Welt zu verstehen. Spiritualität spiegelt die am höchsten entwickelte Gesinnung und Denkart und die machtvollste Kraft, die für die Transformation menschlichen Leidens zur Verfügung steht – ob jemand Medikamente nimmt oder nicht. Deshalb ist es so wichtig, die Grundlagen einer spirituellen Weltsicht zu erlernen, und die geistigen, emotionalen und verhaltensbezogenen Prinzipien, die sie beinhaltet. Dies ist der Schlüssel zur Wiederaneignung unseres inneren Friedens.

Die Dunkelheit kann in der Gegenwart von Licht nicht existieren. Meditation ist ein Weg zum Licht. Vergebung ist ein Schlüssel, der zum Licht führt. Gebet ist ein Weg zum Licht. Das sind die Kräfte, die der Seele Trost schenken, ihr geben, was ihr kein irdisches Hilfsmittel zu geben vermag. Und dies sind die Kräfte, die wir nun am meisten entwickeln müssen. Sie heilen unser Leben, indem sie unser Denken heilen. Und indem wir lernen, unser Denken zu ändern, lernen wir, unser Leben zu ändern. Wie in Römer 12,2 zu lesen steht: »... wandelt euch, und erneuert euer Denken«. Mit dem Erneuern unseres Denkens werden wir die Welt erneuern.

4
DAS WUNDERSAME UNIVERSUM

Der erste Schritt auf dem Weg zur Erleuchtung liegt im Erlernen der Grundsätze des spirituellen Universums. Erst lernen wir die Prinzipien, dann bemühen wir uns, sie in unserer persönlichen und kollektiven Erfahrungswelt anzuwenden.

Jedermann befindet sich auf einer spirituellen Reise; die meisten Menschen wissen es nur nicht. Spiritualität bezieht sich nicht auf irgendeine theologische Dynamik außerhalb von uns, sondern darauf, wie wir uns entscheiden, unseren Geist zu nutzen. Der spirituelle Weg ist der Weg des Herzens; in jedem Augenblick gehen wir entweder den Weg der Liebe und schaffen Glück, oder wir kommen von ihm ab und schaffen Leiden. Jeder Gedanke, den wir denken, führt tiefer in die Liebe oder tiefer in die Angst.

Liebe ist geistig gesund, und Angst ist es nicht. Der liebende Geist ist der »rechte Geist«; das Wort »rechtschaffen« verweist auf »rechten Gebrauch«. Von Mahatma Gandhi stammen die

Worte: »Das Problem mit der heutigen Welt ist, dass die Menschheit nicht recht bei Verstand ist.«

Das spirituelle Universum ist der Geist Gottes. Wunder sind die Gedanken der Liebe, die vom Geist Gottes ausgehen und durch den Geist der Menschen hindurch hinaus in die Welt gehen. Gott ist Liebe, und als Kinder Gottes sind wir es auch. Unsere Aufgabe auf Erden ist es, zu denken, wie Gott denkt. Das heißt zu lieben, wie Gott liebt. Ist unser Geist auf die Liebe eingestellt, entfalten sich die Dinge auf wundersame Weise. Liebevolles Denken schafft liebevolle Gefühle, und liebevolle Gefühle schaffen liebevolles Verhalten. So schaffen wir Glück für uns selbst und unsere Mitmenschen.

Ganz offensichtlich läuft es im Leben nicht immer so. Das sollte es aber. Denn Liebe ist in der Tat unser Naturzustand, von dem wir als Spezies abgekommen sind und zu dem zurückzukehren wir uns alle sehnen. Im Kleinen wie im Großen – von den kleinen Abweichungen von der Liebe, die unsere persönlichen Beziehungen schädigen, bis hin zu den Gräueln des Krieges und Genozids – agiert die Menschheit eine spirituelle Liebe-Hass-Beziehung zu unserem wahren Selbst aus. Wir sind eins mit der Liebe, wir wenden uns ab von der Liebe, und am Ende kehren wir zur Liebe zurück. Das ist so ziemlich alles, was es gibt.

Wenn unser Geist nicht auf Liebe eingestellt ist, wird das natürliche Gewebe des Universums zerrissen. Aber das Universum ist sowohl selbstorganisierend als auch selbstkorrigierend. Wenn wir uns in der Illusion der Angst verloren haben, können wir zur Liebe und somit zum Frieden zurückkehren. Jeder und jede von uns ist mit einem inneren Lehrer ausgestattet, einer Führerin, die von Gott ermächtigt ist, uns den Pfad nach Hause zu ebnen, wenn wir uns im Schmerz weltlicher Illusion verirrt haben. Wir können dieser Kraft viele Namen geben (einer davon ist Heiliger Geist), aber wir können uns nicht vergeblich an sie wenden.

Das Wunder ist eine göttliche Fürbitte zugunsten unseres reinen Geistes und stellt die himmlische Ordnung wieder her. Wunder erheben uns über die Grenzen der sterblichen Welt, dadurch befreien sie uns von Ketten, die uns ansonsten binden. Die Ketten des Ego sind nicht materieller, sondern geistiger Natur, sie sind unsere starren Glaubensvorstellungen von der dreidimensionalen Welt. Indem wir vom Glauben an die Macht unseres Unglücks übergehen zum Glauben an die Macht Gottes, es zu heilen, setzen wir die Kraft der Wunder frei, zu unseren Gunsten zu wirken.

Um Wunder zu wirken, reichen jedoch gute Absichten nicht aus. Wir müssen mehr tun als nur die *Absicht hegen*, die Dinge anders zu sehen; wir müssen *bereit* sein, die Dinge anders zu sehen. »Lieber Gott, ich bin bereit, dies anders zu sehen«, ist das kraftvollste Gebet um wundersame Transformation. Während das Ego darauf besteht, dass die Welt anders sein *sollte*, trachtet der reine Geist danach, die Welt anders zu *sehen*. Nur dann verändert sich die Welt wirklich. Wir können Gott nicht um das »Wunder« bitten, dass die Dinge so passieren, wie wir es haben wollen; das

Wunder findet statt, wenn wir über die Dinge so *denken*, wie Gott es gerne hätte.

Der reine Geist segnet, das Ego weist Schuld zu. Der reine Geist vergibt, das Ego greift an. Der reine Geist lässt zu, das Ego verteidigt. Der reine Geist ist voll und ganz in der Gegenwart, das Ego haftet an der Vergangenheit oder Zukunft. In jedem Augenblick treffen wir, bewusst oder unbewusst, eine Entscheidung, ob wir Gastgeber für Gott oder Geisel des Ego sein wollen.

Und diese Wahl ist nicht immer leicht. Ihr Ehemann hat Sie nach fünfundzwanzig Jahren verlassen – wo ist da das Wunder? Ihr Kind ist an einer Überdosis Drogen gestorben – wo ist da das Wunder? Sie haben Ihren Arbeitsplatz verloren und wissen nicht, wie Sie Ihre Familie ernähren sollen – wo ist da das Wunder? Ihr Arzt sagt, dass Sie nur noch sechs Monate zu leben haben – wo ist da das Wunder? Sie wissen nicht, ob Sie je wieder laufen werden können – wo ist da das Wunder? Sie können einem Trauma aus der Vergangenheit nicht entrinnen – wo ist da das Wunder?

Die Welt wird Ihnen viele Möglichkeiten anbieten, Ihren Schmerz zu betäuben, Ihren Ärger und Ihre Wut zu steigern und so Ihre Verzweiflung noch tiefer werden zu lassen. Sie können immer Menschen finden, die Ihnen beipflichten, dass Sie ein Opfer geworden sind, und auf der irdischen Ebene mag dem auch so sein. Sie können immer Menschen finden, die Ihnen beipflichten, dass die Situation hoffnungslos ist, und rational betrachtet mag es diesen Anschein haben. Wir alle machen in stärkerem oder geringerem Maße Erfahrungen, die uns aus weltlicher Sicht jedes Recht geben, wütend zu sein, uns als Opfer oder qualvoll hoffnungslos zu fühlen.

Aber selbst dann haben wir die Wahl. Wir können Klage führen gegen die, die uns wehgetan oder geschadet haben – und uns selbst zu Schmerz und Selbstmitleid verdammen. Wir können darauf bestehen, dass die Situation hoffnungslos ist und wir nichts machen können, ganz gleich, was irgendwer sagt – und uns selbst zu völliger Verzweiflung verdammen. Wir können der Welt mit Negativität und Schuldzuweisung entgegentreten, mit Verteidigungshaltung und Angriff, mit Aburteilung und Wut – und uns selbst zu einer Existenz in Kälte und Isolation verdammen.

Oder wir können ein Wunder erleben.

Wenn wir wählen, ein Wunder zu erleben, verwahren wir uns gegen das Denksystem des Ego. Es ist die Wahl, zu unserer Einstellung zu stehen, obwohl das Ego darauf beharrt, dass wir der Gnade einer angstbesetzten Welt ausgeliefert sind. Es ist die metaphysische Bedeutung der Worte Jesu: »Weiche, Satan.« Das Gefühl der Hoffnungslosigkeit ist der Gewinn des Ego, dies sind die Pfade seines finsteren und bitteren Königreichs. Aber mit Gottes Hilfe können wir uns über das Ego erheben. Sein Licht vertreibt die Dunkelheit und erlöst uns aus dem Schmerz, den wir dort empfinden. Gott erhebt uns über die Folterqualen und das unerträgliche Leiden der Welt des Ego.

Einmal fragte ich eine Frau, die von ihrem Mann verlassen worden war, was dazu beitragen würde, dass sie sich besser fühlte.

Sie gab zur Antwort: dass die neue Beziehung ihres Mannes scheiterte; dass er aufwachen und ihm klar werden würde, was für ein Idiot er gewesen war, und er zu ihr zurückkäme; oder dass ihm oder seiner neuen Frau etwas Schreckliche zustieße! Sie lachte, aber sie weinte auch.

Wir alle könne ihre Antwort auf gewisser Ebene verstehen. Aber Gedanken wie diese werden ihren Schmerz nur verschärfen. Der kraftvollste Gedanke ist ein Gedanke des Gebets. Wenn ich für dich bete, bete ich für meinen eigenen Geistesfrieden. Ich kann nur das für mich haben, was ich bereit bin, dir zu wünschen.

Ich fragte jene Frau, ob sie gern eine Alternative zu ihren gegenwärtigen Gedanken über ihren Mann hätte, und zwar ein Gebet. Ihre Antwort war perfekt: »Wenn ein Gebet mich aus der Hölle befreit, in der ich mich befinde, dann bitte lassen Sie es uns sprechen.«

Lieber Gott,
bitte segne meine einstige Liebe,
die sich entschieden hat, von mir wegzugehen.
Trotz meines Widerstands segne ich diesen Weg
und bete, dass er glücklich sein möge.
Nimm die Versuchung von mir, ihn zu verurteilen
oder ihn zu kontrollieren,
denn wenn ich ihn an mein Urteil binde,
binde ich mich nur an mein Leiden.
Gott, hilf mir, ihm zu vergeben,

und so auch mir zu vergeben.
Lieber Gott, lass ihn von meinem Haken,
und befreie mich von meinem Schmerz.
Amen.

Das Beten ist der Kanal für Wunder. Es verwandelt das Universum, indem es uns verwandelt. Das Ego verfügt über unendlich viele Optionen im Umgang mit den Problemen, die es erschafft. Aber alle treiben uns nur tiefer in die Verzweiflung. Das Ego wird nie behaupten, dass die Liebe immer die Antwort ist, weil die Liebe die Auflösung des Ego bedeutet, und das weiß es. Um zu überleben, nährt es sich von Lieblosigkeit, und doch bedeutet *sein* Überleben *unsere* Vernichtung.

Das Ego hält Vergebung für Schwäche und Angriff für Stärke. Aber Liebe ist nicht Schwäche, sie ist die Macht und Kraft Gottes. Ob Liebe Wunder wirkt oder nicht, ist nicht das Problem; das Problem ist, wie sehr wir der Liebe widerstehen.

Es ist leicht, an die Liebe zu glauben, wenn alle um uns herum nett sind und die Dinge so laufen, wie wir es haben wollen. Aber das Leben ist ein Lernprozess, durch den wir ständig herausgefordert werden, noch tiefer zu lieben. Das Universum ist zweckbestimmt und wird erst dann mit uns fertig sein, wenn wir an dem Ort angelangt sind, wo Liebe, und nur Liebe, unsere Wirklichkeit ist. Wir sind nicht auf dieser Erde, um herumzulungern; wir sind hier, um unser Erleuchtungspotenzial zu verwirklichen. Und das Universum wird sicherstellen, dass wir das tun.

Ja, Menschen werden unfreundlich zu uns sein. Ja, die Dinge werden sich nicht immer nach unseren Wünschen entwickeln. Und ja, es finden Tragödien auf der Welt statt. Aber Gott hat unendlich viele Wunder auf Lager, und wenn wir für die Liebe einstehen, rufen wir sie hervor. Es gibt nichts, was unsere Heiligkeit oder unser »heiler ganzer Geist« nicht zu tun vermag. Heiligkeit ist die Verkörperung der Liebe, die all jene Erfahrungen transformiert und uns aus unserer Qual befreit.

Die Suche nach Heiligkeit ist nicht rosarot und vage, sie erfordert Zähigkeit, Entschlossenheit, Ungeschminktheit. Wir geben nicht vor, nicht wütend zu sein, wenn wir wütend sind; wir übergeben unsere Wut den Händen Gottes und sagen ihm, dass wir bereit sind, nicht wütend zu sein. Wir verleugnen nicht unsere Tränen, wenn wir verlassen oder betrogen worden sind; wir beten für das Glück der Person, die uns verletzt hat, als Akt der Großzügigkeit uns selbst gegenüber. Wir geben nicht vor, uns nicht zu fürchten oder nicht einsam zu sein; wir legen unsere Angst und Einsamkeit in die Hände Gottes. All das ist ein Prozess, und nichts davon ist leicht. Der Weg der Heiligen ist von vielen Tränen gesäumt.

Aber Gott ist in schwierigen wie auch in allen anderen Zeiten bei uns. Wenn wir durch die dunkelste Nacht unserer Seele wandern, werden wir durch die Kraft des Glaubens, dass wir nicht allein sind, gestärkt und gestützt, sofern uns daran liegt.

GLAUBE

Was bedeutet es eigentlich, in Zeiten emotionaler oder psychischer Dunkelheit zu glauben?

Glaube ist eine einzigartige psychische Orientierung, eine machtvolle Gedankenstütze zur Erinnerung daran, dass das Licht Gottes über die Finsternis hinaus existiert. Der Glaube hilft uns in Zeiten der Depression und Traurigkeit, weil er uns die Geduld gibt, sie zu erdulden und durchzustehen. Wir begreifen, dass es sich auszahlen wird, wenn wir innere Arbeit leisten. Glaube ist nicht blind, er ist visionär. Ein Pilot, der den Horizont nicht sehen kann, folgert daraus nicht, dass der Horizont nicht da ist. Glaube ist wie ein Pilot, der sich beim Fliegen an seinen Instrumenten orientiert. Wie die Bibel sagt: »Selig sind die, die nicht sehen und doch glauben.«

Glaube ist ein Bewusstseinsaspekt, wir wenden unseren Glauben ständig auf die eine oder andere Welt an. Allerdings glauben wir tendenziell mehr an die Macht der Krebserkrankung, uns zu töten, als an die Macht Gottes, uns zu heilen.

Dem spirituellen Universum wohnt eine göttliche Ordnung inne, und jedwedes Chaos ist vorübergehend. Der Glaube erkennt das ganz einfach. Was immer das Ego niederdrückt, Gott wird es wieder erheben. Das ist nicht nur eine Glaubensvorstellung oder Überzeugung, das ist spirituelle Intelligenz. Und spirituelle Intelligenz gibt uns Stärke und Standhaftigkeit. Der Glaube als Behältnis für unsere Emotionen ist wichtig, weil er uns Sicherheit angesichts von Unsicherheit gibt. In Zeiten des Leidens hält er uns über der emotionalen Wasserlinie und gibt uns die Stärke, sie durchzustehen, im Wissen, dass sie vorübergehen werden. Es besteht ein gewaltiger emotionaler Unterschied zwischen »Ich bin deprimiert und habe das Gefühl, dieser Schmerz wird nie enden« und »Ich bin deprimiert, aber ich weiß, dass ich da durchkomme«. In bestimmten Nächten kann es sehr dunkel werden, aber die Morgendämmerung wird ganz bestimmt heraufziehen. Ganz gleich, was in unserem Leben passiert ist, Wunder sind möglich. Das Universum funktioniert wie ein GPS. Sollten wir auf dem Weg zu unserem Ziel mal falsch abgebogen sein, stellt sich das GPS darauf ein und berechnet eine neue Route. Das Ziel ist der innere Frieden. Es können harte Zeiten kommen, aber wenn wir die Liebe wählen, können und werden sie letztendlich nicht allzu lange dauern.

GOTTES INTELLIGENZ

Das Universum ist lebendig, erfüllt von einer natürlichen Intelligenz, die alle Dinge zu ihrem höchsten Wohl führt. Diese Intelligenz lässt aus einem Embryo ein Baby, aus einer Knospe eine Blüte und aus einer Eichel eine Eiche werden. Wenn wir es zulassen, führt sie uns dahin, dass wir die höchste Version unserer selbst werden und ein Leben des Glücks und Friedens leben. Das Intelligenteste, das wir überhaupt tun können, ist zu lernen, wie wir uns mit dieser natürlichen Intelligenz in Übereinstimmung bringen.

In der Einleitung von *Ein Kurs in Wundern* steht:

Nichts Wirkliches kann bedroht werden.
Nichts Unwirkliches existiert.
Hierin liegt der Frieden Gottes.

Nur Liebe ist letztlich wirklich, alles andere ist eine vom Geist erzeugte vorübergehende Illusion. Was nicht Liebe ist, existiert in Wirklichkeit nicht.

Ganz offensichtlich läuft ein solches Denken den materiellen Nachweisen zuwider. Wenn wir uns umsehen, nehmen wir die Welt mit unseren physischen Sinnen wahr – die uns alle melden, dass die Welt in der Tat sehr real ist. Doch was uns die Körpersinne als »reale Welt« vermelden, ist in Wirklichkeit eine riesige kollektive sterbliche Halluzination. Um es mit Albert Einstein zu sagen: »Realität ist nur eine Illusion, allerdings eine sehr hartnäckige.« Die stoffliche Welt ist nur ein Schleier vor einer Welt, die wahrer, wirklicher, schöner ist. Sie ist ein gewaltiger, vom Ego geschaffener Schleier der Illusion, der die dahinterliegende Welt nicht erhellen, sondern verbergen soll.

Alles, was Leiden verursacht – vom abscheulichsten Missbrauch bis hin zum Verlust eines geliebten Menschen –, geschieht in einem Reich der Illusion. Solches Leiden ist Bestandteil der menschlichen Erfahrung und sollte als solcher respektiert werden, aber die menschliche Erfahrung allein ist letztlich nicht die Wahrheit von unserem wahren Wesen. Wir sind Wesen einer Welt, die wirklicher ist als diese; das ist die Welt auf der anderen Seite des Schleiers. Die spirituelle Welt ist ein Universum der Liebe und nur der Liebe, in dem nur ewiger Friede und ewige Harmonie existieren.

Somit ist das Selbst oder Ich, das leidet, nicht unser wahres Selbst. Die Welt kann Ihnen schreckliche Dinge entgegenschleudern, aber sie kann nichts an der Wirklichkeit Ihres wahren Wesens ändern. Ihr wahres, Ihr wirkliches Wesen ist ein Wesen der Liebe, das von der Lieblosigkeit der Welt völlig unbeeinflusst bleibt.

Die Reise zur Erleuchtung ist eine Reise zu einem transformierten Selbstempfinden, ein Übertritt zu einem anderen Gefühl, einer anderen Wahrnehmung von unserem wahren Wesen und dem Sinn und Zweck der Welt. Obschon das Ego behauptet, dass wir beschränkte, schuldbeladene, vergängliche, verletzliche Wesen sind, die in einer Welt des Mangels nach ein paar Häppchen Glück grabschen, sagt die spirituelle Weltsicht, dass wir nichts dergleichen sind. In Gott sind wir unschuldig. Wir sind im Überfluss. Wir sind vollständig. Wir sind ewig.

Und indem wir uns auf diese Dinge besinnen, sind wir schließlich glücklich. Denn sie sind mehr als eine Abstraktion. Sie sind Lichtexplosionen.

DEN GRABEN SCHLIESSEN

Das sterbliche Selbst – festgelegt durch den Körper, mit weltlichen Begriffen beschrieben und dem Einfluss der materiellen Welt unterworfen – ist nur ein Aspekt unseres Wesens. Tatsächlich ist der Körper vergleichbar mit einer Mauer, die wir um ein unsichtbares Selbst gebaut haben. Dieses unsichtbare Selbst – ob wir es Christus oder Buddhanatur oder Shekhinah oder irgendwie anders nennen – ist das, was im Kern, im Grunde und in Ewigkeit unser wahres Wesen ist. Wir sind nicht ein Körper, sondern ewiger, reiner Geist. Wir waren vor unserer physischen Geburt am Leben und werden über unseren physischen Tod hinaus am Leben sein. Was Gott erschaffen hat, kann nicht unerschaffen gemacht werden.

Es bedeutet eine radikale Verpflichtung, wenn wir uns in dieser Welt auf unser wahres Wesen zu besinnen versuchen. In dieser Welt, die alles tut, um uns jeden Augenblick eines jeden Tages davon zu überzeugen, dass wir sind, wer wir nicht wirklich sind, und dass wir nicht sind, wer wir wirklich sind. Die Welt, so wie wir sie kennen, ist rund um die Leugnung einer spirituellen Sicht organisiert, sie behandelt den Körper als real und den reinen Geist als Fantasie. Sie beruht auf der Annahme, dass nur zählt, was im Außen geschieht. So gesehen, ist unsere moderne Kultur spirituell blind. Sie ist unwissend in Bezug auf die tiefere Wirklichkeit und Bedeutung des Lebens. Sie schläft, wenn es um die tieferen Dynamiken und evolutionären Notwendigkeiten der menschlichen Existenz geht, und produziert sowohl für den Einzelnen als auch für die ganze Spezies Albträume.

Wir erleben nun ganz massiv die Verwüstungen, die von unserer spirituellen Ignoranz hervorgebracht wurden. Dies führt bei Einzelpersonen zu tiefen psychischen und emotionalen Problemen und weltweit zu einer anscheinend unaufhaltsamen Zerstörungswut im Bereich von Umwelt und Politik. Aber diese Probleme sind keine Ursachen; sie sind Auswirkungen eines Zustands der Menschheit, in dem wir uns von unserem wahren Wesen abgespalten haben. Von unserem wahren Selbst getrennt werden wir bestenfalls neurotisch und schlimmstenfalls wahnsinnig.

Der Ego-Geist, das wahnhafte Selbst, trachtet in jedem Augenblick eines jeden Tages danach, Gottes Schöpfung auszulöschen. Was bedeutet, er hat zum Ziel, *dich, mich, uns* auszulöschen. Innerhalb dieser Welt kann das Ego verheerende Auswirkungen haben. All das passiert innerhalb einer gewaltigen Illusion, aber während wir uns mittendrin befinden, fühlen sich die Auswirkungen sehr real an. Die Rolle desjenigen, der Wunder wirkt, besteht darin, die Dunkelheit nicht zu ignorieren, aber sie zu vertreiben, aufzulösen.

Die Welt des Ego ist natürlich ebenso deprimierend, wie sie irrsinnig ist. Sie postuliert uns als vergängliche Wesen, wo wir in Wahrheit ewiger Natur sind. Sie postuliert uns als von Gott getrennt, wo wir in Wahrheit Gedanken in Gottes Geist sind. Sie postuliert uns als voneinander getrennt, wo wir in Wahrheit als eins geschaffen sind und eins bleiben. Um unsere Depression zu heilen, müssen wir den geistigen Graben zwischen der Sicht des Ego von uns selbst und anderen und der Sicht Gottes von uns selbst und anderen schließen. Einzig darin liegt die Erlösung von Traurigkeit und Schmerz.

Das Ego ist unsere eigene, gegen uns gewandte geistige Energie. Aber so wie die Dunkelheit nichts anderes ist als die Abwesenheit von Licht, ist Angst nichts anderes als die Abwesenheit von Liebe. Das Ego ist schlichtweg eine geistige Fehlschöpfung, der wahnhafte Gedanke, dass wir nicht das sind, was wir in Wahrheit sind. Es ist die verrückte Glaubensvorstellung, dass wir voneinander getrennt sind, es überzeugt uns davon, dass wir allein sind … und gefährdet … und ungeliebt. *Natürlich* sind wir deprimiert. Die Heilung unserer Depression liegt darin, dass wir uns auf unser wahres Wesen besinnen.

Wir sind vollkommene, unschuldige Kinder Gottes. Das ist Gottes Wirklichkeit, und Gottes Wirklichkeit ist unveränderlich. Darüber hinaus sind wir als eins geschaffen worden, und auf der Ebene des reinen Geistes *sind* wir eins. Das Ego ist sehr wachsam in seinen Bemühungen, uns vergessen zu lassen, dass wir vollkommen sind, uns vergessen zu lassen, dass wir unschuldig sind, uns vergessen zu lassen, dass wir eins sind. Die Angst und geistige Qual, die durch dieses Vergessen erzeugt werden, sind die wirkliche Bedeutung des Wortes »Hölle«. Das Gewahrsein von unserem Einssein und der Friede, der dies kundtut, sind die Bedeutung des Wortes »Himmel«. Die Hölle ist nicht unser natürlicher

Lebensraum. Wir kommen vom Himmel, und dorthin gehören wir – nicht nur nachdem wir gestorben sind, sondern jeden Augenblick eines jeden Tages.

DIE GROSSE LÜGE

»Die Masse der Menschen führt ein Leben in stummer Verzweiflung«, schrieb Henry David Thoreau. Aus spiritueller Sicht wurzelt diese Verzweiflung in einer Täuschung: der falschen Wahrnehmung, dass irgendein Teil des Lebens von irgendeinem anderen Teil getrennt ist. Diese Fehlwahrnehmung wird durch die Hinweise der physischen Sinne aufrechterhalten, die die Realität in physischen und nicht in spirituellen Begriffen erfahren. Somit postulieren sie uns als getrennt, was aber nicht den Tatsachen entspricht. Dieser zentrale und schädliche Glaube an das Getrenntsein verdeckt die Liebe oder löscht sie aus und führt die Angst ein, indem er uns dazu bringt, uns als von etwas und jemandem getrennt wahrzunehmen, von dem wir gar nicht getrennt sein können. Diese Täuschung ist die Quelle unserer Verzweiflung, weil sie, auf gedanklicher Ebene, das Einssein unseres Wesens in Milliarden einzelne Stückchen zerschneidet und so unser grundlegendstes Selbstempfinden verletzt.

Laut *Ein Kurs in Wundern* sind wir wie Sonnenstrahlen, die sich von der Sonne getrennt glauben, oder wie Wellen im Ozean, die sich von anderen Wellen getrennt wähnen. Schauen wir uns an, was das psychologisch gesehen bedeutet. Wenn ich eine Welle im Ozean bin und glaube, von allen anderen Wellen getrennt zu sein, wie soll ich mich da nicht vor dem Ozean fürchten? Wie soll ich mich da nicht ohnmächtig fühlen? Wie soll ich da nicht voller Angst sein, dass ich jeden Augenblick von anderen Wellen überwältigt werden könnte? Wenn ich aber so von mir denke, wie ich wirklich bin – überhaupt nicht von anderen Wellen getrennt –, dann weiß ich, dass ich im Ozean sicher bin und dass die Macht des Ozeans auch die meine ist.

Alles Leiden entsteht aus unserer falschen Anhaftung an das Reich des persönlichen Ich oder Selbst. Solange wir uns selbst als vom Rest des Lebens getrennt betrachten, ist der Schmerz unvermeidlich. Körperzellen, die sich von ihrer natürlichen Intelligenz abspalten, ihre Funktion vergessen und sich daranmachen, ihr eigenes Reich zu bilden, werden Krebszellen genannt. Sie sind bösartig, haben sich vom großen Tanz der Zusammenarbeit des Lebens abgekoppelt. Und genau das ist der Menschheit widerfahren; wir sind von einem spirituellem Malignom infiziert worden und haben, wie die Krebszellen, vergessen, dass es unsere Funktion ist, mit anderen Zellen zusammenzuarbeiten, um das umfassendere Leben, von dem wir alle Teil sind, zu fördern, zu hegen und zu nähren. Stattdessen sind wir dahin gebracht worden, zu glauben, dass es kein höheres Gut gibt, als zu tun, was immer wir tun wollen – ohne Verantwortungsgefühl für das Ganze, dessen Teil wir sind. Und die Macht, die wir zum Erschaffen einsetzen sollen, wird zu einer Macht, mit der wir zerstören.

Jeder Aspekt unserer Gesellschaft ist von einer angstvollen Einstellung durchdrungen, die im Glauben an das Getrenntsein wurzelt und eine gesellschaftliche Toxizität herstellt, die unsere Welt vergiftet. Diese Toxizität wirkt sich auf unsere Psyche und auch auf unseren Körper zerstörerisch aus. Ob es nun die Gewalt im Fernsehen oder die Gewalt des Krieges ist, ob es sich um Konflikte zwischen Nachbarn oder zwischen Rassen handelt, es fühlt sich zuweilen an, als sei die Angst überall und die Liebe praktisch nirgendwo.

Wir grabschen nach der Liebe, als schnappten wir nach Luft, aber nur zu oft können wir sie nicht finden. Wir werden mit falschen Glaubensvorstellungen geködert darüber, wer wir sind und wer wir füreinander sind – und glauben im Kern, dass wir letztlich nichts sind und nichts füreinander sind. Solche Überzeugungen sammeln sich an, bis sie zur massiven Lüge werden, die nicht hinterfragt wird und die sich wie eine Decke des Verderbens und Untergangs über das Bewusstsein der Menschheit breitet. Die Lüge wird so komplett und so chronisch bestärkt und gefestigt, dass es den Anschein hat, dass sie wahr sein muss. Aber auch eine allgegenwärtige Lüge bleibt eine Lüge.

Die Lüge wird überall bestärkt. Unsere Religionen, unsere Wirtschaftssysteme, unsere Nationalitäten, unsere Sexualität, unsere Politik, unsere Kulturen: Das Ego nutzt alles als Beweis für unser Getrenntsein und warnt ständig: »Traut einander nicht!« Wir werden *gelehrt,* einander zu fürchten, statt einander zu lieben. Wir nehmen eine Welt des Mangels wahr – der Knappheit, der

Gefahr – und schließen daraus, dass wir miteinander konkurrieren müssen, damit unsere Bedürfnisse auf Kosten von wem auch immer erfüllt werden. In Wahrheit ist es unsere Wahrnehmung vom Getrenntsein, die diesen Mangel überhaupt erst erzeugt.

Aber was ist die Quelle dieser Lüge, und wie kann sie beseitigt werden? Die Lüge entspringt keinem bestimmten Ort, sie kommt von überall her. Sie ist einfach menschliches Bewusstsein ohne Liebe. Ego-Geist, das ist die psychologische Bedeutung der Höhle des Teufels, aber es gibt keine Höhle des Teufels auf physischer Ebene, wo all die Lügen der Welt ausgeheckt werden. Angst ist die Macht unseres Geistes, die sich gegen uns selbst wendet – das lieblose, abgespaltene, verzweifelnde Selbst oder Ich. Es ist unser Selbsthass, der sich als Selbstliebe ausgibt.

In dem Denksystem, das auf unserem Planeten vorherrscht, setzt sich die Angst statt der Liebe durch. Angesichts dessen überrascht es nicht, dass so viele von uns deprimiert sind: Das Ordnungsprinzip der modernen Zivilisation vertreibt uns spirituell von unserem Platz im Universum. Eine Mentalität, die auf Angst gegründet und vom Materiellen besessen ist, hat das Gefühl für spirituellen Sinn und Zweck aus den Knochen unserer Zivilisation herausgelöst. Das *verletzt* uns und *schmerzt*.

Wir passen emotional nicht in eine Welt, in der der Erfahrung des Menschseins keine transzendente Bedeutung zugeschrieben wird; in der tiefes Verbundensein und wechselseitiges Verantwortungsgefühl keine Voraussetzung ist in unserer Beziehung zu anderen Lebewesen; in der es mehr Kräfte gibt, um uns voneinander zu trennen, als Kräfte, uns zu vereinen; in der unser Wert vorrangig durch äußere Faktoren bestimmt wird. Dieser Mahlstrom krankhaften Denkens – krankhaft insofern, als nichts davon die Liebe und alles davon die Angst nährt – hat unsere Zivilisation in eine Petrischale für soziale Pathologie verwandelt. Es ist ein kollektives Problem, dessen Konsequenzen wir auf individueller Ebene erleben.

Wie könnte es auch anders sein? Wie können in einer Zivilisation, die die Liebe derart an den Rand drängt, die Leute *nicht* todunglücklich werden? Das tiefe emotionale Leiden, das um sich greift, ist eine Krankheit des reinen Geistes, die nicht auf der materiellen Ebene geheilt werden wird. Sie kann nur auf der spirituellen Ebene geheilt werden.

Eine spirituelle Krankheit erfordert eine spirituelle Lösung, und eine spirituelle Lösung betäubt unser Leiden nicht und weicht ihm auch nicht aus. Wenn wir das Leiden betäuben oder ihm ausweichen, versäumen wir es, seine Quelle dem Licht des bewussten Gewahrseins auszusetzen. Wenn wir kein Bewusstsein, kein Gewahrsein von unserem Schmerz haben, können wir ihn nicht abgeben, und nur abgegebener Schmerz ist aufgelöster Schmerz.

Gott wird nichts von uns nehmen, was wir nicht loslassen und ihm geben, sonst wäre es ein Verstoß gegen unseren freien Willen. Spirituelle Gifte müssen an die Oberfläche gebracht werden, um sie freisetzen zu können. Sie werden als Bestandteil eines emotionalen Entgiftungsprozesses freigesetzt, ohne den sie in uns verbleiben und unser Leben beschädigen würden. Unsere moderne Weltsicht erkennt nicht die emotionale Toxizität in ihrem Kern. Unsere mechanistische, rationalistische, übersäkularisierte *Weltsicht* ist toxisch; deshalb muss unsere Weltanschauung geheilt werden, bevor unser Leiden geheilt werden kann.

DER WEG ZUR HEILUNG

Die Genialität der Natur gilt für Körper und Geist.

Die außerordentliche Intelligenz der Natur zeigt sich deutlich daran, wir unsere biologischen Systeme arbeiten. Beim Erschaffen des menschlichen Körpers werden Eizelle und Sperma in einer zellularen Ehe vereint, was der Beginn eines unglaublichen Prozesses ist: Zellen entstehen und teilen sich, um zu Muskeln, Haut, Organen und Blut zu werden. Gehirn, Lunge, Leber, Herz, Fingernägel, Genitalien, Augäpfel, Zunge, Zehen – alles entwickelt sich aus Abermilliarden winziger Zellen, die in einem unendlich kreativen Prozess zur Zusammenarbeit mit anderen Zellen angeleitet werden, was schließlich zur Geburt eines Babys führt. Nach der Geburt setzt sich dieser Prozess fort und unterstützt den Körper, als unabhängiges Wesen zu funktionieren und zu gedeihen.

Beachten Sie, dass die Natur dabei zu keinem Zeitpunkt auf Sie oder mich angewiesen ist. *Wir haben diesen Prozess nicht hervorgebracht.* Die Intelligenz der Natur, die unsere biologische Funktionsweise anleitet, ist einfach da. Und die gleiche Genialität gilt auch für unsere psychische und emotionale Funktionsweise. So wie wir biologisch dazu programmiert sind, geboren zu werden, sind wir spirituell dazu programmiert, glücklich zu sein. Die göttliche Intelligenz nutzt den Körper nur als Mittel zu einem kreativeren Zweck.

Dies ist die Absicht der Natur und der Sinn und Zweck unseres Lebens: nicht nur biologisch, sondern auch spirituell zu wachsen und zu gedeihen. Die Intelligenz der Natur führt uns zu unserer höchsten Kreativität, unserem höchsten Gutsein, unserer höchsten Freude. Der Frage ist nicht, ob diese Intelligenz existiert oder nicht, die Frage ist nur, ob wir ihr folgen oder nicht. Verbunden mit dieser Intelligenz, die die Liebe selbst ist, werden wir zur Ganzheit und zum inneren Frieden geleitet. Von ihr abgekoppelt, werden wir vom Ego in die Finsternis von Chaos und Schmerz geführt. Willensfreiheit meint einfach, dass wir hier die Wahl haben.

Der Geist ist, wie der physische Körper, Teil eines perfekt abgestimmten Ökosystems. Wie der physische Körper besitzt auch er eingebaute Überlebensmechanismen. Und wie der physische Körper kann auch er sich selbst reparieren. Der Körper würde nicht überleben, wäre er nicht imstande, ein bestimmtes Maß an Verletzungen zu verkraften, und das gilt auch für den Geist. Beide sind mit einem brillanten Immunsystem ausgestattet, mit Reparaturmechanismen, mittels derer sie Verletzungen heilen und Krankheiten widerstehen.

Wenn wir ein emotionales Trauma erleiden, haben wir möglicherweise ein Gefühl, als seien wir verprügelt worden – in gewisser Weise sind wir ja auch entweder von uns selbst oder von anderen oder vom Leben verprügelt worden. Unser inneres Selbst hat Schrammen und Prellungen davongetragen, und wir brauchen Zeit, um zu heilen. Bei einer Heilung auf körperlicher Ebene müssen wir mit unserem Körper sanft umgehen; bei einer Heilung auf emotionaler Ebene müssen wir mit unserem Herzen sanft umgehen. Wer deprimiert ist, weiß, dass die Schmerzen des inneren Selbst ebenso groß sein können wie irgendwelche Schmerzen des physischen Körpers.

Ein bestimmtes Maß an Krankheit und Schmerz ist schlicht Teil des Lebens und ein bestimmtes Maß an Herzensleid ebenfalls. Es braucht Zeit, um von einer körperlichen Verletzung zu genesen, und es braucht Zeit, um von einer emotionalen Verletzung zu genesen. Das zu verstehen und zuzulassen gehört zu einem weise und klug geführten Leben. Der Zeitraum, in dem der Geist Verlust, Enttäuschung und Angst verarbeitet, ist keine Krankheit. Dass wir diesen Verlust, diese Enttäuschung und Angst fühlen, bedeutet nicht unbedingt, dass irgendetwas *nicht stimmt*. Es bedeutet einfach, dass wir lädiert sind und Zeit zum Heilen brauchen.

Die Menschen haben nicht erst neuerdings angefangen zu sterben. Sie haben nicht erst neuerdings angefangen, katastrophale Situationen zu erleben. Sie haben nicht erst neuerdings angefangen, großen Kummer zu erdulden. Angesichts der Herausforderungen und der Gefährdungen des Lebens haben sich die Menschen angepasst und gelernt, auf der äußeren wie auf der inneren Ebene solchen Bedrohungen zu begegnen. Körper und Geist haben Immunsysteme entwickelt, und die Grundlage für das Immunsystem des Geistes ist die Trauer. Das Trauern erlaubt uns, in winzigen Schritten zu verarbeiten, was für das System ein zu großer Schock wäre und nicht auf einmal verarbeitet werden könnte.

Das Trauern über normale Verluste, die im Leben vorkommen, sollte nicht vermieden, sondern akzeptiert und begrüßt werden. Es ist ein Prozess – nicht ein Ereignis –, dem am besten gedient ist, wenn wir uns ihm voll und ganz ergeben. Wenn unsere Gefühle zutiefst verletzt worden sind, müssen wir uns auf eine möglicherweise schmerzhafte Phase einstellen im vollen Bewusstsein, dass es hart sein wird, aber dass wir es durchstehen werden. Wir müssen uns eindecken mit allem, was uns hilft, da durchzukommen, und Leute um uns versammeln, die gesunde, uns unterstützende, mitfühlende Gefährten sind, während wir unseren Verlust verarbeiten und unsere Gefühle durchlaufen. Die Trauer wird in Wellen kommen und so lange dauern, wie es dauert. Wir sollten uns keinesfalls zur Eile mahnen, uns sagen, dass wir endlich weiterkommen, uns durchboxen, darüber »hinwegkommen« müssen. So würden wir nicht mit unserem Körper umgehen und sollten es auch nicht mit unserer Seele tun.

Eine der Neurosen unserer modernen Zeit äußert sich im Drang, etwas zu übereilen, was nicht übereilt werden sollte. Wir haben die Diktate der Unternehmen übernommen und sie allem übergestülpt. Wenn uns etwas eine Weile lang weniger »produktiv« macht, dann muss irgendetwas nicht stimmen. Aber was könnte *produktiver* sein, als dass wir einen lähmenden, schwächenden, tiefen Kummer überwinden und unseren inneren Frieden wiedergewinnen?

Bricht das Herz, dann ist das die richtige Zeit, todunglücklich zu sein. Eine werdende Mutter dient ihrer Schwangerschaft manchmal am besten, wenn sie es sich bequem macht, die Füße hochlegt und eine Tasse Kamillentee trinkt. Auch wir sind in einer Zeit des Kummers schwanger mit der nächsten Phase unseres Lebens und dienen diesem Prozess am besten, wenn wir ihn einfach zulassen. Wir müssen darin ruhen, wer und wo wir sind. Wenn wir sanft mit uns umgehen, schaffen wir mehr Platz für die gigantischen Prozesse persönlicher Transformation, die sich tief in unserem Innern ereignen. Spirituell gesehen, sind wir immer dabei, zu sterben und wiedergeboren zu werden.

Wenn wir angemessenen Respekt für den Kummer empfinden, erlauben wir uns umfassender, ihn zu durchleben. Ich erinnere mich noch an Zeiten, in denen die Erfahrung tiefen Kummers weitaus mehr akzeptiert wurde; es wurde von den Leuten nicht erwartet, dass sie nach dem Tod eines geliebten Menschen möglichst bald wieder zur Tagesordnung übergehen. Familienmitglieder trugen vielleicht ein ganzes Jahr lang Schwarz (schwarze Kleidung war damals ansonsten nicht üblich), um ihre Trauer zu bekunden. Man verstand, dass die Leute eine Zeit lang nicht ganz sie selbst sein würden, und diese hatten das Gefühl, dass sie die *Erlaubnis* dazu hatten. Heutzutage bekommen die Leute eher Schuldgefühle, wenn sie trauern und jemand zu ihnen sagt: »Jetzt ist es einen Monat her, dass deine Mutter gestorben ist. Bist du noch nicht *darüber hinweg?*« In einem solchen Fall ist es mehr als in Ordnung – ja sogar sehr gesund –, zu erwidern: »Nein, bin ich nicht, und werde es wahrscheinlich noch eine ganze Weile lang nicht sein.«

Wir sind keine Maschinen. Wir sind Menschen. Und wenn wir trauern, machen wir eine tief greifende und wesentliche Erfahrung durch. Eine Zeit des Kummers kann eine geheiligte Zeit sein. Wenn wir das Herz respektieren und bestrebt sind, die Erfahrung sehr nah bei Gott zu durchlaufen, so macht uns das nicht sofort weniger traurig, aber es sorgt dafür, dass unsere Traurigkeit allmählich Sinn ergibt. Das Verweilen in einem geheiligten Universum verleiht uns eine andere Perspektive, bei der dem Leben eine tiefere Bedeutung zugeschrieben wird, weil wir uns dazu entscheiden, es aus einer tieferen Sicht zu betrachten. Wir entscheiden uns dazu, alle Dinge, auch unser Leiden, im Kontext dessen zu sehen, wie tief zu lieben wir lernen können.

Ganz gleich, was im Leben geschieht, es ist unsere Wahl, ob wir die Dinge tief oder seicht angehen wollen. Und wenn wir die Dinge tief angehen, fühlen wir auch unsere Gefühle in aller Tiefe. In Zeiten großer Traurigkeit können sich schmerzhafte Wunden auftun, die davor begraben waren. Diese Wunden sind möglicherweise nicht nur unsere eigenen, sondern auf unsere Generation bezogen oder gesellschaftlicher Natur. Sie mit weit offenem Herzen zu durchleiden ist nichts für Weichlinge, dazu braucht es Suchende. Diese Wunden hielten uns davon ab, die zu werden, die zu werden wir fähig sind, und dass sie schließlich geheilt werden, ist Teil unserer Reise zur Erleuchtung.

Wenn wir während dieses Prozesses gezwungen werden, uns durch einen zuweilen schier unerträglichen Schmerz hindurchzubrennen, weinen wir vielleicht. Und das ist in Ordnung.

5
EINE KULTUR DER DEPRESSION

Im Herzen unserer Gesellschaft existiert ein spirituelles Vakuum, daher herrscht immer ein geringer Grad an Traurigkeit. Die Weltsicht, von der unsere Zivilisation durchdrungen ist, ist deprimierend. Eine mechanistische Deutung der Welt bringt uns bei, die Menschen als Maschinen, nicht als multidimensionale Wesen anzusehen – als Körper, nicht als Wesen reinen Geistes. Diese Denkart negiert, wer und was wir eigentlich wirklich sind. Jeden Tag unseres Lebens leben wir mit endlosen winzigen Zurückweisungen unserer wahren Natur.

Einfach nur in der heutigen Welt zu leben ist traumatisch. Aber unsere emotionale Abkoppelung voneinander, von uns selbst, von der Natur, von Gott – ja, von jedwedem Gefühl transzendenter Realität – ist kein konkretes gewalttätiges Ereignis. In einer dermaßen von der Liebe abgespaltenen Welt zu leben bedeutet vielmehr ein durchgängiges Trauma. Wir sind nicht nur wegen konkreter Vorfälle deprimiert, und wir sind auch nicht einfach nur als Einzelpersonen deprimiert. Wir sind kollektiv deprimiert.

Kollektive Probleme und Themen ziehen sich durch unsere persönlichen Dramen hindurch:

✳ Jemand ist deprimiert wegen einer Trennung oder Scheidung. *Die Frage, die sich kollektiv stellt, ist: Warum ist es im Allgemeinen so schwer, eine funktionierende Beziehung zu führen?*

✳ Jemand ist deprimiert, weil er eine geliebte Person verloren hat. *Die Frage, die sich kollektiv stellt, ist: Warum erlauben wir es uns nicht, zu trauern?*

✳ Jemand ist deprimiert, weil er Geld verloren hat oder weil er beruflich gescheitert ist. *Die Frage, die sich kollektiv stellt, ist: Warum haben wir zugestimmt, ein Wirtschaftssystem zu schaffen, bei dem die meisten Menschen finanziell ausgepresst werden?*

✳ Jemand ist deprimiert, weil sein Kind an einer Überdosis Rauschgift gestorben ist. *Die Frage, die sich kollektiv stellt, ist: Was für eine Gesellschaft haben wir geschaffen, dass so viele Menschen so eilfertig zu Drogen greifen?*

✳ Jemand ist deprimiert wegen eines in der Vergangenheit erlebten Traumas oder Missbrauchs. *Die Frage, die sich kollektiv stellt, ist: Was ist das für ein spirituelles Vakuum im Herzen unserer Gesellschaft, dass denen, die leiden, so wenig Aufmerksamkeit, Trost, Hoffnung und Inspiration zukommt?*

Ja, wir haben es in unserer Gesellschaft mit einer Epidemie von Depressionen zu tun. Aber ehrlich, wie könnte denn heute jemand auf einer gewissen Ebene *nicht* traurig sein? Die Kluft zwischen »wie schön das Leben sein kann« und »wie es nur allzu oft ist«, bricht einem das Herz. Wer nicht auf irgendeiner Ebene den Zustand der Welt betrauert, schaut vielleicht nicht sehr tief.

Manchmal fungiert die Quelle unserer persönlichen Verzweiflung als Stellvertreter für eine kollektive Störung. Die Ursache unseres Schmerzes mag persönlicher Natur sein, aber der Schmerz selbst ist universal. So wie jahrtausendelang altgriechische, römische und europäische Forscher die Quelle des Nils nicht kannten, kann heutzutage niemand so richtig die Quelle der unter uns so verbreiteten frei schwebenden Depression benennen. Depression wird vom Trauma verursacht, das den reinen Geist von der Persönlichkeit trennt, aber das Trauma wird nicht immer durch ein bestimmtes Ereignis ausgelöst.

Keines unserer Leben kann außerhalb des Kontextes des allgemeinen Menschheitszustands begriffen werden, so wie das Leben eines Kindes auch nicht außerhalb des Kontextes seines Familiensystems vollkommen verstanden werden kann. Videos, in denen Menschen enthauptet werden, bringen uns den Horror ins Wohnzimmer, ob wir nun im Irak leben oder in Illinois. Ehrlicherweise kann man zu niemandem mehr sagen: »Na, worüber könntest *du* denn schon traurig sein?« Ein Großteil der Welt schreit auf vor Schmerz, den die meisten von uns auf irgendeiner Ebene empfinden.

Wir sind deprimiert, weil das Leben heute *verdorben* ist. Wir sind deprimiert, weil wir allzu oft kein Gefühl mehr für unseren

Platz im Universum, für unsere Beziehung zur Quelle unserer Existenz haben. Wie sehen keinen tieferen Sinn in unseren Beziehungen zu anderen Menschen und haben nicht die geringste Ehrfurcht vor irgendeinem Aspekt des Lebens. Unsere gesamte Zivilisation ist mehr von der Angst als von der Liebe beherrscht.

Wir erleben einen Bruch zwischen dem Wissen des Herzens und der Erfahrung, Mensch zu sein, der nicht auszuhalten ist. Das wirft uns in die stille Hysterie einer existenziellen Krise, und diese Krise – nicht nur ihre Symptome – muss ernsthaft angegangen werden.

Die Krise der modernen Gesellschaft besteht darin, dass sich die Menschen in ihr allzu oft spirituell heimatlos fühlen. Und wie könnte es auch anders sein? Wie könnte sich die Seele angesichts der Seelenlosigkeit unserer Zivilisation auf unserem Planeten zu Hause fühlen? Wo soll das Herz Trost suchen in diesem endlosen Sperrfeuer an misstönenden Informationen – angefangen beim absolut Bedeutungslosen bis hin zum abscheulich Gewalttätigen? Das Problem ist nicht nur, dass Sheila oder Robert deprimiert sind; das Problem ist, dass unsere Gesellschaft selbst in zu vieler Hinsicht deprimierend ist.

Eine Gesellschaft, die die Anhäufung von Reichtum verherrlicht, aber die Bedeutung von Weisheit herabsetzt, die die Macht der Gewalt verherrlicht, aber die Macht der Liebe mindert und schmälert, ist eine Gesellschaft, die den Kontakt mit ihrer Seele verloren hat. Und da wir in dieser Gesellschaft leben, können auch wir leicht den Kontakt mit unserer Seele verlieren.

Diese kollektive Depression ist so gewaltig, so alles durchdringend, dass nur wenige Menschen erkennen, wie unnormal sie ist. Sie ist wie ein Giftgas, das fast jedermann einatmet. Wenn sie ihre Depression beschreiben müssten, würden die meisten Menschen von einem Gefühl sprechen, das fast jeder von uns schon das eine oder andere Mal erlebt hat. Die überwiegende Mehrheit der Menschen lügt, wenn sie die Frage »Wie geht es dir?« mit »Gut« beantwortet.

Die Ordnungsprinzipien, die unsere Zivilisation beherrschen, sind krankhaft, sie spielen uns ständig gegen uns selbst und gegen andere aus, im Kleinen wie im Großen.

Erstens wird uns gesagt, dass Werte sich außerhalb von uns befinden, dass sie in materiellen Dingen liegen und nicht in unserem wahren Wesen. Das steht im direkten Widerspruch zum spirituellen Wert, der jeder Schöpfung Gottes innewohnt.

Zweitens wird uns beigebracht zu glauben, dass es natürlich und sogar gut ist, wenn wir uns auf Kosten von anderen in irgendeiner Weise bereichern und voranbringen. Das steht im Widerspruch zu unserem tieferen Selbst, weil der reine Geist gar nicht anders *kann*, als sich des Leidens anderer zutiefst anzunehmen.

Drittens werden wir von der vorherrschenden Weltsicht darauf trainiert, uns nicht so sehr auf andere Leute zu beziehen, sondern lediglich Geschäfte mit ihnen abzuwickeln – und auch da geht es nicht um echte Gemeinschaft, sondern darum, zu bekommen, was wir unserer Meinung nach von ihnen haben wollen.

Diese verzerrte, verdorbene Wahrnehmungsweise zerreißt uns innerlich.

Eine alles durchdringende Missachtung der Realität des inneren Selbst bedeutet, dass der Schalter auf Verzweiflung steht. Unsere gesellschaftliche Sichtweise macht uns für unsere eigenen tieferen Bedürfnisse und die Bedürfnisse anderer unempfänglich. Und beides zusammen bildet ein giftiges Gebräu, das jetzt das Gewebe unserer Zivilisation zu zerstören droht. Die Tatsache, dass dieses Gebräu in Ihrem oder meinem Leben Chaos und Verwüstung anrichtet, ist fast schon zweitrangig gegenüber der Tatsache, dass es Chaos und Verwüstung über die ganze Menschheit bringt.

PERSÖNLICHE UND KOLLEKTIVE DEPRESSION

So wie Erleuchtung das Gegenmittel für unsere persönliche Verzweiflung ist, ist sie auch das Gegenmittel für unsere kollektive Verzweiflung. Die spirituelle Reise ist nicht auf den Weg des Individuums beschränkt. Wir sind nicht nur als Individuen, sondern auch als Nationen, als Gruppen und letztlich als Spezies herausgefordert, zur Verkörperung unseres liebevolleren Selbst zu werden. Um voll und ganz bewusst zu sein, sind wir alle aufgefordert, uns mit größeren Themen nicht nur in Bezug auf unser eigenes Wesen, sondern auch auf das Wesen unserer Zivilisation zu befassen. Wir sind aufgefordert, uns der Herausforderung einer evolutionären Krise zu stellen, mit der sich die ganze Spezies konfrontiert sieht. Denn mit der Zeit werden sich die kollektiven Herausforderungen auf uns alle auswirken.

Es ist verführerisch, sich auf die Depression einer Einzelperson zu konzentrieren und dabei den umfassenderen Faktoren auszuweichen, die eine solche Verzweiflung begünstigen. Zum Beispiel nehmen die Fälle von häuslicher Gewalt mit der Armut zu. Bei hoher Arbeitslosigkeit steigt die Anzahl der Fälle von Straßenkriminalität. Der extreme finanzielle Druck, den so viele erleben, ist weitgehend einem manipulierten Finanzsystem geschuldet. Bestimmte Gesundheitsprobleme hängen mit einem unzureichenden Gesundheitssystem und der Rücksichtslosigkeit gegenüber der Umwelt zusammen. Die Chancen Millionen junger Menschen auf eine bessere Ausbildung und ökonomischen Fortschritt haben sich verschlechtert, weil wir das ökonomische Wohl der Banken über das ökonomische Potenzial unserer jungen Menschen stellen.

Viele unserer persönlichen Probleme leiten sich aus einer Gesellschaftspolitik her, die spirituell gesehen krank ist — krank in dem Sinn, dass sie es verabsäumt, ein Gewahrsein von unserem Einssein abzubilden. Diese Politik infiziert das Individuum, dessen emotionale Krankheit dann Depression genannt wird. Aber die umfassendere Epidemie von Erschöpfung, Abgespanntheit und mangelnder Vitalität beim Einzelnen wird erst dann angemessen gemindert werden, wenn wir die größeren Probleme in der Gesellschaft angehen. Hinter jedem deprimierten Menschen steht ein weiterer, bis alle aufwachen und erkennen, dass dieses Problem nicht nur eine Goldmine für die Pharmaindustrie sein sollte.

Auch wenn wir wegen spezifischer Probleme – mit Geld, Beziehungen, Krankheit und so weiter – deprimiert sind, entstammen die Ursachen dafür oftmals einer umfassenderen Matrix gesellschaftlicher Fehlfunktionen. Es ist wichtig, dass wir für unser eigenes Leben die Verantwortung übernehmen, aber ebenso wichtig ist es, für gesellschaftliche Faktoren wach zu sein, die die Wahrscheinlichkeit von persönlichem Elend steigern oder aber mindern. Beides kann nicht sinnvoll voneinander getrennt werden. Unsere Tendenz im Verlauf des letzten Jahrhunderts, zwischen der Erfahrung des Individuums und der Erfahrung des Kollektivs zu trennen, hat in unserer Sicht auf beides blinde Flecken geschaffen.

Die Trennung zwischen persönlicher Angst und kollektiver Angst – ihre Unterteilung in zwei eindeutig verschiedene Probleme – funktioniert nicht, wenn wir uns mit dem beschäftigen, was heute in der Welt zutiefst nicht stimmt. Je mehr wir unsere Probleme im größeren gesellschaftlichen Kontext verstehen, desto mehr kann es uns befähigen, sie anzupacken. Hier hat die moderne Psychotherapie mit ihrem Fokus auf den individuell Leidenden das Problem ebenso sehr verschärft, wie sie geholfen hat, es zu lösen. Wenn wir deprimiert sind, ist es das Letzte, was wir brauchen, dass wir uns nur auf uns selbst konzentrieren. Zum einen rufen wir, wenn wir uns anderen zuwenden, die Liebe auf, die Wunder wirkt. Zum anderen ist es fraglich, warum nur das Verhalten meiner Eltern mir gegenüber, als ich ein Kind war, relevant sein kann, nicht aber der große Druck, der auf ihnen lastete und sie an den Rand des Zusammenbruchs trieb. Ein Verständnis von tieferen emotionalen Realitäten kann und sollte uns tiefere Einsichten in gesellschaftliche Probleme vermitteln und umgekehrt. Wenn mir zum Beispiel bekannt ist, dass meine Mutter mich nach der Geburt meines jüngeren Geschwisters emotional ignorierte, dann ist es wichtig, zu wissen, unter welchem Stress sie damals stand. Wenn dieser mit der begrenzten Zeit zu tun hat, die ihr zu Hause zur Verfügung stand, kann ich besser begreifen, warum Dinge wie bezahlter Mutterschaftsurlaub wichtig sind. Und wenn ich mich für bezahlten Mutterschaftsurlaub einsetze, trage ich dazu bei, anderen Müttern und Kindern den Stress zu ersparen, den meine Mutter und ich vor vielen Jahren durchmachten. Und das Wichtigste: Wenn ich tue, was ich kann, um neue Hoffnung nicht nur für mich, sondern auch für andere Leute zu erwecken — mich anderen zuwende, zu Lösungen für gesellschaftliche Probleme beitrage —, dann hilft mir das, über mein eigenes Leiden hinwegzukommen.

Hoffnung entsteht aus der Teilhabe an hoffnungsfrohen Lösungen. Eine der dysfunktionalsten Einstellungen, die wir heute dem emotionalen Leiden entgegenbringen, ist die, dass die leidende Person in ihrem Leiden immer allein ist. Wir sind nicht allein — wir alle sind Empfänger von psychologisch giftigen Botschaften über unser Wesen und das Warum unseren Hierseins. Wir teilen unseren Schmerz mit anderen, deren Leben auf ähnliche Weise durch die unvermeidlichen Fehlfunktionen einer spirituell ambivalenten Zivilisation auseinandergerissen wird. Das höchste spirituelle Gesetz lautet: Liebe deinen Nächsten wie dich selbst. Heute ist die Welt wie nie zuvor in zwei große Gruppen geteilt: in die, die denken, wir sollten das tun, und die, die denken, wir sollten das nicht tun.

Es ist sehr wichtig, dass wir uns, wenn wir tieftraurig sind, gegen den Aspekt unseres Geistes stellen, der sagt: »Das hier hat nur mit dir zu tun.« Nichts hat je »nur mit dir zu tun«, denn *nicht mal dein Selbst hat nur mit dir zu tun*. Wir alle sind Teil eines größeren Ganzen, einer größeren Menschheit, und alle Wunder entstammen diesem Wissen. Das Unterbewusstsein erkennt uns nicht als voneinander getrennt an — weil wir es nicht sind. Wir heilen die Wunden der Vergangenheit durch Heilen in der Gegenwart, und wir heilen unser gebrochenes Herz, indem wir uns den Herzen anderer zuwenden. In dem Augenblick, in dem ich Teil einer umfassenderen Lösung und einer umfassenderen Welt werde, beginnt meine eigene Heilung. Ja, wir sollten uns Zeit nehmen, allein zu sein und zu weinen, aber wir sollten uns auch Zeit nehmen, jenen ein tapferes Lächeln zu zeigen, deren Probleme so groß sind wie die unseren oder noch größer. Jeder Tag hat viele Stunden.

Vor Jahren leitete ich eine Selbsthilfegruppe für Menschen mit Aids. Eines Tages sagte ein junger Mann zu mir: »Ich komme heute nicht in die Gruppe, weil ich keine Unterstützung brauche.

Ich hatte eine gute Woche.« Meine Antwort war: »Nun, vielleicht bist du diese Woche an der Reihe, da zu sein und jemanden zu unterstützen, der keine gute Woche hatte.« Ich konnte ihm ansehen, dass er über meine Bemerkung nicht verärgert war; sie stärkte und befähigte ihn. Während der Aids-Krise beobachtete ich die wunderbare Wirkung einer Gemeinschaft aus leidenden Einzelpersonen, die jedoch mit so viel Liebe zusammenkamen, dass selbst eine Erfahrung tiefster Finsternis Augenblicke unbeschreiblichen Lichts beinhaltete.

DURCH LEIDENSCHAFT HEILEN

Wie oft habe ich schon verschiedene Varianten folgenden Themas gehört: »Ich habe an Gott geglaubt, aber jetzt kann ich es nicht mehr. Wie kann ein liebender Gott Kinder verhungern lassen?« Die Antwort darauf lautet natürlich, dass Gott Kinder nicht verhungern lässt; das tun wir. Die größten Probleme auf der Welt von heute sind nicht von Gott, sondern von uns geschaffen. Und wir schaffen sie weiterhin.

* Eine Welt, in der junge Menschen fast den ganzen Tag gewalttätigen Videos und Filmen ausgesetzt sind, ist eine Welt, die dazu angetan ist, sie deprimiert werden zu lassen.

* Eine Welt, in der junge Menschen dazu gedrängt werden, in der Schule auf ganz bestimmte Weise zu lernen, egal, ob ihr

Gehirn auch so funktioniert, ist eine Welt, die dazu angetan ist, sie deprimiert werden zu lassen.

✳ Eine Welt, in der junge Menschen sehr wahrscheinlich ein Zuhause erleben, das vom wirtschaftlichen Druck, unter dem die Eltern stehen, beherrscht wird, ist eine Welt, die dazu angetan ist, sie deprimiert werden zu lassen.

✳ Eine Welt, in der sich junge Menschen bewusst sind, dass Umweltzerstörung, eine permanente Kriegsmaschinerie, ein ungerechtes Wirtschaftssystem und ein zunehmend ungerechtes Rechtssystem unsere gesellschaftlichen und politischen Systeme untermauern, ist eine Welt, die dazu angetan ist, sie deprimiert werden zu lassen.

✳ Eine Welt, in der junge Menschen für eine höhere Ausbildung exorbitante Kosten aufbringen müssen und sie in ihrer Zukunft ein äußerst bedrohlicher Mangel an ökonomischen Möglichkeiten erwartet, ist eine Welt, die dazu angetan ist, sie deprimiert werden zu lassen.

Wenn schon Zehnjährige eine Depression haben, haben wir ein Problem, das weit über den betreffenden Haushalt hinausreicht. Diese Kinder spiegeln den Stress von Mama und Papa wider, der seinerseits Beziehungsprobleme oder wirtschaftliche Probleme oder anderen Faktoren widerspiegelt, die wiederum ein Spiegel dafür sind, dass die Menschheit ihre Seele verlegt hat.

Das Leiden unserer Kinder sollte ein Pfeil sein, der den Schild unseres Nichtwahrhabenwollens durchbohrt und uns wach macht für das Geschehen in unserer Welt. Die Deprimierten in unserer Welt sind wie tote Kanarienvögel in einem Kohlebergwerk, die auf ein giftiges Gas verweisen, das uns alle töten wird, wenn wir das Bergwerk nicht verlassen oder in den Schacht hinunterfahren.

Doch wir bleiben unten, fahren weiterhin hinunter und stellen nur selten die Toxizität des Bergwerks infrage. Warum? Weil eine irrsinnige Ordnung der Dinge uns sagt, dass mit dem Bergwerk alles stimmt; nur mit den Kanarienvögeln ist etwas nicht in Ordnung!

All das tun wir, um dem Schmerz, uns unseren Schmerz anzusehen, auszuweichen. Eine allzu aufs Außen fixierte Weltsicht weiß nicht, wie sie mit innerem Schmerz umgehen soll, es sei denn, sie setzt äußere Mittel ein. Sie ist bestrebt, Symptome auszumerzen oder zu unterdrücken, befasst sich aber nicht unbedingt mit den Ursachen. Doch die Ursache lässt sich nur für eine Weile unterdrücken, bevor sie sich in eine andere Art von Symptom verwandelt.

Wie der körperliche Schmerz hat auch der psychische Schmerz seinen Grund. Er ist keine Krankheit, er ist ein Bote – ein Bote, den wir nur allzu oft ignorieren. In *Ein Kurs in Wundern* steht, dass wir nicht entscheiden, was wir lernen, sondern nur, ob wir durch Freude oder Schmerz lernen. Das gilt für eine Zivilisation ebenso sehr wie für das Individuum. Wenn etwas geschieht, geschieht es, ob wir uns dazu entscheiden, über seine Bedeutung nachzudenken oder nicht. Aber entweder werden wir über die Bedeutung von so viel unnötigem Leiden in der heutigen Welt nachdenken, oder wir werden einen sehr, sehr hohen Preis in Form von noch mehr Leiden zahlen.

Für jeden und jede von uns ist dies nicht der Zeitpunkt in der Geschichte, um taub und gefühllos zu sein. Einer der Gründe, warum es so wichtig ist, dass wir für unseren Schmerz und den Schmerz anderer wach werden, ist der, dass die Probleme nur noch schlimmer und nicht besser werden, wenn es keine Menschen gibt, die sich durch die Probleme in der Welt angesprochen fühlen. Wir können es uns nicht leisten, für unser eigenes Leiden oder das Leiden anderer taub zu sein.

Einmal stieß ich beim Surfen im Internet auf die Geschichte von einer Bombe, die am Ende eines Amateurfußballspiels im Irak explodiert war. Vierunddreißig Menschen kam bei diesem Terroranschlag des IS ums Leben, siebzehn davon zwischen zehn und sechzehn Jahre alt. Der Artikel war von einer herzzerreißenden Aufnahme begleitet. Auf ihr sah man einen jungen Mann einen Jungen trösten, dessen Gesicht völlig zerschmettert war von einem Anschlag bei etwas, das eine der wenigen verbliebenen Freuden junger Leute in diesem vom Krieg zerrissenen Land gewesen war.

Ich dachte über den Horror dieses Anschlags und den Horror dieses Krieges nach. Am schlimmsten war die Erkenntnis, dass nichts davon hätte passieren müssen; dass das Chaos im heutigen Irak die Folge eines schrecklichen Akts war, den die Regierung meines eigenen Landes verbrochen hatte. Ich entsann mich der bitteren Worte, die eine Frau aus Bagdad in einer Radiosendung äußerte, die ich vor einigen Jahren moderierte. »Bevor Saddam Hussein umgebracht wurde, wussten wir, dass wir es mit drei Teufeln zu tun hatten: mit ihm und seinen zwei Söhnen. Wir verbrachten unsere ganze Zeit damit, zu planen, was wir tun würden, wenn sie tot wären. Aber nach allem, was euer Land angerichtet hat, haben wir nun so viele Teufel, dass wir unmöglich mit allen fertigwerden können.«

So schrecklich ich mich beim Nachdenken über all das fühlte — *so deprimierend es war* —, ich würde mir nicht wünschen, an jenem Tag von meinem Schmerz abgeschirmt gewesen zu sein. Im Bezeugen der tiefen Qual anderer liegt *Seelenkraft,* wie Gandhi sagte. Wenn jener junge Mann sich nicht vor seinem Schmerz abschirmen kann, dann ist das Mindeste, was ich tun kann, mich nicht vor meinem Schmerz abzuschirmen.

Wenn wir uns für die Probleme der Welt empfindungslos machen, mindert das nicht nur unsere Menschlichkeit, es mindert auch unsere Motivation, diese Probleme zu lösen, bevor sie uns überwältigen. Wir dürfen unserem Schmerz nicht ausweichen, vor allem aber müssen wir auf seine Botschaft hören. Das Gewebe unserer Zivilisation ist gefährlich zerfranst, und die Menschen, die das begreifen und die darüber aufrichtig bestürzt sind, was absolut angebracht ist, sind die »Passionsträger«, die es braucht, um die Welt umzugestalten.

Doch heute existiert eine leise Verachtung für solche Passionsträger. Manche halten sich für zu cool, um sich um diese Dinge zu bekümmern. Kürzlich tat eine beliebte Fernseh- und Filmschauspielerin nach einer Oscar-Verleihung ihre Verachtung für Oscar-Gewinner kund, die die Plattform nutzten, um leidenschaftlich über Umweltprobleme zu sprechen oder die Gier der Konzerne anzuprangern. Die Schauspielerin sagte, sie sei glücklich, in New York zu leben, wo es solchen »Hollywood-Scheiß« offensichtlich nicht gibt! Es war einfach zu viel für sie. »Jungs«, sagte sie, »trefft eure Wahl!« In dieser Woche sah ich sie dann im Fernsehen Werbung für American Express machen. Ja, sie hatte ihre Wahl getroffen!

Aber die, die für das heutige Geschehen auf dem Planeten wach sind, suchen nicht nach Zustimmung. Sie hoffen auf eine bessere Welt, und das, ohne sich dafür zu rechtfertigen. Der Autor Paul Hawken spricht von der »gesegneten Unruhe«, um ein allgemein empfundenes Unbehagen zu beschreiben, das viele Menschen überkommt. Wenn uns etwas Sorgen machen sollte, dann die Vielzahl der Menschen, denen dieses viele unnötige Leiden in der heutigen Welt *keinen* Schrecken einjagt. Manchmal wird eine Neurose besser nicht an den Dingen gemessen, die uns traurig machen, sondern an den Dingen, die uns *nicht* traurig machen.

Schmerz über den schmerzlichen Zustand der Welt ist gesund. Wo würden wir heute stehen, wenn sich die Gegner der Sklaverei nicht über die Sklaverei aufgeregt hätten, oder die Frauenrechtlerinnen nicht darüber, dass Frauen kein Wahlrecht hatten? Eine solche Verärgerung und Aufregung ist ein frühes Warnzeichen, das uns sagt: »Die Welt schlägt eine falsche Richtung ein.« Die Leute sind heutzutage deprimiert, weil sich die Welt verschlechtert. Wir liegen nicht falsch, weil wir so empfinden. Vielmehr sollten wir alle auf die Stimme in unserem Innern hören, die sagt: »Irgendetwas läuft hier schief. Irgendetwas stimmt hier nicht.« Dann werden wir wach für den dringlichen Ruf der Geschichte: dass wir es in Ordnung bringen müssen.

Jedes Problem entstammt ursprünglich einer Denkweise, und jede Lösung geht auch aus einer Denkweise hervor. Das Problem ist nicht einfach, dass wir derart viele Probleme haben; das Problem ist, dass zu viele Leute dafür taub sind oder sich außerstande sehen, sie zu lösen, oder hoffnungslos oder desillusioniert sind. Desillusion kann jedoch eine gute Sache sein, wenn sie uns dazu motiviert, reifer zu werden. Wenn wir die Illusion verlieren, dass »irgendein anderer« unsere Probleme lösen wird, wird uns bewusst, dass wir es selbst tun müssen. Wenn wir erst einmal versuchen, etwas zu ändern, merken wir allmählich, dass etwas anderes möglich ist.

Die richtige Frage ist nicht: »Warum verhungern Menschen, warum gibt es den Genozid oder Armut?« Die Frage ist: »Warum lassen wir zu, dass es diese Dinge gibt?« Den Menschen, die sich gegen solche Dinge verwahren und ihnen Einhalt gebieten, ist eines gemeinsam: *Sie weigern sich, den Mund zu halten.* Um es mit den Worten von Martin Luther King jr. zu sagen: »Unser Leben beginnt an dem Tag zu enden, an dem wir über Dinge schweigen, die wichtig sind.«

Als ich jung war, gab es konkrete Probleme, gegen die wir zu Felde ziehen konnten – Vietnamkrieg, Mangel an Bürgerrechten,

Ungleichheit der Geschlechter –, und das taten wir auch. Heute gibt es mehr als nur einen Krieg hier oder eine repressive Institution dort; damit könnten wir fertigwerden. Aber unser Problem ist ein vage allumfassendes Gewebe an Ursachen, das weniger auf eine bestimmte Auswirkung begrenzt ist, sondern eher unter allem liegt. Die vorrangige Ursache ist ein Kind der neuen Ordnung: die wirkungsvolle, aber seelenlose Denkweise, die von den Konzernen diktiert wird und jeden an den Rand zu drängen droht, der bei der zunehmend zerstörerischen Art, die Welt zu betrachten, nicht mitspielt.

In der Quintessenz geht es jetzt ums Geld – nicht um Menschen oder Prinzipien oder Liebe. Und diese Quintessenz soll augenscheinlich nicht infrage gestellt werden. Die Angst behauptet, dass wir nicht hier sind, um einander zu lieben, und dass wir einander nichts schulden. Wir sind hier, um noch mehr Zeug zu kriegen, obwohl dieses Zeug, was immer es ist, nur selten unseren Hunger stillt. Wenn wir das Zeug dann haben, sollten wir glücklich sein; sind wir es nicht, muss irgendetwas mit uns *nicht stimmen*. Und es gibt viele, viele Optionen hinsichtlich der Dinge, die wir tun können, um unseren existenziellen Schmerz zu lindern. *Sind wir nicht froh,* fragt das Ego, *dass wir so viele Wahlmöglichkeiten haben?* Doch in Wahrheit erweitern sich unsere Wahlmöglichkeiten im Bereich der Konsumprodukte, sie reduzieren sich jedoch bei den Dingen, die am meisten zählen. Das Ego ist ein harter emotionaler Diktator, und Grenzübertretungen sind nicht gestattet.

Aber wo bleibt die Passion, wenn wir fortwährend innerhalb der Grenzen leben? Depression bedeutet, dass etwas niedergedrückt ist – etwa unsere Freude, unsere Kreativität und manchmal unsere Fähigkeit, notfalls Krach zu schlagen. Depression bedeutet einen Mangel an Passion, an Leidenschaft. Leidenschaft kommt auf, wenn wir uns in den Dienst dessen gestellt haben, was gut, wahr und schön ist – etwas Wichtiges, etwas, das größer ist als wir selbst.

Dem Passionsträger kommt die Rolle zu, zu erkennen, was in der Welt falsch ist, und äußerst leidenschaftlich auf das hinzuweisen, was in Ordnung gebracht werden könnte. Eine Rolle, die nicht immer leicht ist oder Applaus garantiert. Es ist der heroische Ruf einer jeden Generation, alte Flaschen zu zerschmettern und neuen Wein zu erzeugen.

Wir können den Wein der Heiligkeit nicht in eine Flasche der Gier füllen. Wir haben fast alles in Finanzinstrumente umgemünzt und das zarte Ökosystem menschlicher Beziehungen zerstört mit der Transaktionsmentalität von »Wie kriege ich von dir, was ich haben will?«, die aus normalen menschlichen Begegnungen Verkaufsgespräche macht. Uns wird beigebracht, wie wir einander verkaufen – bis hin zur Manipulation und Ausbeutung –, statt wie wir einander lieben.

Wenn das »Wie krieg ich von dir, was ich haben will?« das »Was kann ich mit dir teilen?« ersetzt, wenn gegenseitiger Nutzen und guter Wille nicht mehr die Grundlage menschlicher Beziehungen sind, fällt die Welt allmählich auseinander. Normale menschliche Interaktionen werden zu etwas Verzerrtem, und gewaltige sozioökonomische Kräfte werden ungerecht.

Die Menschen in einigen der reichsten Nationen der Welt gehören zu denen, die am meisten deprimiert sind, nicht weil es ihnen an materiellen Gütern mangelt, sondern weil es ihnen an Gemeinschaftssinn fehlt. Wir haben in den letzten paar Jahrzehnten auf dem Altar der neuen Wirtschaftsordnung gesellschaftliche Elemente geopfert, die für die Entwicklung von Gemeinschaft, Familie und innerem Frieden von zentraler Bedeutung sind.

Wie noch nie zuvor hat der Gott des Profits einen Gott der Rechtschaffenheit überrollt, wobei das menschliche Leid nur allzu oft als Kollateralschaden betrachtet wird. Was immer es ist, wenn es sich auszahlt, bleibt es bestehen – auch wenn ernsthafte ethische Bedenken dagegen sprechen. Das ist nicht nur ein Aufruf zur Korrektur, das ist ein Aufruf zur spirituellen und politischen Revolution.

Tatsächlich bedeutet es heutzutage einen revolutionären Akt, wenn wir angesichts eines entfesselten ökonomischen Ungeheuers zu Prinzipien des Mitgefühls stehen.

Rechtschaffene Beziehungen mit anderen Menschen sind für unseren Frieden und unser Glück, als Einzelpersonen wie als Nationen, unerlässlich, denn wir sind nicht voneinander isoliert. Wir sind von Natur aus wechselseitig voneinander abhängig. Wir sind geboren, um Brüder und Schwestern zu sein, und wenn die verwandtschaftlichen Verhältnisse fehlen, sterben wir langsam.

Wenn wir glauben, in unserem isolierten Leben vereinzelt und allein zu sein, verlieren wir jegliches Verantwortungsgefühl und Mitgefühl füreinander und jegliche Vergebungsbereitschaft. Das ist, sowohl für die Individuen wie für die Gesellschaft, die Todesfalle des Ego-Geistes; und die Tatsache, dass wir sehr, sehr traurig darüber sind, ist mit das Gesündeste, das über uns gesagt werden kann. Ohne Liebe sind wir ohne Leben, und tief in unserem Herzen wissen wir das.

DAS FRÜHWARNSYSTEM DER NATUR

Ich hörte einmal eine Geschichte über eine Gruppe Schimpansen, von denen einige ein deprimiertes Verhalten an den Tag legten. Sie aßen nicht mit den restlichen Schimpansen, spielten nicht mit ihnen, und schliefen nicht bei ihnen. Einige Anthropologen fragten sich, wie sich die Abwesenheit dieser deprimierten Schimpansen auf den Rest der Gruppe auswirken würde, und brachten sie für sechs Monate weg. Als sie zurückkamen, entdeckten sie, dass alle anderen in der Gruppe verbliebenen Schimpansen tot waren! Einer Analyse zufolge waren die Schimpansen umgekommen, weil die sogenannten deprimierten Schimpansen ihr Frühwarnsystem gewesen waren. Die deprimierten Schimpansen waren aus einem bestimmten Grund deprimiert: Sie registrierten, wenn ein Sturm drohte oder Schlangen oder Elefanten oder eine Krankheit im Anmarsch waren. Die Präsenz der deprimierten Schimpansen war das evolutionäre Hilfsmittel für das Überleben der ganzen Population gewesen; in ihrer Abwesenheit bemerkten die anderen Schimpansen die drohenden Gefahren nicht.

Bei Menschen oder einer anderen Spezies ist nichts zweckmäßiger als ein inneres Warnsystem. Und nichts ist *unzweckmäßiger*, als die Warnungen zu ignorieren oder ihnen die Schärfe zu nehmen. Und das tun wir in so vielerlei Hinsicht.

Unsere gegenwärtige Kultur ist für sich genommen ein Betäubungsmittel, das uns dazu bringt, dass wir uns unpassenderweise da wohlfühlen, wo wir uns passenderweise unwohl fühlen sollten. Es gibt jetzt sogar eine Ersatzspiritualität, die den Glauben fördert, dass die Welt ohnehin eine Illusion sei und wir daher gar nicht erst versuchen müssten, die Dinge in Ordnung zu bringen. Was für eine bequeme Ausrede dafür, nicht zu helfen. Tatsächlich lässt kein ernst zu nehmender spiritueller Weg es irgendjemandem durchgehen, dass er oder sie nicht auf das Leiden anderer fühlender Wesen eingeht. Wir sind nicht hier, um die Dunkelheit der Welt zu ignorieren, wir sind hier, um sie zu transformieren. Und um die Dunkelheit zu transformieren, müssen wir sie zuweilen angreifen.

Martin Luther King jr. hat die Menschen nicht nur dazu ermahnt, ihre Unterdrücker zu lieben; er hat sie auch dazu angehalten, das rassistische Busunternehmen zu boykottieren. Empörung über gesellschaftliche Ungerechtigkeit ist keine gestörte Reaktion auf sie; moralische Empörung entsteht nicht aus der Wut, sondern aus der Liebe heraus. Es gibt keine Säugetierart, bei der die grimmige Haltung der Mutter, die ihre Jungen beschützt, nicht Vorbedingung für das Überleben dieser Art ist. Es ist nicht negativ, »Feuer!« zu schreien, wenn das Haus brennt; es zeugt von einer negativen Einstellung, wenn man dasitzt und nichts tut.

Nur das Ego glaubt, wir hätten nicht die moralische Pflicht, uns des Schmerzes anderer anzunehmen, oder es hätte keine bitteren Folgen, wenn wir es nicht tun. Doch das Gesetz von Ursache und Wirkung ist Realität. Oder um es anders auszudrücken: Karma ist ein Miststück. Natürlich tut es weh, das unnötige Leiden anderer wahrzunehmen, aber letztlich wird es noch sehr viel mehr wehtun, wenn wir uns dem verweigern. Uns durchzieht ein Band der Liebe, elektrischen Impulsen gleich, die uns mit jedem anderen Lebewesen verbinden. Wenn wir nicht in Übereinstimmung mit dieser Realität leben, wirft uns das aus unserer Mitte und unserer Freude. Wenn wir wissen, dass wir tagsüber alles uns Mögliche getan haben, um für andere da zu sein, geben wir uns selbst eher die emotionale Erlaubnis, am Abend Party zu machen.

Viele von uns haben das Gefühl, in dieser Welt Fremdlinge zu sein – spirituell gesehen ist es auch so. Und wenn wir uns spirituell heimatlos fühlen, sind wir natürlich traurig. Aber wir sind auf Erden, um sie zu unserer Heimat zu machen, und nicht um all das hinzunehmen, inwiefern sie jetzt nicht unsere Heimat ist. Die Manifestationen der Angst sind so mächtig geworden – ja, innerhalb eines Reichs der Illusion, aber in diesem Reich der Illusion leiden die Leute und sterben –, dass es Zeit ist für eine große

Bewusstseinsrevolution. Es ist Zeit, die Erde für die Kräfte der Liebe zu beanspruchen.

Es gibt kein stärkeres Gegenmittel für die Depression, als sich der Revolution der Liebe anzuschließen, einen wenn auch winzigen Schritt zu unternehmen, um zur Energie der Woge des sich wandelnden Bewusstseins beizutragen, die sich unter uns erhebt. Das ist nicht nur eine Methode, um in der Epidemie von Depressionen eine Delle zu hinterlassen, es ist der Weg, auf dem wir die Welt retten werden.

Wir transformieren die Welt mit jedem liebevollen, vergebungsbereiten Gedanken. Wir transformieren die Welt mit jedem politischen, gesellschaftlichen oder ökonomischen Akt des Widerstands gegen eine lieblose Ordnung. Wir transformieren die Welt mit jedem Schöpfungsakt, der auf eine neue Seinsweise auf dem Planeten hindeutet. Diese Transformation ist – sowohl persönlich als auch gesellschaftlich – der nächste evolutionäre Schritt, der für die Menschheit ansteht.

Wir werden diesen Schritt machen, oder wir werden aussterben wie jede andere Spezies, deren Verhalten irgendwann derart fehlangepasst war, so gegen den Strich ihres Überlebens ging, dass sie buchstäblich von der Erde gefegt wurde. In diese Richtung gehen wir, und doch können wir uns noch für einen anderen Weg entscheiden. Wie bei jedem anderen Wunder zeigt sich Gottes Hand zu den erstaunlichsten Zeiten und auf die wundersamste Weise. In der Finsternis der Nacht zeigt sich ein Stern neuer Hoffnung, so wie es immer war und immer sein wird.

Lieber Gott,
bitte bahne für mich und die ganze Welt
einen Weg des Lichts aus der Dunkelheit
und zeige uns, wie wir ihn gehen.
Öffne uns die Augen, damit wir sehen,
öffne unseren Geist,
damit wir eine andere Seinsweise erkennen,
damit wir einem anderen Pfad folgen,
damit wir auf andere Art leben.
Lieber Gott,
bitte nutze uns dazu,
die Welt zu einem besseren Ort zu machen.
Amen.

6
VERGEBUNG

Ohne Vergebung gibt es keine Liebe; und ohne Liebe gibt es keine Wunder. In *Ein Kurs in Wundern* steht, dass wir einen Groll oder ein Wunder haben können, aber nicht beides. Daher ist Vergebung der wesentlichste Schlüssel zum Glücklichsein. Manchmal besteht unsere Herausforderung darin, anderen zu vergeben, manchmal darin, uns selbst zu vergeben. Das Leiden aber bleibt, bis wir vergeben.

Das Ego sieht Vergebung ganz anders an, als der reine Geist es tut. Das Ego geht davon aus, dass jemand schuldig ist, und macht aus der Vergebung einen Akt spiritueller Überlegenheit. Es lässt sich dazu herab, einem Menschen zu vergeben. Das ist ganz offensichtlich keine echte Vergebung, sondern ein Urteil, das vorgibt, etwas anderes zu sein. Wahre Vergebung ist die Erkenntnis, dass was immer der Vergebung bedarf, nur im Reich der Illusion existiert, weil nur Liebe wirklich ist. Wir geben unser Fokussiertsein auf die Schuld von jemandem auf und machen uns stattdessen das Wissen von seiner oder ihrer ewigen Unschuld zu eigen. Damit entfesseln wir – durch die Kraft dieser einen mentalen Veränderung unserer Wahrnehmung – die Macht des wundertätigen Universums.

Vergebung verändert die Flugbahn der Wahrscheinlichkeiten, die sich ansonsten da entfalten, wo immer Schuld und Schuldzuweisung vorherrschen. Wo Liebe zum Ausdruck kommt, ereignen sich Wunder auf natürliche Weise; wo Liebe verweigert wird, werden Wunder abgelenkt. Vergebung erlaubt es den Wundern, zugunsten unserer Heiligkeit einzugreifen und die Harmonie da wiederherzustellen, wo sie blockiert war.

Mit dem Vergeben soll das, was uns angetan wurde, nicht in Abrede gestellt werden, vielmehr wollen wir damit die Erfahrung dessen, was uns angetan wurde, transformieren. Wenn wir unseren Fokus vom körperlichen Bereich auf den Bereich des reinen Geistes verlagern, gelingt es uns, nicht mehr am Gedanken an die Schuld von jemandem zu haften. Dem Vergehen der betreffenden Person wird keine Realität mehr zugemessen, und damit hört auch der Geist auf, dem Schmerz, der dadurch verursacht wurde, Realität zuzumessen. Das ist kein Nichtwahrhabenwollen oder Negieren, das ist Transzendenz. Es aktiviert die Mechanismen der Selbstkorrektur des Universums und verändert die Auswirkungen jedweden Vergehens gegen uns. Niemand hat die Macht, uns dauerhaft zu besiegen, solange wir willens sind zu vergeben.

Vergebung ist ein Akt selektiver Erinnerung an das, was jemand richtig gemacht hat, genau dann, wenn das Ego anfängt herumzukreischen, was jemand falsch gemacht hat. Wir haben immer die Wahl, worauf wir uns fokussieren möchten – ob wir jemanden beschuldigen oder segnen möchten. Ich kann meine Aufmerksamkeit auf das richten, was du falsch gemacht hast, oder ich kann mich an einen Augenblick erinnern, in dem du versucht hast, es richtig zu machen. Auch wenn das Ego darauf besteht, dass du es nicht verdienst – der reine Geist weiß ganz sicher, dass du es verdienst. Mein Ego hat ein verstecktes Motiv: Indem es dich angreift, versucht es im Geheimen, mich anzugreifen. Nur wenn ich mich darauf besinne, wer du wirklich bist *(ein unschuldiges Kind Gottes, ungeachtet deiner Fehler)*, kann ich mich darauf besinnen, wer ich wirklich bin *(ein unschuldiges Kind Gottes, ungeachtet meiner Fehler)*.

In *Ein Kurs in Wundern* steht, dass wir uns immer, wenn wir einen anderen Menschen in Gedanken angreifen wollen, vorstellen sollen, dass ein Schwert auf seinen Kopf herabfällt – um uns dann daran zu erinnern, dass das Schwert auf unseren eigenen Kopf fällt, denn es gibt hier ja nur einen von uns. Ein Gedanke verlässt seine Quelle nicht; und deshalb denke ich, was immer ich über dich denke, über mich selbst. Wenn ich dich angreife, greife ich mich selbst an. Und indem ich dir vergebe, vergebe ich mir selbst.

Wenn wir eine andere Person verurteilen, mag uns das zwar vorübergehend Erleichterung verschaffen, aber es wird immer wie ein Bumerang zurückkommen und dazu führen, dass wir uns schlechter fühlen. Wenn ich dich angreife, wirst du mich auch angreifen — oder ich werde zumindest denken, dass du es tust. So wie das Bewusstsein agiert, spielt es keine Rolle, wer zuerst angegriffen hat: Wer angreift, fühlt sich angegriffen.

Vergebung befreit uns vom Rad des Leidens. Sie entlässt uns in Quantenbereiche jenseits von Zeit und Raum, wo Gedanken von Schuld weder deine noch meine Unschuld trüben. Dies findet sich in einer Zeile des persischen Dichters Rumi zusammengefasst: »Jenseits der Vorstellungen von richtig und falsch gibt es ein Feld — dort werde ich dich treffen.« Dort, in diesem Raum von keinem Ding, korrigiert sich das Universum wundersam selbst. In der Gegenwart der Liebe kehren die Dinge automatisch zu ihrer göttlichen Ordnung zurück. Was das Ego unvollkommen gemacht hat, wird wieder auf die Spur göttlicher Vollkommenheit gesetzt, und Möglichkeiten zur Heilung werden freigesetzt, die ansonsten nicht existieren würden.

»Es tut mir leid.«

»Mir tut es auch leid.«

Einfache Worte, und doch so viel bessere Worte als die Alternative des Ego. Wie oft haben wir etwas ganz anderes gesagt als das und es dann jahrelang bereut.

Nur wenige Dinge sind emotional schmerzlicher als die ungerechtfertigte Distanz zwischen uns und anderen. Das Ego schafft die Distanz durch Verurteilung und Angriff. Vergebung ist, wenn wir dann dem Ego entgegentreten und ihm befehlen, ins Nichts zurückzukehren, von wo es gekommen ist. Wir entscheiden uns stattdessen dafür, zu denken, wie Gott denkt; und Gott verurteilt und verdammt nicht. Gott verurteilt nicht, weil er uns nur so sieht, wie er uns geschaffen hat. Wenn wir lernen, einander so zu sehen, wie Gott uns sieht, werden wir im Frieden sein und wird die Welt im Frieden sein. Nur um dies zu lernen, nur aus diesem Grund sind wir hier.

DER HEILIGE AUGENBLICK

Die Zeitwahrnehmung des Ego ist linear, aber die lineare Zeitabfolge ist eine Illusion. Die einzig wirkliche Zeit ist Gottes Zeit oder die Ewigkeit. Der einzige Ort, wo die Ewigkeit die lineare Zeit kreuzt, ist der gegenwärtige Augenblick, in *Ein Kurs in Wundern* der »heilige Augenblick« genannt. Und dort geschehen die Wunder.

Eine der täglichen Lektionen im Übungsbuch von *Ein Kurs in Wundern* lautet: »Die Vergangenheit ist vorbei. Sie kann mich nicht berühren.« Da nur die Liebe wirklich ist, war in Ihrer Vergangenheit nur die Liebe, die Ihnen gegeben wurde und die Sie anderen gaben, wirklich. Nichts anderes muss mit Ihnen in die leuchtende Gegenwart hineingebracht werden. Lassen Sie hinter sich, was von Anfang an gar nicht Wirklichkeit war, und jeder Augenblick kann ein neuer Anfang sein.

Die Zukunft wird in der Gegenwart programmiert. Wenn wir Gedanken an die Vergangenheit mit uns herumschleppen, wenn wir in die Gegenwart eintreten, programmieren wir die Zukunft darauf, genau wie die Vergangenheit zu sein. Aber wenn wir ohne die Vergangenheit in die Gegenwart eintreten, machen wir die Zukunft frei, anders zu sein. Wunder geschehen in der Gegenwart und unterbrechen die lineare Zeitabfolge. Vergebung ist das, was geschieht, wenn wir uns dazu entscheiden, jemanden nicht so zu sehen, wie er vor diesem Augenblick war, sondern wer er in diesem Moment ist. Wenn wir in den heiligen Augenblick eintreten, ohne auf das Geschehen in der Vergangenheit fokussiert zu sein, machen wir eine Beziehung frei für einen Neuanfang. Ich verschaffe dir eine Pause und steigere damit die Wahrscheinlichkeit, dass du mir auch eine verschaffst.

Gott sieht nur unsere Unschuld, denn so hat er uns geschaffen, und deshalb ist nur das Wahrheit. Wenn wir unseren Geist darin schulen, die Menschen so zu sehen, wie Gott es tut, erlauben wir Wundern, unsere Beziehungen heilen und uns von unserem Leiden an diesen Beziehungen zu befreien. Nur wenn wir jemanden nicht mehr wegen seines Tuns verurteilen, befreien wir uns selbst von den Auswirkungen seines Tuns. Indem wir das Geschenk der Vergebung machen, bekommen wir das Geschenk der Vergebung. Es ist kein Opfer, das wir bringen, wir tun es in unserem eigenen Interesse.

Wenn ich in den heiligen Augenblick eintrete und mich bewusst auf die spirituelle Unschuld fokussiere, die die Wahrheit ist über das Wesen von jemandem *jetzt*, in diesem Augenblick, dann bringe ich dieser Person wieder ihre Unschuld in Erinnerung und erinnere mich somit an die meine. In diesem wundersamen

Augenblick wird der Schleier der Illusion weggezogen, und ein ganzes Universum von bislang unmanifestierten Möglichkeiten kommt zum Vorschein.

Das Ego hält das natürlich alles für Blödsinn. Angesichts der Tatsache, dass Trennung sein Ziel ist, hält es alle Versuche zu vergeben für beleidigend und anrüchig. Seine Spezialität sind Kommentare wie: *»Aber du solltest wütend sein!«; »Du wirst als Fuß-abtreter enden, wenn du das vergibst«; »Ich mache mir wirklich Sorgen um dich; du scheinst keine Grenzen zu ziehen.«*

Aber das Ego ist ein Lügner. Das, was uns wieder bei klarem Verstand sein lässt, leitet uns nicht falsch an. Die Tatsache, dass ich dir vergebe, bedeutet nicht, dass ich meinen Verstand verloren habe. Sie bedeutet nicht, dass ich nicht Nein sagen kann. Sie bedeutet nicht, dass ich keine gesunden Grenzen ziehen oder aus ungesunden Situationen aussteigen kann. Wenn schon, dann bedeutet es, dass ich es schneller und wirkungsvoller tun kann. Dass ich nun über dem emotionalen Aufruhr stehen kann, den die verletzenden Ereignisse ausgelöst haben, verbessert meine Fähigkeit, klug in der materiellen Welt zu navigieren. Wenn es angeraten ist, aus einer Situation auszusteigen, Nein zu sagen oder sich von jemandem abzuwenden – dann wird es die Wirkung nur steigern, wenn ich es freundlich tun kann.

Wenn ich imstande bin, nicht zu reagieren und der Situation einfach den Rücken zu kehren, ist das weitaus beeindruckender, als mit dem Fuß aufzustampfen und zu brüllen: »Niemand darf mich so behandeln!« Denn Letzteres bedeutet unausweichlich, dass jemand Sie so behandeln *wird*. Wenn wir wütend sind, existiert noch eine Kluft zwischen unserer gegenwärtigen Persönlichkeit und unserem erleuchteten Selbst. Die Situation wird wieder auftreten, möglicherweise mit einer anderen Person an einem anderen Ort, bis wir lernen, diese Kluft zu schließen. Wem wir nicht vergeben haben, der geht uns nicht aus dem Sinn. Wie *Ein Kurs in Wundern* uns gemahnt, kann der Gefängnisaufseher das Gefängnis ebenso wenig verlassen wie der Gefangene.

Vergebung ist ein Prozess und bedeutet nicht, dass die Person, der wir vergeben, unbedingt unser Freund sein wird, sei es für eine Weile oder jemals. Wenn du mir oder einer von mir geliebten Person etwas Schreckliches angetan hast, werde ich mich wohl nicht mit dir zum Mittagessen verabreden. Wenn eine Frau mit jemandem zusammenlebt, der sie schlägt und missbraucht, muss sie die Beziehung verlassen. Vergebung bedeutet nicht, dass es keine Grenzen gibt, keine Verantwortlichkeit, keine Gesetze oder gesunden Verhaltensnormen. Sie bedeutet nur, dass wir eine Möglichkeit haben, unabhängig vom Verhalten eines anderen Frieden in unserem Herzen zu finden. Und das ist schon für sich genommen ein Wunder.

Ein Bekannter von mir, ein junger Mann, der Aids hat, fragte mich einmal: »Du meinst, ich muss *jedermann* vergeben?« Ich lachte und erwiderte: »Nun, ich weiß nicht. Was hast du, die Grippe oder Aids? Wenn du nur die Grippe hast, dann vergib nur ein paar Leuten. Ansonsten möchtest du dir vielleicht überlegen, ob du nicht die gesamte Medizin einnimmst.«

Wenn wir an all die Menschen denken, die wir einmal kannten, und an die, die wir jetzt kennen, ist es verblüffend, wie viele Urteile da zusammenkommen. Es wird uns eine ungeheure Last von den Schultern genommen, wenn wir vergeben und die Urteile aufgeben.

Lieber Gott,
ich bin willens, meinen Bruder anders zu sehen,
ungeachtet dessen, was er mir angetan haben mag.
Befreie ihn vom Schwert meiner Verurteilung,
damit auch ich befreit werde.
Zeig mir seine Unschuld,
damit wir beide frei sein können.
Erfülle meinen Geist mit dem reinen Geist der Vergebung.
Öffne mir die Augen, damit ich sehe,
dass nur die Liebe wirklich ist.
Möge ich durch diesen Schleier
bis zum Licht dahinter sehen,
damit deine Liebe mein Herz heilen kann.
Amen.

FREI SEIN VON
DER VERGANGENHEIT

Ganz klar gibt es das Böse in der Welt. Vergebung ist keine Angelegenheit, die die Realität des Bösen unterschätzt und uns zungenfertig rät, rosa Farbe über etwas Schreckliches zu kippen und so zu tun, als sei nichts passiert. Weder zerstört die Liebe unsere Gehirnzellen noch mindert sie unseren IQ. Wir können wahrnehmen, dass etwas Schlechtes passiert ist, und gleichzeitig die Vergeblichkeit von großer Wut erkennen, uns bewusst sein, wie unnütz es ist, sich in maßlosem Groll zu ergehen.

Gott braucht uns nicht, damit wir das Universum kontrollieren und überwachen. Unsere Wut, unsere Bitterkeit, lenkt nur seine Wunder ab. Das spirituelle Universum korrigiert sich selbst. Trotz allem, was Ihnen jemand in der Vergangenheit angetan haben mag, hat Gott seinen rätselhaften Plan, der Ihre Zukunft zum Besseren programmiert. Nichts, was jemand Ihnen angetan hat, sondern nur Ihre daraus entstandene Wut auf ihn oder sie kann den wundersamen Strom der Liebe aufhalten, der zu Ihnen fließt.

Ein Kurs in Wundern fragt, ob wir es vorziehen, recht zu haben oder aber glücklich zu sein. Vergebung heißt nicht, etwas zu entschuldigen, was unserer Ansicht nach unentschuldbar ist. Sie bedeutet nur, dass wir uns von der tiefen Qual der Auswirkungen dieser Sache befreien. Wir vergeben die Vergangenheit, um von ihr frei zu sein.

Meine Freundin Naomi Warren verbrachte zwei Jahre ihres Lebens, zwischen einundzwanzig und dreiundzwanzig, in Auschwitz. Sie erzählte mir, dass sie, als sie befreit wurden, dachte: »Hitler hat zwei Jahre meines Lebens bekommen. Er kriegt keinen einzigen Tag dazu.« Die Tatsache, dass ein Mensch, der den Horror eines Konzentrationslagers der Nazis erlebt hat, nicht nur überleben, sondern auch wieder gedeihen und aufblühen kann, beweist die tief greifende Fähigkeit der Psyche zur Selbstheilung. Ich habe noch mehr Menschen wie Naomi kennengelernt – Menschen, die Dinge erlebt haben, die die meisten von uns vor Schmerz zusammenbrechen lassen würden, von der Ermordung eines Kindes bis hin zum schrecklichen Missbrauch in der eigenen Kindheit. Alle von ihnen sind Leuchtfeuer der Möglichkeiten, und es ist eine Ehre, sie zu kennen. Sie verkörpern das Wunder der Spezialität Gottes: Licht aus der absoluten Finsternis hervorzubringen. Sie demonstrieren das Wirken eines heiligen Bewusstseins und sind eine Inspiration für diejenigen von uns, denen ihr eigener Überlebenskampf im Vergleich dazu unbedeutend scheint. Wenn Menschen, die unter dem leibhaftigen Bösen gelitten haben, fähig sind, in ihrem Leben weiterzukommen, dann können die von uns, die unter weitaus weniger schwerwiegenden Dingen leiden, gewiss die Stärke finden, auch mit ihrem Leben voranzukommen.

UNS SELBST VERGEBEN

Es gibt Fälle in unserem Leben, in denen unsere größte Herausforderung darin besteht, uns selbst zu vergeben. *Ein Kurs in Wundern* sagt, dass wir einen sehr hohen Preis bezahlen, wenn wir uns weigern, Verantwortung für unsere Erfahrung zu übernehmen: den Preis, sie nicht verändern zu können. Die Tatsache, dass uns die Erkenntnis, möglicherweise etwas Unrechtes getan zu haben, ein *schlechtes Gefühl* gibt, ist schlicht ein Zeichen für eine gesunde Persönlichkeit. Wenn Leute zu uns sagen: »Du kannst gar keine Fehler machen«, wir aber wissen, dass wir einen gemacht haben, ist ihr Kommentar keine Hilfe, so gut er gemeint sein mag. Es ist wichtig, dass wir uns zu unseren Fehlern bekennen, damit wir aus ihnen lernen können.

Vielleicht *haben* wir es vermasselt. Vielleicht *haben* wir uns unverantwortlich und rücksichtslos verhalten. Vielleicht *haben* wir etwas Ungeheuerliches getan. Wir erkennen möglicherweise, dass das, was in einer Situation schiefging, zumindest teilweise auf unsere Fehler zurückzuführen war, und leiden nun unter Anfällen von Selbsthass. Darin ist das Ego gut, denn ihm ist es gleich, wen wir angreifen, solange wir überhaupt jemanden angreifen. Seine erste Reaktion auf unsere Irrtümer und Fehler ist die Weigerung, sich dazu zu bekennen. Wenn das nicht funktioniert, wendet es sich der Selbstgeißelung zu. Das Ego bringt uns dazu, das Falsche zu tun, und dann sorgt es dafür, dass wir uns brutal dafür bestrafen.

Wenn wir wissen, dass wir etwas Falsches getan haben, ist es wichtig, dass wir uns offenen Auges, und sei es unter Tränen, anschauen, was wir getan haben und warum. Es ist sehr wichtig, zu unseren Fehlern zu stehen, wenn wir sie denn gemacht haben. Das mag zu einem schmerzhaft schlechtem Gewissen führen, aber das ist in Ordnung – nur Soziopathen empfinden keine Reue. Einfach nur unser Bedauern auf das Minimum zu beschränken, die Gewissensqual zu betäuben und unser Wehklagen zu dämpfen ist nicht der Weg zur Erleuchtung. In diesem Bereich gewinnen wir nur dadurch etwas, dass wir uns durch den Schmerz hindurchbrennen. Erwachsene gestehen sich ihre Fehler ein und wachsen daran.

Und wenn wir uns die Dunkelheit in unserem Herzen ehrlich ansehen, könnte das, was wir da sehen, eine Überraschung sein. Wir stellen fest, dass unsere Fehler, unsere Charaktermängel, ganz einfach die Bewältigungsmechanismen des verängstigten Kindes sind, das noch in uns lebt. Wir müssen in unserem Leben sehr verletzt worden sein, um einen derart gestörten Umgang mit den Dingen enwickelt zu haben. Hinter dem geschwärzten Herz verbirgt sich ein zerbrechliches Herz – in uns allen.

Gott möchte, dass wir auf uns selbst und aufeinander so blicken, wie er es tut. Gott ist Liebe, und er hat uns nach seinem Ebenbild geschaffen. Ein zorniger Gott ist die Erfindung des Ego, geschaffen nach *seinem* Ebenbild. Das ändert aber nichts daran, wie Gott wirklich ist und wirkt. Gott begegnet unseren Fehlern nicht mit Zorn, sondern mit Erbarmen.

Gott möchte, dass wir für uns und füreinander das Erbarmen bezeugen, das er für uns bezeugt. Uns selbst und andere anzugreifen ist Blasphemie. In dem Moment, in dem wir einen Fehler gemacht, eine Version von uns in die Welt heruntergeladen haben, die im Widerspruch zu unserem wahren Wesen steht, haben wir unser wahres Wesen nicht zunichtegemacht; wir haben uns nur dazu entschieden, es nicht zum Ausdruck zu bringen. Und wir hätten es anders gemacht, wenn sich in unserem Gehirn nicht ein paar Drähte verheddert hätten. Wenn wir das Gefühl gehabt hätten, dass wir in diesem Augenblick hätten Liebe zeigen können und unsere Bedürfnisse dennoch erfüllt worden wären. In den Fällen, in denen ich meine schlimmsten Fehler gemacht habe, wachte ich nicht morgens auf und dachte: »Ich glaube, heute werde ich mal eine Idiotin sein!« Vielmehr wurde ich in diesen fehlgeleiteten Momenten von einer zutiefst irrsinnigen, schrecklichen Verwirrung erfasst wie alle, die je aus der Angst heraus gehandelt haben.

Haben wir einen Fehler gemacht, ja, dann sollten wir angemessene Reue empfinden – uns aber nicht in Schuldgefühlen und Selbstverurteilung suhlen. Gott ruft uns nicht dazu auf, uns selbst zu bestrafen, sondern unsere Fehler wiedergutzumachen, unsere Irrtümer zu berichtigen, um uns dann auf eine höhere Ebene zu begeben. Nur das Ego möchte, dass wir in den Gefilden des Selbsthasses bleiben. Das einzige Gegenmittel für Selbsthass ist Selbstachtung, und Selbstachtung kann nur entstehen, wenn wir wissen, dass wir alles uns Mögliche getan haben, um jetzt bessere Menschen zu sein.

Wir alle haben Dinge getan, die wir bedauern, haben Situationen durchlebt, an die wir uns nur sehr ungern erinnern. Die Reaktion des Ego auf vergangene Fehler und Irrtümer ist psychische Einkerkerung durch emotionale Selbstbestrafung. Gottes Reaktion ist psychische Befreiung durch die Kraft der Sühne, der Wiedergutmachung, der Berichtigung.

Sühne oder Wiedergutmachung ist die Korrektur unserer Wahrnehmung. Sie ist eines der größten Geschenke Gottes. In der katholischen Kirche findet sie Ausdruck in der Beichte, im Judentum im Tag der Versöhnung oder Jom Kippur und bei den Anonymen Alkoholikern in der furchtlosen moralischen Bestandsaufnahme und Wiedergutmachung. Das Prinzip der Sühne oder Wiedergutmachung ist die kosmische Reset-Taste, mittels derer wir von den ansonsten negativen Folgen einer falschen oder unrechten Handlung befreit werden. Wenn wir einen Fehler gesühnt und berichtigt haben, zeitigt er keine karmischen Folgen mehr.

Gott betrachtet unsere Abweichungen von der Liebe nicht als Sünden, die bestraft, sondern als Fehler, die korrigiert werden müssen. Wie es in *Ein Kurs in Wundern* in Lektion 98 heißt: »All unsere Sünden sind weggewaschen, wenn wir begreifen, dass sie bloß Fehler waren.«

Lieber Gott,
ich weiß, dass ich Unrecht getan habe.
Ich gebe diese Situation in deine Hände
und schaue klar auf die Dinge, die ich tat,

oder die Dinge, die ich nicht tat,
und so von der Liebe abwich.
Ich traf eine falsche Entscheidung
und treffe jetzt eine andere Entscheidung.
Lieber Gott, bitte berichtige meinen Weg.
Entlasse mich aus meinen Schuldgefühlen
und mache mich zu einer besseren Person.
Möge ich immer mehr
rechtem Tun ergeben sein.
Befreie andere von den Folgen
jedweder Fehler, die ich machte,
und befreie mich bitte auch davon.
Amen.

GNADE, GNADE

Stellen Sie sich Ihr Leben wie einen Computer vor. Uns steht eine Datei namens »Gottes Wille« zur Verfügung, was buchstäblich »Gedanke der Liebe« bedeutet. Die Datei kann nicht gelöscht werden, sie ist immer vorhanden, sie kann jederzeit heruntergeladen werden. Die Frage ist nur, ob wir uns dazu entscheiden, sie herunterzuladen oder nicht.

Ganz offensichtlich wird in unserer Welt die Datei der unendlichen bedingungslosen Liebe nicht annähernd oft genug heruntergeladen. Stattdessen laden wir die Energie unseres gebrochenen, gequälten, verängstigten Selbst herunter und manifestieren die subtile und weniger subtile Gewalt in unserem Herzen – daher kommen das Bewusstsein der menschlichen Spezies und der Zustand der Welt, in der wir leben.

Auch wenn die Liebe nicht gewählt wird, so kann sie doch nicht zunichtegemacht werden. Wenn irgendwer von uns Angst statt Liebe zum Ausdruck bringt, bleibt die Liebe, die wir hätten ausdrücken können, sicher im Geist Gottes geborgen. Laut *Ein Kurs in Wundern* bleibt jedes Wunder, das wir abgelenkt haben, in Verwahrung, bis wir bereit sind, es zu empfangen. Die Wiedergutmachung erlaubt uns, alles Gute, dem wir uns verwehrt haben mögen, wieder einzufordern. Es werden sich wieder Situationen ergeben und uns die Jahre zurückgeben, die »die Heuschrecken aufgefressen haben«.

Was das Ego stiehlt, gibt Gott uns zurück. Wenn wir erleben, wie Gelegenheiten wiederkehren, nachdem wir aufrichtig Wiedergutmachung geleistet haben, erhalten wir einen Einblick in Gottes Gnade. »Gnade« ist ein Wort, das sehr wenig Bedeutung hat, bis wir sie tatsächlich erfahren haben. Und haben wir sie erlebt, wird uns das für immer verändern. Wir stehen in Ehrfurcht vor der Art und Weise, in der sich das Universum umordnet, um uns eine weitere Chance zu geben.

Die religiöse Zufluchtstätte ist ein altes Konzept: Ganz gleich, welches Verbrechen jemand begangen hatte, wenn diese Person es in eine Kirche oder eine andere Zufluchtstätte schaffte und »Gnade« rief, konnte sie nicht festgenommen werden. Man glaubte, dass sie sich in diesem Moment derart mit der Macht Gottes in Übereinklang brachte, dass alles Urteil über sie für null und nichtig erklärt wurde. Heute würden nur wenige darin eine vernünftige Praxis der Gesetzesvollstreckung erkennen, aber das darin enthaltene spirituelle Prinzip ist von tiefer Bedeutung für die persönlichen Beziehungen.

Gott hat nicht den Eindruck, dass wir nie Fehler machen. Angesichts der Tatsache, dass das Denken der Welt so zutiefst irrsinnig ist, überrascht es fast, dass wir nicht öfter noch größere Fehler machen. Und nur die Arroganz des Ego mag uns je dazu verleitet haben, zu glauben, dass wir unfähig seien, uns zu irren und Fehler zu machen. Alle wachsen und entwickeln wir uns, und alle geraten wir zuweilen ins Stolpern. Alles kann zur Plattform für ein Wunder werden, und manchmal macht uns die Tatsache, dass wir stolpern, hinterher zu besseren Menschen. Unter anderem erhöht das Gefühl, die Gnade Gottes zu erfahren, unser Erbarmen gegenüber anderen. Haben wir die Gnade erlebt, werden wir besser darin, Gnade walten zu lassen. So habe ich mich zum Beispiel dabei ertappt, eine junge Frau dafür verurteilen zu wollen, dass sie ihre sexuelle Energie so veranwortungslos zur Schau trug, um mich dann an mich selbst zu erinnern: »Äh, Marianne, sie ist nichts im Vergleich dazu, wie *du* warst!«

Gottes Liebe zu uns wankt nicht. Er liebt jeden und jede von uns, da er uns alle liebt: Nicht aufgrund dessen, was wir getan oder nicht getan haben, sondern aufgrund dessen, wer wir sind.

Er weiß, wer du bist, weil er dich geschaffen hat, und Gottes Schöpfung kann nicht verändert werden. Er weiß, dass deine Fehler nur im Reich der Illusion passierten. Er ist bereit, neu zu beginnen, wann immer du es bist.

Früher fiel es mir leicht, für Fehler zu sühnen, allzu oft verfiel ich danach aber wieder ins gleiche Fehlverhalten. Und dann fing ich mit der ganzen Prozedur wieder von vorn an. Nach mehreren Runden von »Verpfusch dein Leben und fall dann auf die Knie« sagte ich mir eines Tages: »Marianne, wenn du das nächste Mal auf den Knien liegst, bleibst du einfach da!«

Manchmal inspiriert uns die Tatsache, dass wir genug Fehler gemacht haben, schließlich zu einem anderen Leben. Die Sühne, die Wiedergutmachung, wird zu mehr als nur etwas, das uns half, unseren Schmerz zu lindern. Wenn sich unser Herz mit der Kraft der Sühne vertraut gemacht hat, wird das Bemühen, sie zu leben, zur beständigen Lebensweise.

Vergebung ist letztlich nicht nur ein Akt, sondern eine Einstellung, sie ist kein Beziehungsinstrument, sondern ein Geisteszustand. Und sie ist nicht einfach nur eine Haltung gegenüber Menschen, sondern eine Haltung gegenüber dem Leben selbst. Vergebung ist die vollendete Korrektur der Wahrnehmung, die alle Dunkelheit der Welt verschwinden lässt. Sie ist eine Tinktur reinen, ungetrübten Lichts.

VERGEBUNG ALS DER WEG

Der Schleier, der die Welt von der himmlischen Ordnung trennt, ist hauchdünn wie Seide und stark wie Titan. Einerseits ist er einfach ein Gedanke, andererseits ist jeder Gedanke machtvoll. Gedanken der Schuld und Angst sind die Hölle auf Erden, aus der uns Vergebung und Liebe erlösen.

Ob wir ungerechterweise unseren Arbeitsplatz verloren haben oder einer Beziehung in die Brüche gegangen ist, ob wir betrogen oder zum Opfer geworden sind, ob wir uns verlassen oder unterdrückt fühlen – wenn wir lernen, die Ereignisse zu vergeben, werden sie transformiert, und das von ihnen verursachte Leiden wird beschwichtigt. Vergebung ist nicht immer leicht – manchmal ist sie ein längerer Prozess –, aber sie bleibt nie ohne ihren Lohn.

Manche mögen einwenden, dass wir das Leben einfach nur durch eine rosarote Brille betrachten, wenn wir es uminterpretieren und mit den Augen der Liebe sehen. Doch der aus der Naturwissenschaft bekannte »Beobachtereffekt« besagt, dass sich mit der Veränderung des Wahrnehmenden auch das Wahrgenommene verändert. Wenn jemand sagt, Sie seien eine Pollyanna, eine unverbesserliche übergroße Optimistin, bedanken Sie sich einfach für das Kompliment. Denn die Geschichte von Pollyanna, der Heldin des Kinderbuch-Klassikers *Pollyanna – ein Waisenkind in Amerika*, ist die Geschichte einer Wunderwirkenden. Sie hat nicht einfach nur die Liebe in den Menschen *gesehen*, trotz deren lieblosen Verhaltens; sie hat durch ihr Sehen die Liebe in den Menschen *heraufbeschworen* und letztlich eine Veränderung deren Verhaltens bewirkt.

Das Ego hält uns in der Illusion gefangen, wir seien gänzlich der materiellen Welt unterworfen, tatsächlich aber ist die Welt nichts weiter als eine Projektion unserer Gedanken. Hinter dieser Welt existiert eine wahrere Welt. Wenn wir unsere Wahrnehmungen über unsere physischen Sinne hinaus ausdehnen auf das, was wir in unserem Herzen als wahr erkennen, werden wir zu dieser Welt gebracht, die dahinter liegt. Wenn wir unsere Wahrnehmungen über den Schleier der Körperlichkeit hinaus ausdehnen, erleben wir das Wunder der Erlösung von allem Leiden der Welt.

Dieser oder jener Umstand existiert oder existierte in der Dreidimensionalität unserer weltlichen Erfahrung. Aber wie er sich letztlich auf uns auswirkt, das wird durch den Blick bestimmt, mit dem ihn zu betrachten wir uns entscheiden. Vergeben heißt sich darauf besinnen, dass nur die Liebe wirklich ist und ansonsten nichts wirklich existiert; und was nicht existiert, kann uns nicht besiegen, kann uns nicht vernichten. Daran erinnern wir uns in jedem Moment, in dem wir vergeben. In jedem Moment, in dem wir vergeben, erwachen wir aus unserem Leiden. In jedem Moment, in dem wir vergeben, trocknet eine weitere Träne.

Lieber Gott,
ich gebe dir meinen Schmerz und meine Verzweiflung.
Ich weiß, dass ich leide,
weil ich sehe, was nicht da ist.
Ich weiß, dass ich weine,
weil mein Glaube an dich schwach ist.
Bitte öffne meinen Geist,
damit ich erkennen kann,
und öffne meine Augen,
damit ich sehen kann.
Lieber Gott, bring meiner Seele Trost
und meinem Herzen Vergebung.
Amen.

7
BEZIEHUNGSHIMMEL,
BEZIEHUNGSHÖLLE

Der Schmerz, der mit Beziehungsschwierigkeiten verbunden ist — wenn wir uns in einer Beziehung befinden und auch wenn wir sie verlieren —, kann schrecklich sein. Wie bei allem anderen ist auch hier ein Verständnis der spirituellen Realität entscheidend dafür, dass wir zu einem friedvollen Herzen gelangen.

Wenn wir mit Liebe denken, sind wir wir selbst. Wenn der Geist ganz und gar liebt, ist er ganz und heil oder heilig.

Das ist die Quelle des Glücks.

Hegen wir hingegen Groll gegen jemanden, dann nutzen wir unseren Geist auf unkreative oder zerstörerische Art. Das spaltet den Geist in zwei Teile und lässt uns Krieg gegen uns selbst führen. Dies ist die Quelle von geistiger Qual und Pein.

Daher liegt unsere größte Kraft für die Heilung unseres Lebens darin, dass wir Verantwortung für das Wesen unseres Denkens übernehmen. Das in der Welt vorherrschende Denksystem verleitet uns ständig dazu, andere anzugreifen und damit auch uns selbst zu attackieren. Aber wenn wir unseren Geist Gott überantworten, damit er ihn für seine Zwecke einsetzt, wird er zum heiligen Prüfstein für eine andere Denk- und Seinsweise. Ziel und Zweck unseres Daseins auf Erden ist, dass wir jeden Augenblick als Gelegenheit zu lieben ansehen. So werden wir zu Wunderwirkenden oder zu Wesen, die Dunkelheit in Licht umwandeln.

In jedem Augenblick eines jeden Tages, wenn jemand bei uns im Zimmer ist oder wir an jemanden denken, sehen wir uns vor die Entscheidung gestellt: Segne ich diese Person, oder verurteile ich sie? Zeuge dessen zu sein, was wir eigentlich denken, ist doch ziemlich erstaunlich. Von den vielen Tausend Gedanken, die wir jeden Tag denken, haben die meisten auf irgendeiner Ebene damit zu tun, was jemand getan hat oder tut. Ob es sich um etwas scheinbar so Harmloses handelt wie: »Sie hätte das Glas in die Spülmaschine stellen sollen.« Oder etwas wirklich Negatives wie: »Ich hasse diesen Mistkerl.« Groll ist Groll. *Ein Kurs in Wundern* zufolge ist jeglicher Groll, den wir aus irgendeinem Grund gegen jemanden hegen, ein Angriff auf uns selbst.

Wir können dem Krieg gegen uns selbst nicht dadurch ein Ende bereiten, dass wir nur ein paar von den Schlachten beenden. Wenn wir uns auf einen spirituellen Pfad begeben, streben wir nach einer liebevollen Einstellung allen gegenüber – nicht nur gegenüber einigen. Das hat nichts damit zu tun, wie wir denken oder sein »sollten«; es geht um das Verständnis von der Macht und Kraft eines jeden Gedankens.

Neutralität ist eine Mär – so wie der Gedanke, es genüge, wenn wir niemandem aktiv Unheil wünschen. Es gibt keine neutralen Gedanken. Es ist möglich, das Denken schlecht zu handhaben, aber seine Macht kann nicht gemindert werden; jeder einzelne Gedanke ist eine Ursache, die eine Wirkung nach sich zieht.

Manchmal haste ich mit all den anderen Reisenden durch einen Flughafen zu diesem oder jenem Gate, um ein Flugzeug zu erwischen, das mich wieder einmal zu einer anderen Stadt bringt, wo ich wie schon so oft einen Vortrag halte und Bücher signiere, um dann erschöpft nach Hause zurückzukehren. Wenn mein Geist nur auf diese physische Realität eingestellt ist, kann es vorkommen, dass ich mich überfordert und ausgelaugt fühle.

Oder ich kann eine neue Wahl treffen: »Komm da raus, Marianne«, sage ich mir. Und statt mich abzukapseln im Bemühen, mich vor all dem geistigen Geklimpere ringsum abzuschirmen, blicke ich auf all die Menschen im Flughafen und schicke ihnen meine Liebe. Ich denke darüber nach, wer sie sind, wohin sie gehen und wie viele von ihnen wohl Schweres in ihrem Leben durchmachen müssen. Wie viele von ihnen sind wohl krank oder trauern? Wie viele von ihnen stehen unter finanziellem Druck oder sind wegen ihrer Ehe oder ihrer Kinder gestresst? Wie viele von ihnen sind gute, edle Menschen, die ihr Bestes tun, um ein anständiges Leben zu führen? Wenn ich das mache, beginnt die stärkste Medizin – Mitgefühl – mein Herz zu überfluten. Die Erfahrung meiner Erfahrung verändert sich. Was mein Ego als »einfach noch ein Flughafen« interpretiert hat, wird zu einem heiligen Tempel, in dem mir das außerordentliche Privileg zuteilwird, zu versuchen, so zu lieben, wie Gott liebt. Mein Herz, mein Geist, ja sogar mein Körper erheben sich über mein Ego, da ich mich an die Wahrheit meines wahren Wesens erinnere, indem ich mich an die Wahrheit des Wesens der anderen erinnere. Ein zufriedenes Lächeln tritt an die Stelle eines gestressten Stirnrunzelns.

Das Problem ist nicht, dass dies zu tun schwierig ist, vielmehr ist es ein *anders* geartetes Tun. Uns darin zu schulen, den Geist als Gefäß der Liebe zu nutzen, läuft unseren üblichen geistigen Gewohnheiten zuwider. Und doch ist es die einzig wahre Erlösung von Kummer und Leid in unserem Herzen.

Jemand könnte nun sagen: »All das ist wundervoll, Marianne, aber im Moment habe ich größere Probleme, als umherzuwandern und Fremde zu segnen.« Das trifft auf uns alle zu. Aber eines der Probleme bei Traurigkeit, Depression und Angst besteht darin, dass sie uns dazu verleiten, uns zu isolieren – wenn schon nicht physisch, dann zumindest geistig und emotional. Doch ganz gleich, wie viel Schmerz wir empfinden, wir können die Wahl treffen, andere zu lieben. Ganz gleich, wie viele Tränen wir heute geweint haben, wir können mit aufgeschlossenem Herzen auf andere blicken. Wahrscheinlich haben sie sogar ebenso viele Tränen vergossen wie wir. In unserem Mitgefühl für das, was andere durchgemacht haben, lässt das Universum sein Mitgefühl auf uns herabströmen. Wir wissen nie wirklich, was im Herzen anderer Menschen verborgen ist, aber wenn wir erst einmal berücksichtigen, dass alle anderen ebenso verletzlich sind wie wir und dass alle anderen ebenso viel Schmerz empfunden haben wie wir, dann wird unser Herz von göttlichem Licht überflutet, und keine Dunkelheit kann uns aufhalten. Ganz gleich, worin unser Schmerz oder Kummer besteht, solange wir unser Herz anderen gegenüber offen halten, wird rings um uns neues Leben entstehen.

Das ist keine bloße Theorie. All das hat nur dann Bedeutung, wenn es durch praktische Erfahrung bestätigt wird. Und das wird es. Wenn Sie das nächste Mal im Supermarkt in der Schlange vor der Kasse stehen oder in einem Restaurant sitzen, schicken Sie im Stillen den Menschen in Ihrer Nähe aus Ihrem Herzen kommende Liebe. Ihre Energie, Ihr Gesichtsausdruck, auch das, was Sie sagen und wie Sie es sagen, wird sich verändern. Schauen Sie dann, ob das, was Sie aussenden, zu Ihnen zurückkommt. Sie mögen ein Buch wie dieses hier lesen, aber die Worte in einem Buch können nicht die Kraft Ihrer Entscheidung ersetzen, einen anderen Menschen als Kind Gottes zu betrachten. Die einzige Kirche, der einzige Tempel, der einzige Schrein, der letztlich zählt, ist der Boden, auf dem Sie in diesem Augenblick stehen. Es kann ein Flughafen sein. Es kann ein Delikatessengeschäft sein. Es kann Ihr Schlafzimmer sein. Machen Sie es einfach zu etwas Heiligem, und Frieden wird einkehren.

BEZIEHUNGEN ALS AUFGABEN

Ein Kurs in Wundern zufolge sind Beziehungen spirituelle Aufgaben, bei denen der Heilige Geist Menschen zusammenbringt, die dadurch die größtmögliche Gelegenheit haben, sich gegenseitig in ihrem Seelenwachstum zu unterstützen. Daher sollte es uns nicht verwundern, wenn Beziehungen nicht immer leicht sind. Sie fungieren als Vergrößerungsglas, durch das wir uns anschauen können, was an unserer Art, uns auf andere zu beziehen, funktioniert und was nicht. Jede Situation im Leben ist eine Beziehung, in der wir – und oft auch die uns umgebenden Menschen – genau sehen können, wo wir frei sind zu lieben und wo wir von der Angst gebunden sind.

Während das Ego behaupten würde, dass es für die verschiedenen Arten von Beziehungen verschiedene Arten von Liebe gibt, sind die spirituellen Grundlagen für eine Beziehung stets dieselben, ganz gleich, welche Form die Beziehung annimmt. Ob Sie ein Kollege oder ein Familienmitglied sind, die Frage, die sich stellt, ist die: Treffe ich Sie auf der Ebene meiner Persönlichkeit, oder dehne ich das Geschenk meiner Liebe auf Sie aus? Bin ich hier, um Sie zu verurteilen oder um Ihnen zu vergeben? Die Antwort darauf entscheidet darüber, was als Nächstes passieren wird.

Das Ego betrachtet andere Leute aus der Perspektive der Transaktion, es hält Ausschau danach, wie andere unseren Bedürfnissen dienlich sein können. Der reine Geist betrachtet andere aus der beziehungsbezogenen Perspektive, er sucht nach Möglichkeiten, wie wir gemeinsam der Liebe dienen können.

Für das Ego sind Beziehungen angstbesetzte Fallen; für den reinen Geist sind sie heilige Begegnungen. Das Ego möchte auf keinen Fall, dass wir glauben, Beziehungen würden die Grundlage für die spirituelle Reise bilden. Aber so ist es. Jede Begegnung, ob groß oder klein, bietet die Gelegenheit, die Liebe zu verherrlichen. Wenn ich eine Beziehung in den Dienst von Gottes Zielen und Zwecken stelle, wird sie mir höchstwahrscheinlich Frieden bringen. Wenn ich versuche, sie dazu zu nutzen, dass sie meinen eigenen Bedürfnissen dient, wird sie mir höchstwahrscheinlich Schmerz bringen.

Doch wie bekommen wir unsere Bedürfnisse erfüllt, wenn unser einziges Ziel darin besteht, zu lieben? Wie setzen wir Standards fest, kriegen unsere Arbeit fertig, hegen vernünftige Erwartungen und werden nicht übervorteilt, wenn wir uns selbst in jeder Situation ausschließlich als Wunderwirkende, als Kanal für die Liebe, als Diener Gottes betrachten?

Die Antwortet lautet: »Sehr viel leichter.« Das Wunder ereignet sich nicht auf der körperlichen Ebene. Es hat weniger mit dem Geschehen im Außen zu tun als vielmehr mit dem, was im Innern passiert. Die Menschen können es fühlen, wenn sie gesegnet werden, und sie können es fühlen, wenn sie be- und verurteilt werden. Jedermann weiß unterbewusst alles.

Wenn ich morgens aufwache und für dein Glück bete, über unser spirituelles Einssein meditiere, die Absicht festsetze, heute eine Repräsentantin der Liebe in deinem Leben zu sein, alle Versuchung aufgebe, dich zu beherrschen oder zu verurteilen, wirst du das *fühlen*. Unsere Beziehung hat die Chance, eine positive Erfahrung zu sein. Ansonsten wird sie all das sein, was das Ego sie sein lassen möchte, und auch das wirst du fühlen.

Das vorrangige Thema in unserer Beziehung zu allem ist *Absicht, Ziel und Zweck*. Das Ziel des Ego in einer Beziehung ist, Liebe vorzuenthalten, während das Ziel des reinen Geistes darin besteht, Liebe auszudehnen. Das Ego betrachtet die Welt als etwas, das ihm dienen soll, während der reine Geist die Welt als etwas sieht, dem wir dienen sollen.

Wie oft sind Sie schon gefragt worden: »Was erwarten Sie sich von einer Beziehung?« statt: »Was ist das größte Geschenk, das Sie Ihrem Gefühl nach in eine Beziehung einbringen können?« Wie oft hat Sie jemand in Hinblick auf eine Beziehung gefragt: »Kriegst du wirklich, was du brauchst?«, statt: »Gibst du wirklich alles, was du hast?« In *Ein Kurs in Wundern* steht, dass das Einzige, das in irgendeiner Situation fehlt, das ist, was wir nicht geben. Es ist erstaunlich, wie oft wir die Fehler von jemand anderem aufzählen, unseren eigenen aber kaum Beachtung schenken. Das hinterhältige Ego nennt dies Selbstfürsorge.

Das Ego sieht jede Beziehung als Chance, den spirituellen Fortschritt einer anderen Person zu beobachten und zu überwachen, nie aber unseren eigenen. Das Ego ist wie ein herumschnüffelnder Hund, der jeden möglichen Hinweis auf die Schuld eines anderen aufspürt, damit wir ihn oder sie angreifen, verurteilen, kritisieren und beschuldigen können. Doch sein eigentliches Ziel ist nicht, die andere Person zu verletzen, sondern vielmehr uns zu verletzen.

Das Ego sieht nie einen Grund, mit jemandem zufrieden zu sein. Schlau verführt es uns zu Gedanken und Verhaltensweisen, die die Liebe im Zaum halten, auch wenn es gleichzeitig dagegenhält, dass wir sie uns verzweifelt wünschen. »Nur weil ich dich liebe, möchte ich, dass du anders bist!« Gemäß *Ein Kurs in Wundern* lautet das Diktat des Ego: »Suche, aber finde nicht.«

In einer Welt, in der die Angst das Bewusstsein des Menschen beherrscht, bedarf es der bewussten Übung, um die emotionale Muskulatur der Liebe zu entwickeln. Aber das ist verdammt schwer, wenn jemand auf all unsere Knöpfe drückt und all unsere wunden Stellen aktiviert. Wir alle können morgens liebreizend und erleuchtet und mittags wahnsinnig vor Wut sein.

Und dann geraten wir leider aus der Spur. Manche unserer härtesten Verurteilungen, unserer bösartigsten Angriffe finden statt, bevor wir auch nur die Chance zum Nachdenken hatten. Wir schicken als spontane Reaktion einen Text oder eine E-Mail ab. Wir sagen Dinge, die wir später bereuen. Wir treffen Entscheidungen, die sich in der Rückschau als Selbstsabotage erweisen.

Deshalb ist die spirituelle Praxis so wichtig. Das wichtigste Werkzeug für Erfolg in jeglichem Bereich des Lebens, Beziehungen eingeschlossen, ist, dass unser Geist ein Kanal für rechtes und richtiges Denken ist. Und dafür muss er geschult werden.

Wir heben Gewichte, um unsere physischen Muskeln zu trainieren, und wir machen spirituelle Übungen, um unsere Muskeln der inneren Einstellung zu entwickeln. Ersteres gibt uns Kraft, uns körperlich zu bewegen, Letzteres gibt uns die Kraft, innerlich ruhig zu bleiben. Das eine befähigt uns äußerlich, das andere befähigt uns innerlich. Und beides ist anstrengend.

Es ist überaus hilfreich, jeden Morgen zu meditieren oder zu beten – seien es auch nur fünf Minuten –, um unsere Muskeln der inneren Einstellung zu trainieren und mit Liebe zu denken. Senden Sie zu Beginn eines jeden Tages, noch bevor Sie irgendjemandem begegnen oder mit jemandem interagieren, bewusst und aktiv Ihre Liebe aus. Wenn Sie dann während des Tages auf andere blicken, sagen Sie im Stillen: »Die Liebe in mir grüßt die Liebe in dir.« Übergeben Sie Gott alle Verurteilungen, die Sie in irgendeiner Situation einbringen. Diese Praxis wird Ihnen mehr als Frieden bringen, sie wird in Ihrem Leben Wunder wirken. In einem von Licht erfüllten Haus ist kein Platz für Dunkelheit und in einem von Liebe erfüllten Geist kein Platz für Angst. Unseren Geist mit Licht zu erfüllen, darin liegt der Schlüssel, um Beziehungen anzuziehen, zu bewahren und zu heilen – uns selbst zu ergeben, damit Gott uns nutzt und wir zum Segen werden können für alle, denen wir begegnen.

Vielleicht möchten Sie jeden Tag folgende Wahrheiten bekräftigen:

1. Ich brauche keinen anderen, um mich ganz werden zu lassen; als ein Geschöpf Gottes bin ich bereits ganz. *Heute gehe ich in die Welt, um mit jedem Menschen, den ich treffe, die überreiche Wahrheit von wer ich wirklich bin zu teilen.*

2. Es ist meine Funktion auf Erden, zu lieben, zu vergeben und zu segnen. *Jeder Mensch, dem ich heute begegne, bietet mir die Gelegenheit, als Repräsentantin der Liebe auf Erden zu handeln.*

3. Was ich anderen gebe, gebe ich mir. Was ich anderen vorenthalte, enthalte ich mir vor. *Jeder Mensch, dem ich heute begegne, bietet mir die Gelegenheit, meine Freude zu steigern, indem ich anderen größere Freude bringe.*

Wie es in *Ein Kurs in Wundern* heißt: »Gebet ist das Medium der Wunder.« Betrachten Sie das Gebet als eine der größten Kräfte im Werkzeugkasten der Wunderwirkenden.

Lieber Gott,
bitte mach mein Leben zu einem heiligen Ort,
nicht nur für mich,
sondern für alle, denen ich begegne.
Mögen alle gesegnet sein,
die in mein Leben treten,
und möge ich von ihnen gesegnet werden.
Schicke mir die,
mit denen zu wachsen mir aufgegeben ist.
Zeige uns, wie wir einander lieben können,
sodass es dir am besten dient.
Amen.

LIEBE ANZIEHEN

Das Universum selbst ist zweckbestimmt und führt alle Dinge zur Verwirklichung ihres höchsten Potenzials. Einzelpersonen und Beziehungen einbegriffen. Die Liebe sucht uns immer. Das Problem ist, dass wir uns oftmals vor ihr verstecken, dass wir uns wegstehlen vom Licht der Liebe ins Dunkel unseres angstvollen Selbst. Es ist nicht so, dass die Liebe sich uns nicht zeigt; vielmehr zeigen wir uns nicht der Liebe.

Ein Kurs in Wundern sagt uns, dass es nicht unsere Aufgabe ist, nach der Liebe zu suchen, sondern nach all den Barrieren, die wir errichten, damit sie nicht kommen kann. Diese Barrieren, diese Mauern vor unseren Herzen sind die Orte, wo wir uns von der Liebe abwenden. Wir unternehmen alles Mögliche, um die Liebe im Zaum zu halten, legen ein Verhalten an den Tag, das von bedürftig bis kontrollierend, von unehrlich bis manipulativ, von ausweichend bis süchtig, von heißblütig bis kalt, von egozentrisch bis erstickend reicht. Diese Charaktermängel zeigen nicht auf, wo wir schlecht oder böse, sondern wo wir verwundet sind. Dennoch haben wir die Verantwortung für diese Charaktermängel, ganz gleich, durch welche Kindheitserlebnisse sie überhaupt erst entstanden sein mögen. Wenn wir unsere ungehobelten Seiten zeigen, denken andere Leute nicht: »Ach, du Armer, du bist verwundet.« Sehr viel wahrscheinlicher denken sie: »Oh mein Gott, schaff mich hier raus.« Was absolut vernünftig ist.

So stellen wir immer wieder fest, dass wir Beziehungen vermasseln – mit Freunden, Kollegen, Familienmitgliedern, Partnern. Und wieder einmal ist das einzig wirkliche Problem unsere Trennung von Gott. Um seelenvolle Beziehungen mit anderen zu fördern, müssen wir unsere grundlegend Beziehung mit Gott fördern. Denn hier werden wir von den Teilen des falschen Selbst geheilt, die unsere Beziehungen so oft sabotieren. In meiner Beziehung mit Gott liegt meine Beziehung mit meinem wahren Selbst, und nur wenn ich mit der Wahrheit meines wahren Wesens in Einklang bin, kann ich diese mit der Wahrheit in dir in Einklang bringen.

HOSPITÄLER DER SEELE

Wenn wir in Beziehungen geheilt werden, dann nicht deshalb, weil wir uns immer von unserer besten Seite zeigen, sondern weil wir es eben nicht tun. Beziehungen werfen nicht einfach ein Schlaglicht auf unsere Stärken, sie halten ein Vergrößerungsglas über unsere Schwächen. Und das ist gewissermaßen auch ihr Zweck. Sie legen nicht nur Ecken und Kanten bloß, sie geben uns die Chance, sie abzuschleifen. Heilung ist eine Art Entgiftungsprozess. Alles, was aus unserem System ausgeschieden werden muss, kommt erst einmal hoch und muss dann raus. Was nicht geheilt in uns lagert, kommt hoch, damit wir es überprüfen und uns bewusst anschauen können, wo wir in der Liebe verwundet sind, um die Wunde dann Gott zu übergeben.

Wir alle sind einsam, einsamer, als wir wissen, weil wir uns von Gott getrennt fühlen. Nun bietet uns das Ego, das uns davon überzeugt, dass wir von Anfang an von Gott getrennt sind, die verdrehteste aller Lösungen an: Wir würden die eine ganz besondere Person finden, die uns ergänzt, und dann würden wir uns nicht mehr einsam fühlen. Doch das heißt, die Erlösung in der Trennung zu suchen, was unsere Verzweiflung nur noch vertiefen wird.

Die Besessenheit, das zu finden, was *Ein Kurs in Wundern* eine »besondere Beziehung« nennt, ist eine der größten Waffen im Arsenal des Ego. Wir sind besessen von der romantischen Liebe, weil wir die Erwartung projizieren, dass sie den Schmerz unseres Abgekoppeltseins von der Ganzheit heilt. Wir fühlen uns getrennt von Gott, von uns selbst, von anderen Lebewesen; daher fühlen wir uns beraubt und halten Ausschau nach der einen Beziehung, die allen Schmerz zum Verschwinden bringt.

Wow, nie mehr Druck.

Die Vorstellung von der einen besonderen, exklusiven Beziehung bedeutet die Suche nach der Einheit in der Trennung. Dieses Ziel, über eine einzige Person zur Ganzheit zu finden, wirkt nicht nur dem Erleuchtungsprinzip entgegen, sondern auch der Intimität. Denn was könnte intimer sein, als dass wir der oder die jeweils andere sind? Intimität ist nicht etwas, das wir zu erschaffen versuchen; Intimität ist etwas, das wir als schon vollbracht akzeptieren müssen. Wenn wir erkennen, dass der andere ich ist – nicht außerhalb von mir –, dann werden wir ihn oder sie vermutlich so zartfühlend und authentisch behandeln, wie auch wir behandelt werden möchten. Was dann ... *Intimität* schafft!

Mein Ego beschließt, dass ich es nötig habe, dass *du* dich auf eine bestimmte Weise verhältst, damit *meine* Welt in Ordnung kommt. Was ich wirklich nötig habe, ist, dass ich dich vom Haken meines Ego lasse! Wir können die Emotionen, Gedanken und Gefühle anderer Menschen aus unserem Klammergriff entlassen. Wir können aufhören, Programme für das Leben anderer Leute zu schreiben. Und wir können uns von dem Gedanken lösen, dass irgendjemand oder irgendetwas außerhalb von uns die Quelle unseres Wohlergehens ist.

Wenn die *besondere Beziehung* des Ego Gott übergeben wird, damit er sie für seine Zwecke nutzt, wird sie in eine heilige Beziehung umgewandelt. Was *Ein Kurs in Wundern* eine heilige Beziehung nennt, ist ein Hospital für die Seele, in dem wir erkennen, dass unsere Schwächen aus einem bestimmten Grund in der Beziehung offenkundig werden.

Begegne ich nur Menschen, die das Beste in mir zum Vorschein bringen, dann ist das wundervoll, doch sehr wahrscheinlich bleiben ein paar Lektionen ungelernt. Wo die unbewussten Wunden bewusst gemacht werden, haben wir die Gelegenheit, sie zu heilen, da wir sie nur dann *sehen* können. Bis dahin lenken sie unser Leben auf unzuträgliche Weise.

Je näher wir der echten Verbindung sind, desto größer die Wahrscheinlichkeit, dass die Schwächen des einen oder des anderen Partners – gewöhnlich die Schwächen beider – unterbewusst ausgelöst werden. »Du bist bedürftig und emotional fordernd« trifft auf »Du bist arrogant und egoistisch«. Obwohl das Ego eine Beziehung als einen Ort anstrebt, wo es unsere Wunden verbergen kann, nutzt sie der Heilige Geist, um diese Wunden an die Oberfläche zu bringen; nicht, um die Beziehung zu zerstören, sondern um sie zu allem zu machen, was sie sein kann. In der Anwesenheit von wechselseitigem Verständnis, Mitgefühl, Glauben und Vergebung können unsere Wunden geheilt werden.

Manchmal begreifen zwei Menschen das, und sie verwandeln ihre Beziehung in eine heilige Begegnung und eine Verbindung für kontinuierliches Wachstum. Trotz allem Widerstand bleiben sie in der Erkenntnis, dass Wunden in der Beziehung aufgedeckt werden, um geheilt zu werden, der Liebe verhaftet und verpflichten sich auf das Bemühen um Vergebung und Verständnis.

Sie hört zu und begreift, dass sie sich bedürftig und kontrollsüchtig verhalten hat; sie entschuldigt sich und verhält sich anders. Er hört zu und begreift, dass er sich egoistisch und rücksichtslos verhalten hat; er entschuldigt sich und verhält sich anders. Da sich beide ihrer eigenen Schwächen bewusster werden — sie sich entschuldigen, einander vergeben, sich in Nachsicht üben und bestrebt sind, es besser zu machen —, ist dem spirituellen Zweck der Beziehung gedient. Dinge, die das Ego als Gründe ansieht, aus einer Beziehung auszusteigen, werden zu Dingen, die der reine Geist als Gründe ansieht, aus denen die Beziehung eingegangen wurde. Manchmal lautet die Lektion in einer Beziehung, dass wir bleiben und aus dem Geschehen lernen sollen; manchmal lautet sie aber auch, dass wir erkennen sollen, dass es nicht dienlich ist, länger darin zu verbleiben. Es gibt keinen äußeren Indikator dafür, welche Lektion wir zu lernen haben. Wie bei allem ist die Stimme Gottes in unserem Innern letztlich das einzig verlässliche Leitsystem.

Ob es nun klug ist, zu bleiben oder aber zu gehen, spielt weniger eine Rolle als vielmehr die Frage, ob wir die Erfahrung zur Ausdehnung unseres Herzens nutzen. Selbst wenn wir zum Ausstieg aus der Beziehung geführt werden, ist es genauso wichtig, beim Gehen liebevoll zu bleiben, wie es wichtig ist, beim Bleiben liebevoll zu sein. Tun wir das nicht, werden wir ein Stückchen weiter auf dem Weg jemanden treffen, der uns die Gelegenheit bietet, unseren Widerstand gegen die Liebe zu erkennen und zu heilen.

DEN GARTEN HEGEN UND PFLEGEN

Wenn wir ein Auto kaufen, und sei es das beste Auto der Welt, müssen wir es pflegen und einiges tun, damit es in einem guten Zustand bleibt. Das ist uns klar. Aber aus rätselhaften Gründen ist es uns oft nicht klar, dass wir unsere Beziehungen ebenso pflegen müssen wie dieses Auto. Wer bei klarem Verstand ist, hält eine tiefe Beziehung zu einem anderen Menschen für kostbarer als ein

Auto, doch es ist erstaunlich, wie viel mehr Aufmerksamkeit die Leute der Pflege ihrer »Dinge« als der Pflege ihrer Beziehungen zukommen lassen.

Die wirksamste Methode, eine Beziehung zu hegen und zu pflegen, ist die, sie jeden Tag in Gottes Hände zu legen. Sich Gott zu ergeben ist nicht bloß ein Prinzip, es ist etwas, das wir tun. Wenn ich jemandem die Frage stellte: »Haben Sie für diese Sache gebetet?«, bekam ich manchmal zur Antwort: »Ich weiß, sie ist in Gottes Händen.« Aber das hatte ich nicht gefragt! Ich fragte nicht, ob die Sache in Gottes Händen sei (letztlich sind das alle Dinge), ich fragte, ob sie sie in Gottes Hände *gelegt* hätten. Alle Dinge werden schließlich zu einem liebevollen Ergebnis führen, aber es liegt ganz bei uns, wie lang es dauert. Durch das Gebet laden wir den Heiligen Geist ein, in unseren Geist einzutreten und unser Denken umzuordnen, damit wir nicht nur in den höchsten Gefilden, sondern auch jetzt in der Realität unseres Alltagslebens zu einem liebevollen Resultat kommen.

Lieber Gott,
möge ich für diese Person nur Segen sein,
und möge sie nur Segen für mich sein.
Heile uns an unseren verwundeten Stellen,
und vertreibe unseren Widerstand gegen die Liebe.
Erhebe unsere Beziehung in die göttliche richtige Ordnung,
über alle Mauern hinweg, die uns trennen.

Möge Vergebung
unser aller Herz und Geist läutern,
damit wir in uns selbst und ineinander
nur die Unschuld sehen.
Möge mein Dasein in seinem Leben
zu seinem Glück beitragen
und ihm auf seinem Weg dienen.
Möge unsere Verbindung etwas Heiliges sein.
Möge sie, Gott, deinen Zielen
für uns und die ganze Welt dienen
und allem Lebendigen Freude bringen.
Amen.

Niemand ist vollkommen. Alle machen wir Fehler. Und enge Beziehungen sind der Bereich, wo wir sie zwangsläufig machen. Tatsächlich kennen wir niemanden wirklich, solange wir nicht seine oder ihre dunkle Seite gesehen haben. Und solange wir ihnen nicht ihre Dunkelheit vergeben, wissen wir nicht wirklich, was Liebe ist.

Wenn wir es zulassen, sind unsere Beziehungen Tempel der Heilung. Die letztendliche Wahrheit einer jeden Beziehung ist die, dass zwei unschuldige Kinder Gottes bestrebt sind, zu lieben und geliebt zu werden. Die Fehler eines anderen sind ganz einfach die

Stellen, wo er gegen eine Wand lief, über die er in diesem Moment nicht hinwegsehen konnte – und dasselbe gilt für uns. In *Ein Kurs in Wundern* heißt es, dass wir alles, was nicht Liebe ist, als einen Ruf nach Liebe interpretieren sollten. Wenn ich dich für deine Irrtümer und Fehler verurteile, verstärke ich sie nur in deinem und meinem Geist. Wenn ich deine Irrtümer und Fehler vergebe, gebe ich uns beiden die Chance, die heilende Kraft der Liebe zu spüren.

Wer unter uns hat aus den Schlachten der Liebe keine Narben davongetragen? Wer unter uns wird nicht durch das Kampfgetümmel der Liebe von Schmerzen gequält? Wer unter uns sehnt sich nicht nach dem Trost der Liebe? Sosehr uns allen danach verlangt, zu lieben und geliebt zu werden – in dieser verwundeten Welt kann das zuweilen ausgesprochen mühevoll und anstrengend sein. Aber in der Liebe scheitern können wir nur, wenn wir die Liebe aufgeben. Ein gebrochenes Herz muss kein bitteres Herz sein. Und die Liebe kann zwar eine Pause einlegen, aber nie wirklich enden.

WENN BEZIEHUNGEN IHRE FORM VERÄNDERN

Auf ihrer tiefsten Ebene gehören Beziehungen nicht zum Körper, sondern zum reinen Geist, und so gesehen sind sie nie vorbei.

Der Kern einer Beziehung findet sich nicht in ihrer Form, sondern in ihrem Inhalt, und eine Veränderung der Form bedeutet keinesfalls das Ende einer Beziehung. Selbst wenn wir uns von jemandem trennen, tun wir das nur dem Anschein nach, da Beziehungen dem Geist zugehören.

Ein Ehepaar beispielsweise, das sich scheiden lässt, »beendet« die Beziehung nicht, sondern verändert nur deren Form. Diese Sichtweise kann für eine Person, die sich damit schwertut, ihre Anhaftung an die vorherige Beziehungsform aufzugeben, emotional einen gewaltigen Unterschied ausmachen. Verlässt jemand eine Beziehung, die wir gern fortgeführt hätten, oder scheidet jemand aus dieser Welt, dessen Verlust wir betrauern, kann der Schmerz für uns niederschmetternd sein. Doch bringt das Verstehen der ewig währenden Natur von Beziehungen – und der ewig währenden Natur der Liebe – einem gequälten Herzen Frieden.

Wenn eine Beziehung ihre Form verändert, fühlen wir uns manchmal verlassen, verraten, als Opfer und todunglücklich. Aber die Liebe, die zu deiner Tür führt, macht nur halt, wenn du ihr Einhalt gebietest. Deshalb ist das Beten für das Glück des oder der verlorenen Geliebten die sicherste Methode, um deine Gefühle umzuwandeln. Es steckt eine große emotionale Kraft darin, wenn wir auf einen entfremdeten Gefährten bezogen immer und immer wieder wiederholen: »Möge er gesegnet sein. Möge er glücklich sein. Möge er geliebt sein.«

Manche könnten einwenden: »Aber wie kann ich denn für sein Glück beten? Im Moment hasse ich ihn!« Doch wenn wir einem Menschen vorwerfen, dass er uns »verlassen« hat, oder uns weigern, seine Wahl, in eine andere Richtung zu gehen, zu respektieren, greifen wir uns selbst ebenso sehr an wie ihn. Das wendet das Wunder ab, das wir genau dann brauchen. Eine solche Denkweise und das daraus entstehende Verhalten wird die betreffende Person nur abstoßen und noch mehr Distanz schaffen. Und noch wichtiger, es macht es uns schwerer, die Sache hinter uns zu lassen; unser Herz wird sich in Bitterkeit verkrampfen, statt sich für eine neue Liebe zu öffnen. Wenn wir uns in der Erkenntnis erden, dass eine Beziehung lediglich ihre Form verändert, werden wir feststellen, dass wir andere freigeben können, das zu tun, was sie tun müssen, und dort zu sein, wo sie sein müssen. Je nach unserer geistigen Wahl können wir in der Liebe Opfer oder Gewinner sein.

Lieber Gott,
bitte heile mein zerbrochenes Herz.
Möge ich nur sehen, was wahrhaft da ist,
und nicht versucht sein, meinen Bruder zu verurteilen.
Trotz meiner Tränen
bete ich, dass er glücklich sein möge.
Ich segne ihn auf seinem Weg,
obwohl der ihn von mir fortgeführt hat.
Reinige meinen Geist von allen Gedanken an Schuld,
damit wir beide frei sein können.
Schaffe für uns beide
einen Pfad des Lichts.
Löse die Bande, die nicht länger dienlich sind,
und stärke die, die es sind.

Segne meinen Bruder in all seinem Tun,
und bitte, lieber Gott,
segne mich.
Amen.

MENSCHEN VERLIEREN, DINGE VERLIEREN

Alles ist *Ein Kurs in Wundern* zufolge eine Beziehung. Manchmal handelt es sich um eine Beziehung mit einer anderen Person, aber manchmal auch um eine Beziehung mit einer Sache, einem Ort oder einem Traum. Auch diese Beziehungen können zerbrechen und brennen.

Ich habe Menschen kennengelernt, die bei einem wirtschaftlichen Crash die gesamten Ersparnisse ihres Lebens verloren haben; Soldaten, die im Krieg ihre Gliedmaßen verloren haben; Menschen, die ihr Augenlicht, ihre Zunge, durch eine Krankheit den Gebrauch ihrer Hände und Füße verloren haben; und Menschen, die Jahre der Misshandlung und des Missbrauchs überlebten. Ich habe Menschen kennengelernt, die der Verlust so zusammengestaucht hat, dass sie kaum atmen konnten. Aber ich habe auch Menschen kennengelernt, die sich über solche Dinge erhoben und überlebten, um ein glückliches Leben zu führen.

Wir sind Menschen, also ist es natürlich unmöglich, unser Dasein völlig losgelöst von den Dingen der Welt zu leben. Aber was wir denken, während wir uns inmitten der Dunkelheit befinden, bestimmt darüber, wie schnell das Licht kommt. Wenn wir den Schmerz des Verlusts durchleiden und wenn wir erkennen, dass der Verlust eine Illusion ist, tauchen Wunder auf. In Gottes Universum gibt es keinen Verlust.

Nur die Form kann sich verändern, und nur die Form kann verschwinden. Der Inhalt ist unveränderlich. Die Kreisläufe von Leben und Tod haben kein Ende. Was und wer das Deine ist, ist für immer das Deine. Das Universum ist auf deine Glückseligkeit programmiert und gleicht im Reich der spirituellen Substanz automatisch jedwede Minderung auf der materiellen Ebene aus. In einem sich selbst organisierenden, sich selbst korrigierenden Universum reagieren die himmlischen Kräfte sofort auf allen Verlust. Denn wer du bist, das kann nicht gemindert werden, und so auch nicht deine Welt. Das ist nicht möglich. Der unbeständige Pesthauch der sterblichen Welt ist bloß eine Illusion, du aber bist es nicht.

WENN EIN GELIEBTES WESEN STIRBT

Weil das Ego postuliert, dass das Leben des Körpers das einzige Leben ist, deuten wir den Tod des Körpers als das Ende des Lebens. Wir sind niedergeschmettert, wenn jemand, den wir geliebt haben, gestorben ist, und glauben, dass nun unsere Beziehung mit ihm oder ihr vorbei ist. Beim Tod meiner Mutter dachte ich, dass mir nicht klar gewesen war, dass Traurigkeit so tief gehen kann.

Ich habe beide Elternteile, meine Schwester und meine seit dreißig Jahren beste Freundin verloren. Wegen des Todes dieser geliebten Menschen weinte ich viele, viele Tränen. Ich saß mit Eltern zusammen, die entscheiden mussten, wann sie die Maschinen abschalten sollten, die ihr Kind am Leben erhielten. Ich trauerte mit jungen Menschen, die wussten, dass ihre Krankheit sie töten würde, bevor sie dreißig waren. Ich leitete Gedenkfeiern für Menschen, die ermordet worden waren, und saß bei ihren Familien, während der Horror einsetzte. Ich bin mit der Realität des Trauerns vertraut, sowohl in meinem Leben als auch als Zeugin der Qual anderer.

Ein Kurs in Wundern und vielen religiösen Philosophien zufolge endet das Leben nicht mit dem Tod des physischen Körpers. Die Geburt des physischen Körpers ist kein Beginn, sondern eine Fortsetzung, und der Tod des physischen Körpers ist kein Ende, sondern eine Fortsetzung. Der Tod existiert im letztendlichen Sinn nicht, weil die, die im Geist Gottes leben, ewig leben. Der Körper ist wie ein Gewand, das wir einfach ablegen, wenn es nicht mehr gebraucht wird.

Der Glaube hält uns nicht davon ab, den Verlust unserer Lieben zu betrauern, nimmt aber den Stacheldraht weg, der ansonsten unser Herz umschließt. Wir können jemanden schrecklich vermissen und doch durch die Erkenntnis getröstet sein, dass er oder sie auf einer anderen Existenzebene am Leben ist. Wenn ich an meine Familie denke, dann denke ich nicht, dass mein Vater und meine Mutter und meine Schwester weg und nur mein Bruder und ich noch da sind. Vielmehr sehe ich im Geiste ein Foto, auf dem die drei im Negativ und die Bilder von Peter und mir im Positiv zu sehen sind. Aber wir sind noch alle da.

Der Tod beendet nicht unsere Beziehung mit denen, die dahingeschieden sind. Das Leben ist ein Buch ohne Ende, eine einzige körperliche Inkarnation ist einfach ein Kapitel darin. Im nächsten, ebenso realen Kapitel bleibt eine Person inkarniert, während die andere in unsichtbaren Bereichen lebt. Was Gott zusammengeführt hat, kann durch nichts und niemanden – noch nicht einmal durch den Tod – getrennt werden.

Tatsächlich können sich Beziehungen inmitten von Kummer und Leid sogar verbessern. Vergebung wird leichter, wenn wir auf alte Verletzungen zurückblicken und erkennen, dass sie unwichtig sind. Es besteht die Möglichkeit, dass wir Menschen mit mehr Klarheit sehen, wenn sie dahingeschieden sind, und vielleicht sehen auch sie uns mit mehr Klarheit.

Wenn ich jetzt an meine Eltern denke, sind mir die Geschenke, die sie mir machten, sehr viel deutlicher, und die kleinen Neurosen, die das Leben jeder Familie kennzeichnen, interessieren mich nicht. Ich freue mich darüber, dass sie sich nicht mehr mit den Herausforderungen von Krankheit oder Alter herumplagen müssen. Als meine Mutter starb, war mir, als hätte sie mich nie entbunden; ich war mir nicht sicher, ob ich überhaupt noch existierte. Jetzt aber spüre ich ihre unsichtbare Gegenwart und empfinde sie als ständigen Segen in meinem Leben.

Wenn ich traurig bin, weil ich jemanden verloren habe, aber tief im Innern fühle, dass ich diese Person eines Tages wiedersehen werde – dass sie sich einfach in einem anderen Raum, irgendwo in einer anderen Dimension befindet, dass sie noch immer sendet, obwohl mein Empfangsgerät ihre Wellen nicht auffängt –, dann kann ich leichter über meinen Schmerz hinwegkommen. Ich kann in etwas Frieden finden, das mehr ist als Erinnerung – da ist eine lebendige Wirklichkeit in meinem Herzen. Wenn ich hingegen glaube, dass der Tod definitiv das Ende ist, nach dem es kein weiteres Leben irgendeiner Art gibt, dann bleibt der Tod einer geliebten Person eine Last auf meinem Herzen. Noch einmal: Die Tiefe meines Leidens hängt in hohem Maße davon ab, wie ich die Erfahrung interpretiere.

Ich bin dahin gekommen, in meinem Leben und im Leben anderer, die ich kennengelernt habe, auf den Prozess des Trauerns zu vertrauen. Unterdrückte Tränen sind gefährlicher als die, die fließen. Geweinte Tränen können uns heilen, nicht geweinte Tränen können uns verletzen. Verweigern wir uns selbst die Erlaubnis, unsere Traurigkeit zu fühlen, kann das unter anderem dahin führen, dass wir für den Schmerz anderer unsensibel werden. Und das ist nie gut. Eine Trauerphase – mit all ihrem Wegklagen, ihren Tränen und ihrem Leiden – ist nicht unbedingt das Zeichen für ein Problem. Es ist einfach das Zeichen für Liebe.

Keiner von uns entkommt auf Dauer der Erfahrung des Todes, und nur wenige entkommen der Erfahrung, jemanden zu betrauern, den sie lieben. Diese Dinge sind Bestandteil des Lebens. In früheren Gesellschaften war der Tod etwas Vertrautes, weil er allgegenwärtig war. Natürlich feiern wir die Tatsache, dass die moderne Medizin die durchschnittliche Lebenserwartung verlängert hat, doch wir haben einen hohen Preis dafür bezahlt, dass wir den Tod derart an den Rand unseres Lebens gedrängt haben. Ihn aus unserem Zuhause oder sogar aus unseren Gedanken zu verdrängen ist nicht die Lösung, insbesondere dann nicht, wenn wir älter werden. So sagte C. G. Jung, dass es ungesund und unnormal sei, vor dem Tod zurückzuschrecken, und dies uns der Bestimmung der zweiten Lebenshälfte beraube. Wir leiden nicht so sehr unter dem Tod, weil er existiert, sondern vielmehr, weil wir ihn missverstehen. Es sind unsere Angst und unser Missverstehen des Todes, die den größten Teil unseres Leidens verursachen – es ist nicht der Tod an sich.

Lieber Gott,
in deine Hände gebe ich die Tränen,
die ich über meiner Liebsten Tod weine.
Möge sie für immer in deinen Armen
und in ihrem ewigen Zuhause in Frieden ruhen.
Schicke deine Engel, um auch mich zu trösten,
damit sich meine Augen

für die Unwirklichkeit des Todes öffnen.
Verbinde mich, Gott, durch eine goldene Schnur
mit dem Herzen meiner Liebsten,
und ich weiß, dass sie und ich
in deiner Liebe für immer eins sind.
Amen.

Manchen verursacht der eigene bevorstehende Tod tiefen Kummer und großes Leid. Es ist ein Auftrag der Reife, sich dem Wissen zu ergeben, dass auch wir eines Tages sterben werden; sich ins ewige Wissen hinein zu entspannen, dass wir nicht wirklich viel hinter uns lassen, wenn wir dieses Leben verlassen, sondern uns in den kosmischen Raum von allem, was ist, ausdehnen. *Ein Kurs in Wundern* sagt, wir werden eines Tages erkennen, dass der Tod keine Bestrafung, sondern eine Belohnung ist. Wir werden uns eines Tages dahin entwickeln, dass der physische Tod niemandem mehr Kummer bereitet. Denn wir werden wissen, dass es in Wirklichkeit keinen Tod gibt.

Auf der nächsten Seite finden Sie ein Gebet um Trost und Frieden für die, die in ihrem Herzen wissen, dass ihre Zeit zu gehen vielleicht nah ist.

Lieber Gott,
bitte nimm mir die Angst vor dem Tod.
Den Schmerz in meinem Herzen übergebe ich dir.
Bitte nimm mein Leiden von mir
und das Leiden von jenen, die ich liebe.
Öffne mir die Augen,
damit ich das Licht hinter dem Schleier sehen kann.
Zeig mir die Wahrheit des ewigen Lebens,
damit ich mich nicht mehr fürchte.
Nimm dich jener an,
die ich zurücklasse.
Bring ihnen Trost und auch mir.
Der Tod hat mein Herz jetzt so in Angst versetzt.
Bitte übergib mich dem Frieden.
Amen.

8
UNS SELBST VERÄNDERN, DIE WELT VERÄNDERN

Als ich vor vielen Jahren unter schweren Depressionen litt, spürte ich oft eine merkwürdige Präsenz, als ob jemand in den frühen Morgenstunden auf meiner Bettkante säße. Diese Präsenz war ein gerade aufgerichteter und sehr still sitzender, langer dünner Schatten, der zu meinem Körper blickte. Ich wusste, dass es sich um kein körperliches Wesen handelte, wusste aber, dass es da war. Und ich wusste, wer er war.

Ich kann nicht beschreiben, was es für mich bedeutete, dass er da war. Nie sprach er ein Wort oder übermittelte mir eine Botschaft. Er war einfach nur da. Ich spürte seine Anwesenheit nicht nur in der Nacht. Nachts spürte ich seine konkrete Gegenwart an meinem Bett, und untertags fühlte ich einfach, dass er Wache hielt.

In jenen Tagen war ich, tief deprimiert und einsam, ein einziges Kuddelmuddel. Ich wusste, dass ich mich in eine ziemlich erbarmungswürdige Person verwandelt hatte. Ich merkte, dass die

Leute mich mitleidig ansahen und dachten: »Schade um Marianne.« Jahre später erzählte mir meine Cousine, dass mein Vater in jener Zeit mit Tränen in den Augen zu ihr sagte: »Ich weiß nicht, was ich mit einem Kind machen soll, das so leidet.«

Und ich litt. Ich wusste, dass ich in Schwierigkeiten steckte, dass es nicht feststand, ob ich je wieder in mein altes Ich zurückkehren würde. In meiner Verzweiflung versuchte ich, mit Gott zu verhandeln. *Wenn er mir half – wenn er mich aufhob und mir mein Leben zurückgab –, dann würde ich ihm den Rest meines Lebens widmen. Ich würde tun, was immer er wollte.*

Monate vergingen, und mit der Hilfe eines exzellenten Psychiaters, der Liebe meiner Familie und Freunde und sicherlich Gottes Hilfe begann sich mein Leben langsam, aber sicher wieder zusammenzufügen. Ich entsinne mich, dass ich eines Tages wieder die Präsenz spürte, die all die Monate zugegen gewesen war. Doch diesmal fühlte sie sich nicht so tröstlich an, sondern vielmehr leicht übergriffig.

Innerlich sagte ich zu ihm: »Schau, ich bin dir wirklich sehr dankbar, dass du so lange da warst. Du hast mir wirklich geholfen, und ich bin sehr, sehr dankbar. Aber jetzt geht es mir wirklich gut, und ich bin sicher, du hast noch sehr viele andere Menschen, denen du helfen musst. Mir geht es total gut. Ich danke dir so sehr, und ich werde nie vergessen, wie freundlich du zu mir warst, als ich es brauchte.«

Ich sagte Gott, dass er jetzt gehen konnte.

Ein paar Wochen später wanderte ich bei einer offiziellen

Cocktailparty allein durch das riesige Haus der Gastgeber. Ich kam in einen Raum, in dem sich ein paar Männer im Smoking unterhielten. Sie hielten Drinks in den Händen. Einer der Männer drehte sich um und sah mich an. Ich befand mich ganz eindeutig in einem Tagtraum. Der Mann war Jesus.

Er sah mich an und sagte ohne Gemütsbewegung, ohne Vorwurf, ohne irgendeine Attitüde ganz einfach: »Ich dachte, wir hätten eine Abmachung.«

Und das war's. In diesem Moment begann meine Reise zu einer Bestimmung, wie ich sie mir nie hätte vorstellen können. Wenn die Leute mich fragen, wie denn meine Karriere begonnen habe, denke ich immer an Jesus bei jener Cocktailparty vor all diesen Jahren.

In jener Phase meines Lebens hatte ich das Gefühl, mein Schädel sei eine unermesslich kostbare alte Vase, die zerschmettert worden war. Ihre Bruchstücke, zu zahlreich, als dass man sie hätte zählen können, waren ins All hinein explodiert. Und dies erwies sich für mich als das Tor zu einem völlig neuen Leben. Als sich mein Schädel wieder zusammensetzte, schien es, als sei etwas in meinen Kopf gelangt, was vorher nicht da gewesen war.

Ja, dies war eine Zeit, in der ich zutiefst deprimiert war; aber es war auch eine Zeit, in der ich spirituell unterrichtet wurde. Auf der anderen Seite jener dunklen Nacht meiner Seele erkannte, sah und verstand ich Dinge, die ich zuvor nicht erkannt, gesehen oder verstanden hatte. Ich habe Menschen kennengelernt, die von ähnlichen Transformationen berichteten. Manchmal müssen wir aus unserer Anhaftung an die eine Welt herausgeschüttelt werden, bevor wir eine andere erkennen können.

WENN LEIDEN UNS ERWECKT

Selbst das tiefste Dunkel kann Gottes Licht offenbaren.

Vor ein paar Jahren wurde der einundzwanzigjährige Sohn meiner Freundin Teresa ermordet. Man kann sich keinen größeren Schmerz vorstellen, aber Teresa und ihre Familie gingen durch ihr Leiden, indem sie den Blick auf das Leben jenseits davon richteten. Jetzt, einige Jahre nach der Tragödie, ist Teresa Aktivistin für die Rechte von Opfern, außerdem engagiert sie sich im Gefängnis, wo sie mit Gefangenen über die emotionale Heilung zwischen Opfern und Tätern spricht. Sie erzählte mir, dass sie über diese Arbeit zur Aufgabe ihres Lebens gefunden hat.

Ihre Wut auf den Mörder ihres Sohnes, der keine Reue zeigte, war und bleibt eine Folter für ihre Seele. Doch durch die Möglichkeit, mit anderen Gefängnisinsassen zu sprechen, die das gleiche Verbrechen begangen haben, wurde ihr Leiden gemindert. Bei ihren Gesprächen mit Häftlingen, die wegen Mordes lebenslang einsitzen, traf sie viele, deren Herzen tatsächlich von Reue erfüllt sind – und fand Trost in ihren Entschuldigungen und Angeboten, ihr bei ihrer Arbeit zu helfen.

Ein Häftling sagte ihr, wie sehr er jetzt das vollkommene Ausmaß des Schmerzes begriff, den er den Eltern des Opfers zugefügt hatte. »Ganz egal, wie lang ich im Gefängnis sitze, mir ist jetzt klar, dass ich ihnen ihre Tochter nicht zurückgeben kann«, sagte er.

Die Tiefe seiner Reue ließ Teresa über die Tiefe ihrer eigenen Wut nachdenken, wie sie mir erzählte. Ihr wurde klar, dass dieser Gefangene auf ganz reale Weise jetzt freier war als sie – weil seine Sühne ihn erlöste, während ihre unerbittliche Wut sie gebunden hielt.

Sie strebt nach Vergebung, weil sie danach strebt, frei zu sein, aber niemand von uns zweifelt an der Schwierigkeit dieser Aufgabe. Gott wirkt auf mysteriöse Weise, und Teresa sagt, dass die Arbeit, die sie jetzt macht, ihr Herz heilen hilft. Diese Erfahrung veränderte ihr Leben und öffnete sie für die Möglichkeit, dass sich inmitten der tiefsten Dunkelheit Licht findet. Sie bezeichnet ihre Arbeit mit den Gefangenen und als Kämpferin für die Rechte von Opfern als lebensrettend und sagte mir: »Ich fühle jetzt auch angesichts der Realität der ungeheuerlichsten, schrecklichsten Gewalttaten, dass es Hoffnung gibt.«

WER ZU WERDEN WIR WÄHLEN

Einige wichtige historische Persönlichkeiten erfuhren durch Erfahrungen, die nach außen hin niederschmetternd waren, eine letztlich positive Transformation. Zu einer der fesselndsten Geschichten gehört die von Franklin D. Roosevelt, dem zweiund-dreißigsten Präsidenten der Vereinigten Staaten.

Franklin D. Roosevelt war der Inbegriff eines Mannes, der alles hatte. Er war groß und gut aussehend, brillant und reich, er war verheiratet und hatte sieben Kinder. Ein entfernter Cousin, Theodore Roosevelt, war Präsident der Vereinigten Staaten gewesen, und es schien, also ob seine eigene Karriere mit Sicherheit so weit führen würde, wie er sie zu führen gedachte.

Es war das Jahr 1921, während eines Urlaubs in Kanada, in dem Ferienhaus der Familie an einem See. Eines Tages ging Roosevelt schwimmen, und einige Stunden später bekam er Schüttelfrost. Binnen Tagen wurden seine Gliedmaßen taub, und binnen Wochen wurde bei ihm Kinderlähmung diagnostiziert.

Doch diese Tragödie war nicht das Ende seiner Geschichte; sie war auf tiefe Weise erst der Anfang. Roosevelt sollte nie wieder ohne einen Stock und Beinschienen gehen können, ging aber aus der Feuerprobe seines Leidens als jemand hervor, der sehr viel dafür tat, das Leiden anderer zu lindern.

Drei Jahre nach seiner Diagnose reiste er zur Erholung nach Warm Springs in Georgia, bekannt für seine natürlichen warmen Quellen. Das warme Wasser linderte seine körperlichen Schmerzen, aber zumindest ebenso wichtig war, dass die Freundlichkeit derer, die er dort traf, seine Stimmung hob. Nur wenige in Warm Springs hatten von den Roosevelts in Hyde Park, New York, gehört. Sie wussten nichts von seinem Reichtum und scherten sich nicht um seine Macht. Für die, denen er in Warm Springs begegnete, und viele von ihnen waren arm, war er einfach ein Leidender, ein trauriger Mann, der das Wasser der Quellen brauchte, um seinen Schmerz zu lindern. Sie nahmen an ihm Anteil, weil er ein Mensch war, der ihr Leiden teilte. Durch diese Erfahrung lernte Roosevelt die Freundlichkeit und die Verlässlichkeit von Menschen kennen, die er ansonsten wahrscheinlich nie getroffen hätte.

Dies ist ein verbreitetes Thema bei der Reise aus dem Leiden. Leute kommen, um uns in unseren dunkelsten Stunden zu helfen, und oft kommen sie merkwürdig verkleidet. Jemand, dem wir vielleicht nie begegnet wären, den wir nie respektiert, geschweige denn um Hilfe gebeten hätten, gewährt uns lebenswichtigen Beistand, den wir sonst nirgendwo bekommen hätten. Menschen an einem maroden Erholungsort halfen Roosevelt auf eine Weise, wie es all die Ärzte in den besten medizinischen Institutionen nicht vermocht hatten. Nicht alle Engel Gottes haben an ihrer Tür stehen, dass sie Engel sind. Nichts macht uns so demütig, wie wenn uns von Menschen geholfen wird, von denen wir nie dachten, dass wir ihre Hilfe bräuchten.

Als Roosevelt Jahre später Präsident wurde, war er mit dem Leiden von Millionen konfrontiert, die durch den Börsencrash von 1929 in Armut gestürzt wurden. Angesichts seines eigenen sozialen und wirtschaftlichen Hintergrunds hätte er vielleicht nicht ein so tiefes, instinktives Mitgefühl mit den Millionen arbeitsloser Menschen gehabt, die in der Weltwirtschaftskrise zu kämpfen hatten. Er war ein sehr reicher Mann aus einer sehr reichen Familie und hätte sich leicht abschotten können von denen, die so sehr litten. Sie waren nicht vom Schlag der Roosevelts am Hyde Park; aber sie waren vom Schlag der Leute, die Roosevelt in Warm Springs, Georgia, kennengelernt und auf die er sich zu verlassen gelernt hatte.

Nun war es an ihm, zurückzugeben. Seine Fähigkeit, sich in die Durchschnittsamerikaner, die solche Härten erdulden mussten, einzufühlen, führten zum New Deal, einer Reihe von sozialen und ökonomischen Programmen, die Millionen von Menschen Entlastung brachten. Roosevelt war kein perfekter Mensch — es gab viele, die in seinen Kreis des Mitgefühls nicht eingeschlossen waren —, aber jemand mit weniger Mitgefühl hätte den New Deal nicht durchgezogen, ja ihn vielleicht noch nicht einmal in Angriff genommen. Mein Vater wuchs in Armut auf und sprach sein Leben lang mit Bewunderung von Roosevelt als einem Mann, der seine Familie vor dem Ruin bewahrt hatte. Bis zum Tag, an dem er 1995 starb, antwortete mein Vater, wenn er gefragt wurde, für wen er am Wahltag gestimmt hatte, immer das Gleiche: »Ich habe für Roosevelt gestimmt.«

Roosevelts Leiden half, ihn zu dem Mann werden zu lassen, der er sein musste, um das Leiden von Millionen zu lindern. Wenn sich Tragödien ereignen, bekommen wir nicht immer eine Antwort auf die Frage: »Warum ist mir das zugestoßen?« Aber wir können immer fragen, welcher Segen aus dieser Erfahrung erwachsen kann.

Wir haben nicht immer die Wahl, ob wir leiden oder nicht,

aber wir können immer wählen, ob unser Leiden vergebens war oder nicht. Von der Frau, die ihr Augenlicht verliert und dann zur Fürsprecherin der Blinden wird, über die Eltern, die zum Gedenken an ihr verstorbenes Kind eine Stiftung ins Leben rufen, bis hin zum Sportler, der Gliedmaßen verliert und dann einen Sportverband für Leute mit ähnlichen Herausforderungen gründet — ein Schlüssel für das Transzendieren unseres Leidens besteht darin, dass wir es als Segen für das Leben anderer nutzen.

Das Leiden zu idealisieren wäre ein Fehler, aber ein Fehler wäre es auch, seine Bedeutung für die Persönlichkeitsbildung herunterzuspielen. Um es in den Worten des Dichters Khalil Gibran auszudrücken: »Das Leid brachte die stärksten Seelen hervor. Die allerstärksten Charaktere sind mit Narben übersät.«

Zu viele Menschen sind über unwichtige Dinge traurig, vielleicht *weil* sie ihre Traurigkeit über die größeren Tragödien des Lebens nicht zulassen wollen. C. G. Jung schrieb: »Die Neurose ist immer ein Ersatz für legitimes Leiden.« Wenn wir zulassen, dass unser Herz von echtem Leiden – in unserem und im Leben anderer – durchbohrt wird, werden wir entgegen unserer Intuition frei für einige der ausgezeichnetsten Chancen auf Glück im Leben.

Nichts macht uns stärker, als wenn wir aus den tiefsten Tälern der Verzweiflung zu den höchsten Gipfeln der Freude hinaufgeklettert sind. Und nichts treibt uns mehr an als Engel, die uns daran erinnern, die anderen, die mit uns den Berg erklimmen, nicht zu vergessen. Wenn wir den Gipfel erst einmal erreicht haben, stellen wir fest, dass wir nicht mehr weinen – und noch wichtiger, dass wir nicht mehr allein sind.

Akzeptieren wir erst einmal die Erkenntnis, dass unser Dasein nicht das Versprechen beinhaltet, rund um die Uhr glücklich zu sein, gelingt es uns besser, die Hochs und Tiefs des Lebens anzunehmen. Die Dinge laufen nicht immer so, wie wir uns das wünschen. Nicht alles untersteht unserer Kontrolle, und ganz gleich, was passiert, das Leben auf Erden ist befristet. Wenn wir uns selbst gegenüber ehrlich sind, erkennen wir, dass jeder Tag das Potenzial für tiefes Leid beinhaltet. Aber die Freude beruht nicht auf dem Vertrauen, dass sich jeder Tag nach unseren Wünschen entfaltet; manchmal beruht sie einfach darauf, die Tatsache wertzuschätzen, dass heute, an diesem Tag, alles gut ist. Die rauen Zeiten in unserem Dasein können uns unter anderem dazu bringen, dass wir größere Dankbarkeit für das Leben empfinden, wenn es gut läuft. Wenn wir Dinge verloren haben, die uns kostbar waren, lernen wir, mit den Dingen, die uns verblieben sind, sehr viel glücklicher zu sein. Das Leiden kann in uns Narben hinterlassen, doch können wir auf beinahe mysteriöse Weise dadurch, dass wir es durchgemacht haben, bessere Menschen werden. »Ich werde nie wieder dieselbe sein« ist an sich gar nicht so schlecht. Wir werden nicht mehr sein, wer wir waren, aber es liegt völlig bei uns, zu wem wir jetzt werden.

Lieber Gott,
bitte mach mein Leben
zu etwas Schönem.
Führe mich auf eine erleuchtete Reise
von der Dunkelheit der Welt
zum Licht, das du bist.
Mach mich zu einem Leitkanal des Guten,
damit ich helfen kann, die Welt zu transformieren.
Lass mich auf eine Heldenreise gehen
und mein Herz einen erleuchteten Pfad nehmen.
Amen.

SPIRITUELLE REIFE

Haben wir durch das Leiden die Erkenntnis gewonnen, dass wir uns an Gott wenden sollen, um endgültige Antworten zu finden, dann stellt sich die Frage, wo wir Gott finden.

Jetzt, im einundzwanzigsten Jahrhundert, zeigen sich unsere großen religiösen Geschichten in einem neuen und modernen Gewand. Denn sie lassen sich auf die Themen des heutigen Lebens sehr viel praktischer anwenden, als vielen Menschen klar ist. Sie können aus den leblosen Behältern institutionalisierter Religion oder bloßer akademischer Beschäftigung, in die sie oft verbannt werden, befreit werden. Das, was sonst möglicherweise als bloße Metapher oder nur als Konzept wahrgenommen wird, kann unmittelbare, praktische Bedeutung erlangen.

Man muss kein Geistlicher, Mönch, Lehrer oder sonst etwas Besonderes sein, um nach Erleuchtung zu streben. Der Ruf der Seele ist allumfassend. Es braucht keine besonderen Glaubensvorstellungen oder Überzeugungen, denn Erleuchtung ist eine Erfahrung, ein Verständnis, das als Abstraktion beginnt und zu dem führt, was *Ein Kurs in Wundern* eine »Reise ohne Entfernung« vom Kopf zum Herzen nennt.

Oft wollen die Leute Kurzanleitungen für die Erleuchtung haben, als ob dafür ein paar einfache Schritte ausreichen würden. Aber Vergebung, Mitgefühl, Sühne/Wiedergutmachung und Glaube sind nicht immer leicht – auch wenn wir verstehen, wie wichtig sie sind. Erleuchtung beinhaltet mehr als eine Ansammlung metaphysischer Einzelheiten; sie beinhaltet konkrete Praxis, Anwendung und Verkörperung der Liebe.

Der Sinn der Religion besteht nicht einfach im Erzählen von Geschichten, sondern darin, dass sich unser Leben verändert. Und die religiöse Erfahrung ist genau das: eine *Erfahrung*. Nur wenn uns diese Erfahrung für die Liebe öffnet, hat sie wirklich etwas mit Gott zu tun. Gottes Wahrheit kann nicht von einer Gruppe oder Institution monopolisiert werden, ganz gleich, was diese Gruppen sagen, und ganz gleich, wie viele Jahrhunderte lang sie es schon gesagt haben.

Der Sinn der Religion ist es, uns wieder an unseren rechten

Geist, unsere wahre Intelligenz anzubinden, die die mystische Intelligenz des Universums ist. In *Ein Kurs in Wundern* heißt es, dass Religion und Psychotherapie im Kern dasselbe sind. Gleich, welcher Worte wir uns bedienen, die Erlösung liegt in der Heilung unseres Geistes.

Erleuchtung bezieht sich ebenso sehr auf die Erde wie auf den Himmel. In *Ein Kurs in Wundern* lesen wir, die Zeile in der Bibel »Himmel und Erde werden vergehen« bedeutet, dass Himmel und Erde mit der Zeit nicht mehr als zwei separate Zustände existieren werden. Die Bereiche von praktischer Erfahrung und vollendetem Bewusstsein werden eins sein.

Erleuchtung ist nicht ein Erlernen, sondern ein *Ver*lernen. Sie ist ein Prozess, der gewöhnlich eine Menge Versuche und Irrtümer beinhaltet und schließlich dazu führt, dass wir die Führung des Ego ablehnen und stattdessen die Führung der Liebe akzeptieren. Sie ist nicht nur einfach eine Erweiterung unseres Wesens, sondern die Auflösung eines falschen Selbst, das sich als unser wahres Wesen maskiert hat. Als egoloser Bewusstseinszustand ist sie unser natürlicher Seinszustand. Zwar können nur wenige von uns sagen, dass sie diesen Zustand auf beständiger Basis erlangt haben, aber die meisten von uns haben Augenblicke erlebt, in denen sie sich dort befanden – Augenblicke, in denen wir uns frei fühlten, zu lieben und geliebt zu werden. Solange wir nicht erleuchtete Meister und Meisterinnen geworden sind, werden wir nach wie vor Fehler machen und stolpern und fallen wie alle anderen auch. Aber wir können zu Menschen werden, für die die guten Tage, die glücklichen Zeiten eher die Regel denn die Ausnahme sind. Und das ist schon ein Wunder.

Licht bedeutet *Ein Kurs in Wundern* zufolge »Verstehen«. Der erleuchtete Geist ist ein Geist, der versteht. Er versteht, dass nur die Liebe wirklich ist und sonst nichts existiert. Er versteht, dass sich Illusionen in der Präsenz von Liebe auflösen. Er versteht, dass wir uns und ebenso alles, was unser Leben angeht, verändern können.

Erleuchtung und Wunder passen naturgemäß zusammen, denn der von Angst geheilte Geist ist ein Gefäß der Liebe, und der Geist, der ein Gefäß der Liebe ist, wirkt Wunder. Wenn in unserem Geist Licht heraufdämmert, zieht sich die Dunkelheit der tiefsten Nacht zurück.

WUNDER WAHRNEHMEN

Wenn wir vergeben, wenn wir berichtigen und Wiedergutmachung leisten, wenn wir um Entschuldigung bitten, wenn wir unsere Fehler eingestehen, wenn wir unser Mitgefühl ausdehnen, sind wir nicht einfach nur »nett«. Wir folgen unabänderlichen Gesetzen des Universums. Spirituelle Prinzipien basieren auf inneren Gesetzen des Bewusstseins, die ebenso unveränderlich sind wie irgendwelche Naturgesetze. Wenn wir einen Konflikt mit jemandem haben, blockieren wir ein Wunder, ebenso sicher, wie ein Buch zu Boden fällt, wenn wir es aus der Hand gleiten lassen.

Das zu wissen ist besonders wichtig, wenn wir deprimiert sind. Denn zu keiner Zeit neigen wir mehr dazu, uns hoffnungslosen und negativen Gedanken hinzugeben. Gedanken wie »Es wird nie wieder gut werden« und »Es gibt keine Hoffnung mehr«, ganz zu schweigen von »Ich hasse diese Leute dafür, wie sie mich behandelt haben«, sind geistige Windungen, die den Fluss der Wunder unterbrechen.

Mehr als dreißig Jahre lang habe ich jede Woche vor verschiedenen Gruppen darüber gesprochen, wie Liebe Wunder wirkt. Oftmals begann jemand im Publikum zu weinen, versuchte sich aus den Regionen der Verzweiflung emporzuschwingen – ein gebrochenes Herz wegen einer zerbrochenen Liebesbeziehung, der Schmerz einer bitteren Scheidung, die Diagnose einer lebensbedrohlichen Krankheit, finanzieller Ruin, das Hinnehmen der eigenen Sucht oder der einer geliebten Person und so weiter. Diesen Menschen sage ich nie, dass man nicht weinen soll. Ich war da, wo sie waren, und daher wäre dies das Letzte, was ich ihnen sagen würde. Aber ich würde ihnen sagen, dass Gott Wunder wirkt. Und dass sie ihm nie ausgehen.

Manche Zeiten im Leben sind nicht leicht. Sie erfordern tiefe innere Arbeit, und es sind schwere emotionale Lasten zu stemmen. Vielleicht müssen wir akzeptieren, was unserem Empfinden nach inakzeptabel ist, oder vergeben, was sich als unverzeihlich anfühlt. Es kann bedeuten, dass wir einen schmerzhaften Blick auf uns selbst werfen oder in Bereichen für Veränderungen offen sein müssen, wo wir uns Veränderungen nicht vorstellen können.

Spiritueller Trost entsteht nicht daraus, dass wir einfach ein bisschen weißes Licht auf ein Problem werfen. Es ist nicht so, dass wir ein oder zwei spirituelle Prinzipien begreifen, und schon ist der Schmerz weg. Vielmehr ist es so, dass wir damit anfangen, die Prinzipien zu erlernen und anzuwenden, und schon sind wir auf dem Weg.

Spirituelle Arbeit ist keine leichte Methode, um eine Situation zu bewältigen, sie dient nicht als einfacher Ersatz für eine *ernsthafte* psychologische Therapie. Spirituelle Arbeit ist der Gang durch etwas, das ein sehr tiefer, dunkler psychischer Urwald sein kann, in dem wir wissen, dass zwischen den Bäumen Ungeheuer lauern, wir aber entschlossen sind, sie mit heldenhaftem Einsatz zu besiegen. Spiritualität ist kein Bereich der Schwachen; sie ist der Bereich der Tapferen.

Die Spiritualität wirbelt den Schlamm unserer unterbewussten Ängste auf, tut dies aber, um ihn zu entfernen. Um es mit den Worten von C. G. Jung zu sagen: »Man wird nicht dadurch erleuchtet, dass man sich Lichtgestalten vorstellt, sondern durch Bewusstmachung der Dunkelheit.« Die Angst und Negativität, die in der Dunkelheit unseres Unbewussten verborgen bleiben, haben die Macht, uns zu schaden; werden sie ans Licht des bewussten Gewahrseins gebracht, können sie Gott übergeben und wundersam transformiert werden.

Es ist verständlich, dass wir deprimiert sind, während all das im Gange ist. Aber das muss nicht bedeuten, dass irgendetwas *nicht* stimmt. Es bedeutet einfach, dass die Arbeit gemacht wird:

Irgendetwas wird angeschaut, irgendetwas wird durchgestanden, und am Ende wird etwas geheilt. Traurigkeit während dieses Prozesses ist natürlich. Wir schauen uns Dinge an, die sich anzuschauen nicht leicht ist, und wir verändern uns auf eine Weise, die Verletzlichkeit vor Gott und manchmal auch vor anderen Menschen beinhaltet.

Manchmal müssen wir einen schmerzhaften Weg gehen, um ans Ende des Weges zu gelangen, aber die Erfahrung wird zur heiligen Feuerprobe, wenn wir den Weg mit Gott gehen.

MYSTISCHE TRADITION UND SPIRITUELLE WAHRHEIT

Der Mystizismus ist der Weg des Herzens. Er ist keine Religion, sondern eher ein heiliger Fluss universeller Themen, die sich durch die großen religiösen und spirituellen Systeme der Welt hindurchziehen. Er postuliert für unser spirituelles Leben keinen Vermittler in Form eines menschlichen Wesens oder einer Institution, sondern vielmehr die Anwesenheit eines göttlich inspirierten Leitsystems, das uns allen innewohnt.

Spirituelle Überzeugung ist keine Doktrin und kein Dogma, sondern eine andere Art zu sehen. Wir bekommen neue Augen, wenn wir unsere Wahrnehmung über die Dunkelheit der Welt hinaus auf das Licht jenseits davon ausdehnen. Spirituelles Licht ist das transzendente Feld der unendlichen Möglichkeiten, die jenseits der Umstände existieren, welche das Ego alle für sich beansprucht. So leuchtet uns die spirituelle Wahrheit den Weg hinaus aus der Dunkelheit. Sie gibt uns die Hoffnung wieder zurück, indem sie unsere Gedanken mit der Vorstellung vereint, dass in Gott alle Dinge möglich sind.

Ungeachtet der schrecklichen Pervertierungen der religiösen Wahrheit, die vom Ego so schlau verkündet werden, bleiben die großen religiösen Geschichten Schlüssel, die unsere psychischen Rätsel entschlüsseln. Religiöse Geschichten sind nicht einfach Symbole, sie sind mystische Codes. Metaphysisch verstanden, entfernen sie den Schleier von dem Licht, das vom Ego verborgen gehalten wird. Die großen religiösen historischen Gestalten enthüllen allgemeine, unleugbare Wahrheiten.

Ob universelle Prinzipien nun im Christentum oder bei den Anonymen Alkoholikern, im Judentum oder in *Ein Kurs in Wundern*, im Islam, Buddhismus, Hinduismus oder wo auch immer formuliert werden, sie bergen spirituelle Schätze. Heutzutage erwartet sich eine ganze Generation Suchender von diesen universellen Wahrheiten Hilfe, um aus dem finsteren Morast des gegenwärtigen Zeitpunkts der Menschheitsgeschichte herausgeführt zu werden.

Die großen religiösen Traditionen sind spirituelle Darstellungen der Heldenreise. Diese Reise ist unsere gemeinsame Reise nach Bedeutung in einer oft von Bedeutungslosigkeit beherrschten Welt. Das Ziel eines spirituellen Lebens ist das Erlangen von innerem Frieden, der dadurch erreicht wird, dass wir liebevolle

Prinzipien auf unseren Alltag anwenden. Diese Prinzipien sind unsichtbare Kräfte, die, werden sie angewandt, eine unbegrenzte Macht und Kraft ausüben, um unser Leben zu verändern.

Große religiöse Geschichten enthüllen ewig relevante Informationen. Sie führen uns durch die Verwirrungen sterblicher Existenz zur Klarheit der spirituellen Wahrheit. Es existiert eine spirituelle Wahrheit, die auf vielerlei verschiedene Weisen ausgesprochen und durch viele verschiedene säkulare und religiöse Filter hindurch erzählt wird. So wie klassische Songs von Cole Porter aus den 1930er-Jahren unter anderem in den 1940er-Jahren von Frank Sinatra und dann in den 1990er-Jahren von U2 gesungen wurden, so hat jede Generation das Recht – und die Verpflichtung sich selbst gegenüber –, ihr Verständnis der spirituellen Prinzipien gemäß ihrer eigenen Sichtweise und Erfahrungen wieder aufzufrischen. In der jüdischen Tradition heißt es, dass jede Generation Gott für sich selbst entdecken muss.

Eines ändert sich nicht von Generation zu Generation, nämlich dass die Menschen leiden und auf ein Ende des Leidens hoffen. Das Leiden steht im Zentrum aller großen religiösen Erzählungen, weil es im Zentrum menschlicher Erfahrung steht. Das Leben von Buddha, von Moses und von Jesus sind drei Leben, die in der kollektiven Psyche der Menschheit Explosionen von Licht auslösten und die Zeugnis ablegten, vom Ertragen und Transformieren des Schmerzes zu leben. Angefangen bei Buddhas Beobachtungen des Leidens, als er zum ersten Mal das Haus seines Vaters verließ, über Moses, der die Israeliten aus Ägypten führte, bis zu Jesus, der am Kreuz litt – alle drei verweisen sie auf das Leiden der Welt und unsere Erlösung daraus.

Wenn wir Buddha, Moses und Jesus im Licht wundergesinnten Denkens erforschen, fügt das dem Verständnis der von ihnen offenbarten Wahrheiten eine weitere Dimension hinzu. Ihre Geschichten, ihr Leiden und die Erlösung, die sie anbieten, erhellen unsere Erfahrungen und erweitern unser Herz.

Wenn wir die Prüfungen und Beschwernisse der Welt erleiden oder uns mit denen identifizieren, die sie erleiden, transformiert uns das in spiritueller Weise. Die großen spirituellen Gestalten wurden durch ihr eigenes Leiden verwandelt und beschenkten dann die nachfolgenden Generationen mit göttlicher Erhellung. Es ist nicht so, dass Buddha oder Moses oder Jesus in irgendeine abstrakte Erkenntnis eingeweiht wurden, die sie dann an die Menschen weitergeben konnten. Natürlich geschah etwas sehr viel Tiefergehendes. Sie wurden selbst »in-formiert«, innerlich umgestaltet, empfingen göttliche Wahrheiten, nicht abstrakt, sondern in der Tiefe, nicht einfach über den Intellekt, sondern durch eigene Erfahrung, um dann zum Kanal für die Übermittlung dieser Informationen in den Geist anderer zu werden.

Jeder Geist ist mit allen anderen verbunden, und der Geist selbst ist ewiger Natur; erreicht daher irgendjemand, irgendwo, zu irgendeinem Zeitpunkt einen Bewusstseinszustand, in dem die spirituelle Welt die materielle Welt durchdringt, wird für alle anderen irgendwo und zu jedem Zeitpunkt die Gelegenheit geschaffen, dasselbe zu tun. Das Bewusstsein der großen religiösen Gestalten ist ein Tunnel immerwährender Energie – ein Tor, ein Wirbel, wie auch immer wir es beschreiben –, durch den andere leichter in das gleiche höhere Bewusstsein eintreten können. Gleichsam wie evolutionäre Älteste erlangen sie einen Zustand, auf den sich alle von uns zubewegen; dass sie dies bewerkstelligt haben, macht unsere Reise gangbarer. Ihre Geschichte, ihre Mission, wird zum Abdruck in unserer eigenen Psyche, der eine transformierende Macht innewohnt, uns umzugestalten, so wie sie umgestaltet worden sind.

Wir sind nicht aufgefordert, das Leiden der großen religiösen Gestalten zu wiederholen, wir sollen nur daraus lernen, damit wir schließlich die Botschaft verkörpern, die sie empfingen.

Wenn wir selbst leiden – der spirituellen Ignoranz ausgeliefert oder Sklaven unseres Ego sind, eine körperliche Krankheit oder Verletzung erdulden oder irgendeine andere tiefe Prüfung durchmachen –, ist das spirituelle Licht die Hand Gottes, die sich uns entgegenstreckt, um uns emporzuheben. Große spirituelle Lehren sind Lichter, die die Dunkelheit aus unserem Geist vertreiben, Leitern des Bewusstseins, die aus unserer Verzweiflung herausführen. Die religiöse Erfahrung – kein bloßes Anhaften an einer Doktrin oder einem Dogma, sondern eine echte Begegnung mit Gott, wenn wir ihn in unserer Hilflosigkeit und unserem Schmerz anrufen – ist das Sich-Öffnen einer Tür, durch die wir den Bereich der spirituellen Dunkelheit verlassen.

Dies soll das Leiden nicht verherrlichen, sondern uns erkennen lassen, dass Gott auch dort *ist*. Oftmals sind die Dinge, die das Ende eines Lebens kennzeichnen, einfach der Beginn von einem neuen Leben. Wenn wir aber nicht zulassen, dass unser Leiden uns lehrt, was es uns lehren *kann* – absolutes und völliges Vertrauen auf Gottes Liebe als die einzige Quelle unseres Glücks in allen Dingen –, dann war unser Schmerz nie mehr als das Ergebnis von willkürlichem Chaos ohne höheren Sinn. Wie alles andere wird er den Sinn haben, den wir ihm zuschreiben.

Der Sinn unseres Lebens besteht vor allem anderen darin, zu lieben – die Ausdehnung unseres Mitgefühls auf andere fühlende Wesen ganz oben auf die Liste zu setzen, wenn wir darüber nachdenken, warum wir geboren wurden, warum wir jeden Morgen aufwachen, warum wir tun, was wir tun, und warum wir gehen, wohin wir gehen. Alles andere ist letztlich bedeutungslos und wird nie machtvoll genug sein, um unserem Leiden ein Ende zu setzen oder uns eine Methode an die Hand zu geben, die zu wahrem Frieden führt. Wir mögen vielleicht nie, oder zumindest nicht in diesem Leben, das erleuchtete Bewusstsein von Buddha oder Moses oder Jesus erlangen, aber allein das Bemühen darum macht das Leben lebenswert, lässt das Leiden enden und macht das Glücklichsein zu einem grundlegenden und erreichbaren Ziel.

9
DAS LICHT DES BUDDHA

Buddha beanspruchte für sich, nur über das Leiden, den Ursprung des Leidens und die Beendigung des Leidens zu lehren. »Das ist alles, was ich lehre«, sagte er. Er lehrte, dass alles Leben Leiden ist und dass das einzige Gegenmittel für das Leiden grenzenloses Mitgefühl oder Erleuchtung ist. Der einzige Weg, der aus unserem Leiden herausführt, besteht darin, dass wir uns mit dem Leiden anderer identifizieren; der einzige Sinn unseres Leidens ist der, dass es unser Herz so erweitern kann, dass wir dies auch zu tun vermögen.

Buddha wurde als Prinz Siddhartha geboren. Bei seiner Geburt hatte ein berühmter Weissager seinem Vater, dem König, prophezeit, sein Sohn würde dereinst ein großer König und Eroberer oder aber ein großer heiliger Mann werden. Der König bestand darauf, dass Siddhartha in seine königlichen Fußstapfen treten sollte, und war deshalb darauf bedacht, seinen Sohn von Kindheit an vor religiösen Lehren abzuschirmen. Er umgab den

Palast mit dicken Mauern und ließ darin nur vergnügliche Dinge zu, darauf hoffend, dass Siddhartha durch den luxuriösen Lebensstil von jeglichem Leid ferngehalten würde. Von Ausbildungsmöglichkeiten bis zu sinnlichen Vergnügen wurde Siddhartha alles geboten, was ihn nach Meinung seines Vaters glücklich machen und an den königlichen Palast binden würde. Als er schließlich neunundzwanzig wurde, hatte er mit dem Leben außerhalb seines üppigen Umfelds so gut wie keine Berührung gehabt.

Trotz der Fülle an weltlichen Genüssen keimte in Siddharthas Herzen Unruhe auf. Er hatte das Gefühl, dass in seinem Leben etwas fehlte, obwohl er keine Ahnung hatte, was es war. Er wusste, dass die menschliche Existenz mehr beinhaltete als die materielle Pracht, mit der er aufgewachsen war ... etwas, das er noch nicht gesehen hatte, aber sehen musste. Eines Tages begann er mit einer Reihe von Ausfahrten hinaus aufs Land, um die Welt jenseits der Palastmauern seines Vaters zu entdecken.

Bei diesen Ausfahrten sah er einen alten Mann, einen kranken Mann und eine Leiche. Siddhartha erblickte zum ersten Mal in seinem Leben die Realitäten von Alter, Krankheit und Tod. Das führte zu einer tief greifenden inneren Veränderung. Bei seiner Rückkehr in den Palast sah er die Dinge in einem anderen Licht. Er erkannte, dass auch die Musiker und Tänzer, all die Luxusdinge, derer wir uns bedienen, um das Leiden im Zaum zu halten, mit der Zeit verfallen und wieder zu Staub werden. Etwas anderes zu denken ist bloße Illusion. Selbst der Sohn, der in seiner Abwesenheit zur Welt gekommen war, brachte ihm keine Freude; tatsächlich bedeutet schon dessen Name, Rahula, »von einer Fessel gebunden«. Siddhartha suchte nun nach etwas jenseits von dem, was ihm sein bisheriges Leben geben konnte.

Bei seinen Ausfahrten hatte er auch einen wandernden Asketen gesehen – jemanden, der der Welt entsagt hatte und nach Befreiung von der Angst vor dem Tod und vor dem Leiden strebte – und Siddhartha entschied sich für diesen Weg. Er stahl sich aus dem Palast, schor sich das Haupt und kleidete sich in ein Bettlergewand. Und so nahm seine Suche nach Erleuchtung ihren Anfang.

Siddharthas Weg war, wie alle unsere Wege, nicht leicht. Da er seiner Illusionen beraubt und damit gezwungen war, den Dämonen seines wahnhaften Selbst entgegenzutreten, machte er verschiedene Formen des Leidens durch. Die falschen Götter des Ego-Geistes – im Buddhismus im Dämon Mara verkörpert, was »Zerstörung« bedeutet – trachteten danach, ihn zu narren, zu verraten und zu verführen. So wie sie es mit uns allen machen.

Doch Siddhartha hielt fest an seiner Erkenntnis des Ewigen, das sich hinter dem Vergänglichen findet, der Klarheit hinter der Leidenschaft und der Wahrheit hinter der Illusion. Die in seinem Innern tobende große geistige Schlacht der Kräfte der Wahrheit und der Falschheit wird als seine Annäherung an die Erleuchtung unter dem Bodhibaum verehrt. Obwohl Mara ihn geistigen Torturen aussetzte, versprach die Erde selbst, Zeugnis für ihn abzulegen, und Mara wurde schließlich besiegt. Siddharthas Augen wurden für die wahre Natur der Wirklichkeit geöffnet, und er wurde der Buddha oder der Erwachte.

Buddha sah, erfuhr und transzendierte das Leiden. Er erkannte die Anhaftung an die Welt als die Quelle unseres Leidens und grenzenloses Mitgefühl als den Schlüssel, um es zu transzendieren. Die aus dieser Erkenntnis hervorgehenden Lehren sind ein Weg, mittels dessen Milliarden Seelen den Schleier der Illusion durchdrungen haben, der uns für die letztendliche Wirklichkeit blind macht. Denn indem wir uns an seine Reise erinnern, werden wir für unsere eigene wach. Buddhas Erleuchtung ist eine Tür, die es uns möglich macht, unser eigenes Leiden zu transzendieren, so wie er das seine transzendierte. Die Welt ist durch all das Licht, das er in sie brachte, zu einem unermesslich schöneren Ort geworden.

DIE VIER EDLEN WAHRHEITEN UND DER EDLE ACHTFACHE PFAD

Die spirituelle Reise beinhaltet eine sanfte Umdeutung der Welt, ein zunehmend veraltetes inneres Betriebssystem wird durch weitaus komplexere Muster erleuchteten Denkens ersetzt. Alles Leiden geht aus der Aktivität des Geistes hervor, wenn er den Illusionen der Welt anhaftet; nur grenzenloses Mitgefühl befreit uns von diesen Anhaftungen und entlässt uns in den inneren Frieden.

Der Buddhismus lehrt uns, so wie auch *Ein Kurs in Wundern,* dass die dreidimensionale Welt eine ungeheure Illusion ist. Das

Diesseits ist nur ein Schleier vor einer wahreren Wahrheit. Dieser Schleier wird nicht gelüftet, wenn wir unseren Blick von ihm abwenden, sondern dann, wenn wir mit anderen Augen durch ihn hindurchblicken.

Die Vier Edlen Wahrheiten und der Edle Achtfache Pfad des Buddhismus sind Wegweiser zu unserer Erlösung aus dem Leiden, wenn wir uns die Wege zur Erleuchtung oder des rechten Denkens zu eigen machen. »Sich die Wege zur Erleuchtung zu eigen zu machen« und »um ein Wunder zu beten« bedeuten im Grunde dasselbe.

Ich kann mich lebhaft an zwei konkrete Situationen erinnern, in denen ich mich sehr niedergeschlagen fühlte und um ein Wunder betete. Beide Male geschah buchstäblich innerhalb von Minuten etwas, das meine Stimmung veränderte. Beide Male wurde ich inmitten meines Schmerzes gebeten, etwas für jemand anderen zu tun. Erst dachte ich: »Oh Gott, das kann ich nicht«, merkte dann aber, dass die Bitte die Antwort auf *mein* Gebet war! Die Gelegenheit, etwas für jemand anderen zu tun, war eine Gelegenheit, über mich selbst hinwegzukommen. Und es funktionierte. Jeder Gedanke, der unsere eigenen Bedürfnisse für wichtiger erachtet als die Bedürfnisse anderer, ist ein Gedanke der Trennung und führt nicht zum Glücklichsein. Ein ernsthafter spiritueller Weg ist eine Praxis beständiger emotionaler Befreiung hin zur Liebe, die die Angst ersetzt, nicht nur in Reaktion auf bestimmte Situationen, sondern als Einstellung dem Leben gegenüber. Eine solche Praxis macht das Leiden, wenn es auftritt, erträglich und transformierbar. Wir können nur dann die Gedanken und Gefühle, die uns unsere menschlichen Erfahrungen allzu oft vergällen, transzendieren, wenn wir uns von den Illusionen der Welt lösen – das, was Buddha *Maya* nannte.

Buddhas Vier Edle Wahrheiten sind die Erkenntnisse, dass

1. die Dinge dieser Welt bestenfalls nur zeitweiliges Glück verschaffen können;
2. das Leiden durch unsere Anhaftung an die Dinge dieser Welt verursacht wird;
3. wir von unserer Anhaftung an die Dinge dieser Welt befreit und somit auch von unserem Leiden befreit werden können;
4. wir durch den Edlen Achtfachen Pfad oder den Mittleren Weg – indem wir weder den extremen Luxus noch die extreme Selbstverleugnung wählen – von Leiden frei sein können.

Der Edle Achtfache Pfad beinhaltet folgende Teile:

* *rechte Einsicht, rechte Anschauung, rechte Erkenntnis*
* *rechte Gesinnung, rechte Absicht, rechtes Denken*
* *rechte Rede*
* *rechtes Handeln*
* *rechter Lebenserwerb*
* *rechtes Bemühen*
* *rechte Achtsamkeit*
* *rechte Sammlung, rechte Konzentration, rechte Versenkung*

Hierbei handelt es sich nicht um eine Theorie, sondern um die Schlüssel zu einem friedvollen Geist.

Rechte Einsicht

Der Buddhismus geht davon aus, dass nur die letztendliche Wirklichkeit wirklich ist und dass unser Leiden von unserer Anhaftung an das Unwirkliche verursacht wird. Das Leben ist einfach das, was es ist. Nicht so sehr die Ereignisse bewirken, dass wir leiden, sondern vielmehr, wie wir diese Ereignisse *wahrnehmen*.

Vielleicht war jemand unfreundlich zu uns, und deshalb leiden wir – oder denken es jedenfalls. Aber wenn nur die Liebe Wirklichkeit ist, dann existiert die Unfreundlichkeit gar nicht, außer im Bereich der Illusion. *Rechte Einsicht* oder *rechte Anschauung* oder *rechte Erkennnis* meint unsere Erkenntnis, dass wir, da die weltliche Persönlichkeit Teil der Illusion ist, unsere Wahrnehmung nicht auf die Persönlichkeit beschränken müssen, die unseren Schmerz verursacht hat. Durch die *rechte Einsicht* können wir unsere Wahrnehmung ausdehnen: über das, was die physischen Sinne wahrnehmen, hinaus auf die dahinterliegende wahre Wirklichkeit.

Zum Beispiel kann ich mein Herz verschließen, weil du mich verletzt hast. Aber dann ist mein Schmerz nicht das Resultat davon, dass du dein Herz vor mir verschlossen hast, sondern davon, dass ich mein Herz vor dir verschlossen habe. Ich kann nicht durch etwas verletzt werden, an dessen Existenz ich nicht hafte. Ich kann nicht durch etwas beeinträchtigt werden, dem ich keine Wirklichkeit beimesse.

Es braucht Disziplin, sich auf das zu konzentrieren, was entgegen allem Anschein grundsätzlich wahr ist. *Rechte Einsicht* meint, dass wir uns weigern, uns einer Realität zu fügen, die nicht wirklich existiert, auch wenn unsere physischen Sinne darauf beharren, dass sie existiert.

Unsere physischen Augen beharren darauf, dass ein Flugzeug umso kleiner wird, je weiter es sich auf seinem Flug von uns entfernt, doch ganz offensichtlich ist dem nicht so. Unsere physischen Sinne sind Anzeiger einer dreidimensionalen Realität, die eine Halluzination der Sterblichen ist. Die spirituelle Reise beinhaltet eine Verlagerung vom äußeren zum inneren Auge, und wir dehnen unsere Wahrnehmungen auf eine hinter dem Schleier der Illusion liegende wahrere Wahrheit aus.

Wenn wir das Universum von unserem greifenden Geist befreien, können wir es so sehen, wie es wirklich ist. Im Buddhismus wird dieser Zustand geistiger und emotionaler Befreiung Nirvana genannt. Es ist ein erleuchteter Gewahrseinszustand, in dem die himmlische Ordnung wiederhergestellt wird, Karma Auflösung erfährt und innerer Frieden möglich ist.

Als eine Zeitschrift einmal einen Artikel über mich veröffentlichte, der peinliche Lügen und erfundene Geschichten über mich enthielt, war ich am Boden zerstört. Am Abend, an dem sie erschien, traf ich einen berühmten Popstar zum Abendessen, und das Erste, was er zu mir sagte, war: »Marianne, tu so, als wärst du in Japan. Du hast es gar nicht gelesen.« Er sagte es so entschieden, mit solcher Kraft, dass ich in diesem Augenblick erkannte, dass ich wirklich eine Wahl hatte. Seither habe ich oft an seinen Rat gedacht. Und bis heute sage ich mir manchmal: »Marianne, tu so, als wärst du in Japan«, wenn ich versucht bin, eine Situation falsch zu verstehen und mich von ihr unterkriegen zu lassen.

Rechte Gesinnung

Die Kraft der Gesinnung, des Denkens und der Absicht wird weithin anerkannt, doch diese Kraft kann sowohl für die Zwecke des reinen Geistes als auch für die des Ego eingesetzt werden. Wird es vom reinen Geist genutzt, ist das absichtsvolle Denken ein Instrument beim gemeinsamen Erschaffen einer liebevolleren Welt. Wird es vom Ego genutzt, ist es ein Instrument im Versuch, ganz einfach zu kriegen, was immer wir glauben haben zu wollen. Die Geisteskraft einzusetzen, um durch reine Willenskraft etwas geschehen zu lassen, ist nicht unbedingt spirituell. Was nicht der Liebe dient, dient nicht der spirituellen Entfaltung des Universums, denn die spirituelle Entfaltung des Universums ist Liebe und nur Liebe.

Die Absichten des Ego-Geistes bestehen darin, dass wir dies oder jenes kriegen oder dies oder jenes geschehen machen. *Rechte Gesinnung* oder *rechtes Denken* oder *rechte Absicht* ist eine gänzlich höhere Schwingung. Es ist die Absicht, nur die Liebe für alles Lebendige walten zu lassen.

Der Buddha sprach vom *rechten* und vom *falschen Denken*. Rechtes Denken meint den Vorsatz, ein Instrument der Heilung zu sein; falsches Denken meint den Vorsatz, ein Instrument der Schädigung zu sein. Eine neutrale Einstellung ist hier keine Option. Alles Denken hat auf irgendeiner Ebene eine Auswirkung. Was wir von unserer Absicht her nicht mit liebevollen Zwecken verbinden, wird für die Zwecke der Angst vereinnahmt werden.

Wir mögen uns sagen, dass wir in einer Situation die besten Absichten hatten, einfach weil wir nicht bewusst vorhatten, jemanden zu verletzen oder zu schädigen. Wenn uns jemand verletzt, bekommen wir heutzutage oft zu hören: »Das wollte ich nicht«, als sei das eine Entschuldigung. Dem Buddha zufolge aber reicht es nicht, *nichts* Böses *vorzuhaben;* wir müssen Wohlwollen, guten Willen beabsichtigen.

Wenn wir auch nur im geringsten Ansatz erkennen, in welchem Ausmaß jeder Gedanke, den wir denken, das Schwingungsfeld um uns herum beeinflusst, dann wird uns klar, dass das Universum auch das registriert, was die Welt nicht sieht oder hört. Es gibt einen Dokumentarfilm, *The True Cost – Der Preis der Mode,* der die Missstände und die schrecklichen Ungerechtigkeiten aufzeigt, denen die Arbeiterinnen und Arbeiter in den Textilfabriken der »fast fashion«-Industrie ausgesetzt sind. Dieser Film veranschaulicht auf perfekte Weise die schwierige Frage der Intentionalität. Wenn ich ein billiges Paar Jeans bei einem Discounter kaufe, habe ich gewiss nicht vor, jemanden zu schädigen; ich beabsichtige nur, ein Paar coole Jeans zu einem guten Preis zu erwerben. Trotzdem schädige ich jemanden. Nachdem ich den Film gesehen hatte, machte ich mir ein höheres absichtsvolles Denken zu eigen. In diesem Fall bedeutete es, dass ich nicht mehr bei riesigen Handelsketten einkaufe, die billiges Zeug auf Kosten von Menschen verkaufen, die auf der anderen Seite des Planeten in Ausbeutungsbetrieben arbeiten und praktisch wie Sklaven behandelt werden.

Angefangen bei der Frage, wie Fabrikarbeiterinnen und -arbeiter in vielen Ländern behandelt und bezahlt werden, über die grausame Behandlung von Tieren, bis dahin, dass wir allein im Wagen sitzen, wenn wir genauso gut eine Fahrgemeinschaft bilden könnten – Buddhas Grundsatz vom *rechten Denken* ruft uns zu einer höheren Bewusstseinsebene auf, die die meisten von uns erst noch erreichen müssen. Ich habe sie bestimmt noch nicht erreicht. Doch können wir versuchen, besser zu werden, jeder in dem Tempo, das ihm möglich ist. Allein schon das Leben in der modernen Gesellschaft bedeutet für das Prinzip der *rechten Gesinnung* ständige Herausforderungen. Der Schaden, den wir anderen zufügen, und der Schaden, von dem wir zulassen, dass er anderen zugefügt wird, kommen zur karmischen Last hinzu, die wir kollektiv weiter mitschleppen.

Rechte Gesinnung oder *rechtes Denken* ist wichtig, um zu verstehen, wie wir unser Leiden heilen, denn es spornt uns an, sowohl die Ursachen unseres Schmerzes als auch die angemessene Reaktion darauf neu zu überdenken. Wenn wir begreifen, wie wir zwischen richtigem und falschem Denken, zwischen richtiger und falscher Absicht unterscheiden, ändern wir unsere Umgangsweise mit unserem eigenen Leiden und unsere Sichtweise vom Leiden auf der ganzen Welt. Wir können die Absicht he-

gen, Instrumente des Guten zu sein, auch wenn uns ganz und
gar nicht danach zumute ist.

»Ich muss also jetzt, wo ich es mit meinem eigenen Schmerz
zu tun habe, darüber nachdenken, welche Auswirkung ich auf andere habe?« Wenn Sie Heilung erfahren wollen, dann ist die Antwort Ja.

Rechte Rede

Rechte Rede ist ein wichtiger Aspekt der rechten Gesinntheit. Die
Worte, die wir sprechen, haben subtilen und nicht so subtilen
Einfluss auf uns und unsere Mitmenschen. Sie richtig zu gebrau-
chen ist ein wichtiges Instrument auf dem Weg zur Transformie-
rung unseres Leidens.

Buddha bestimmte vier wesentliche Aspekte der *rechten Rede:*
Worte, die mit Zuneigung, mit Ehrlichkeit, zum Wohl anderer
und mit der Absicht, Gutes zu tun, gesprochen werden.

Auch wie wir über uns selbst sprechen, gehört zur *rechten Rede.*
Wir alle müssen natürlich Dinge aussprechen. Verarbeiten ist
wichtig. Aber manchmal überschreiten wir ungewollt die Grenze
zwischen Harmlosigkeit und Schaden, dann sagen wir abschätzi-
ge Dinge wie: »Ich war so dumm! Ich bin so ein Versager!« Doch
ein Angriff auf uns selbst ist nicht weniger verletzend als ein
Angriff auf andere. Es ist notwendig, die Enttäuschungen des
Lebens zu verarbeiten, doch am besten sollte dies im geheiligten
Raum professioneller Beratung, in anonymen Selbsthilfegruppen
oder innerhalb einer absolut vertrauenswürdigen Freundschaft

geschehen. Es ist wichtig, dass wir bestrebt sind, zu uns selbst und zu anderen freundlich zu sein, auch dann, wenn wir ehrlich sein möchten. Mit jedem Wort, das wir sprechen, verleihen wir Gedanken Gestalt, und jeder Gedanke schafft auf irgendeiner Ebene Form.

Natürlich haben wir alle negative Gedanken, doch es geht darum, dass wir sie uns eingestehen, sie bezeugen und dann aufgeben. Um aus dem Schmerz rauszukommen, möchte das Ego die Quelle des Schmerzes auf andere projizieren, aber das vereitelt unsere Heilung. Es stellt sich nicht die Frage, ob wir ein »Recht« auf negative Gefühle haben oder nicht; natürlich haben wir das. Die Frage ist, wie wir unserer Wahl nach unsere persönliche Macht handhaben wollen. Worte haben die Macht zu heilen und auch zu verletzen oder zu schaden.

Der Gedanke, es spiele keine Rolle, was ich sage, weil »ich es eigentlich nicht so meine« oder »er nie erfahren wird, dass ich das gesagt habe«, ist falsch. Jedes Wort, das wir sagen, bringt den Abdruck seiner Macht mit sich, egal, wer zuhört. Ich entsinne mich noch, dass wir als Kinder »Nimm das sofort zurück!« sagten, wenn jemand etwas Schlimmes äußerte. Wir wussten instinktiv, dass Worte Macht haben. Wie oft sagen wir selbst heute noch »Streich das!«, wenn wir einen Freund eine negative Bemerkung machen hören. Und das aus gutem Grund.

Rechte Rede beinhaltet mehr als nur das, was wir sagen; es geht auch darum, *wie* wir es sagen. Es gab Situationen, in denen ich Kritik dafür einstecken musste, weil ich mit meinen Äußerungen die Gefühle anderer verletzt hatte, in denen mir nichts ferner lag, als irgendjemandem wehzutun. Ich dachte, ich spräche nur Tatsachen aus. Aber die Grenze zwischen »Mitteilung« und »Angriff« muss genau überwacht werden. Was unserem Gefühl nach einfach nur unverblümt ist, mag für die Person, die es hört, brutal sein. Wenn unsere Worte die Energie eines Angriffs in sich tragen, dann spielt es keine Rolle, ob das, was wir sagen, wahr ist. Wenn wir jemanden angreifen, sind wir im Unrecht, selbst wenn wir recht haben. Ehrlichkeit ohne Mitgefühl ist Brutalität.

Fühlt sich eine Person, mit der wir sprechen, angegriffen, wird sie nicht das Gefühl haben, dass wir einfach »unsere Wahrheit mit ihr teilen«. Sie wird sich verständlicherweise in Abwehrhaltung begeben und ihr Herz vor uns verschließen, da sie das Gefühl hat, dass wir unser Herz vor ihr verschlossen haben; und damit wird sie auch ihr Ohr vor uns verschließen. Wir werden nicht gehört, man wird nur Groll gegen uns empfinden. Und der Kreislauf der Gewalt setzt sich fort.

Für die Erleuchtung ist es unabdingbar, dass wir lernen, so ehrlich und authentisch wie möglich zu sein, aber auch die Verantwortung für den Herzensraum zwischen uns und jemand anderem zu übernehmen.

Rechte Rede beinhaltet auch, dass wir um die Macht, gar nicht zu sprechen, wissen. »Sprich nur, wenn du die Stille verbessern kannst«, so die Worte Mahatma Gandhis. Eine der Früchte der Meditation besteht darin, dass sie einen stillen und ruhigen Geist ermöglicht, keine Kleinigkeit in einer Welt, in der es allzu vielen

Menschen an der Kontrolle über ihre Impulse zu mangeln scheint. Das Ego möchte es sagen, und es möchte es *jetzt sofort* sagen. Schick diesen Text ab! Schick diese E-Mail! Mach diesen Anruf. Sag ihnen, was du denkst! Aber einen Gedanken zu haben, ganz gleich, wie wahr er sein mag, bedeutet nicht unbedingt, dass er mitgeteilt werden sollte, und schon gar nicht jetzt sofort.

Wenn wir verletzt sind und unsere Gefühle Gott übergeben, kann es sein oder auch nicht, dass wir gar nicht sprechen wollen. Wenn es Dinge gibt, die gesagt werden müssen, Dinge, die das höchste Wohl widerspiegeln, dann werden wir nicht nur angeleitet werden, was wir sagen sollen, sondern auch wann und wie wir es sagen sollen. Und das ist ganz entscheidend.

Negativer Tratsch ist ein weiteres Thema, das zur *rechten Rede* gehört. Im Grunde ist es ganz einfach: Wenn eine Person über das, was wir über sie reden, nicht glücklich wäre, wenn sie es zu Gehör bekäme, sollten wir es gar nicht sagen. Ich entsinne mich, dass meine Mutter Thumper aus dem Film *Bambi* zu zitieren pflegte: »Wenn du nichts Nettes zu sagen hast, dann sag gar nichts.« Da wir alle im Geist miteinander verbunden sind, weiß unterbewusst jeder alles. Was immer wir über jemanden sagen, auf irgendeiner Ebene weiß sie oder er es. Jedes gesprochene Wort – über uns selbst, über andere, über irgendetwas – trägt die dahinterstehende Gedankenkraft in sich. Der Gedanke, es seien ja nur Worte, die uns nichts anhaben können, ist falsch. Auch verbale Gewalt ist Gewalt, und Worte können uns sehr verletzen und schaden.

Rechtes Handeln

Rechtes Handeln bedeutet, nur in einer Art und Weise zu handeln, die sich mit dem Universum in Einklang befindet. Diese entspringt automatisch der letztendlichen Wirklichkeit unseres wahren Wesens, das grenzenloses Mitgefühl ist.

In der heutigen Welt denken wir bei unserem Tun allzu oft nur daran, ob wir damit kriegen, was wir wollen. Aber *rechtes Handeln* ist die Aufforderung, unserem Verhalten eine höhere Motivation zugrunde zu legen. Manche Dinge sollten wir aus keinem anderen Grund tun als dem, dass es das Richtige ist – nicht, weil wir etwas davon haben, und nicht, weil andere Leute es erfahren und applaudieren werden. Wir sollten es aus keinem anderen Grund tun als dem, dass es sich mit Integrität, Ehrlichkeit, Herzensgüte und Liebe in Einklang befindet.

Das bedeutet ganz klar, dass wir nicht töten, stehlen oder Sex mit Menschen haben, die emotional oder ethisch an andere gebunden sind. Wir sind bestrebt, ehrlich zu sein, untadelig zu handeln und unsere Abmachungen einzuhalten. Jede Ursache hat eine Wirkung. Alles, was wir tun, wird uns getan werden, und was wir anderen vorenthalten, wird uns vorenthalten werden. Nichts drückt *rechtes Handeln* besser aus als die goldene Regel: Behandle andere so, wie du von ihnen behandelt werden möchtest.

Insbesondere wenn wir Schmerzen oder das Gefühl haben, dass unbedingt etwas passieren muss, ist die Versuchung groß, das Prinzip des *rechten Handelns* infrage zu stellen. Doch wenn wir erst einmal wirklich verstanden haben, dass jede Aktion eine Reaktion nach sich zieht – gleich, ob irgendjemand anderes diese Aktion sieht oder von ihr erfährt –, dann begreifen wir, dass es keine Gefährdung der Rechtschaffenheit gibt, die nicht letztlich auch unser eigenes Wohl gefährdet.

Manchmal werden wir vielleicht gebeten, etwas zu tun, und denken: »Oh Gott, dafür fehlt mir die Zeit! Ich hab nicht die Energie dafür. Ich schaff das einfach nicht!« Heutzutage ist es auch durchaus üblich, dass Leute uns fragen, ob wir denn nicht vielleicht »zu viel geben«. Unsere Reaktion darauf sollte stets davon bestimmt werden, was wir wirklich in unserem Herzen empfinden. Und das Universum wird uns unterstützen. Wenn sich Ihr Herz ausdehnt, dehnt sich Ihr Leben aus; und wenn sich Ihr Herz zusammenschnürt, schnürt sich Ihr Leben zusammen.

Das Ego – oder Mara – behauptet oftmals, es diene unserem Wohl, wenn wir unsere Verantwortlichkeiten umgehen, Abkürzungen nehmen, uns dem ethischen Weg widersetzen. Aber nur das Gute kündet vom Guten, und sich aktiv anderen gegenüber anständig zu verhalten ist die einzige Möglichkeit zu erleben, dass sich das Universum uns gegenüber anständig verhält. Wenn wir deprimiert sind, ist das *nicht* der Zeitpunkt, um in unserer spirituellen Wachsamkeit nachzulassen. Wenn wir insbesondere in Zeiten großen Kummers spirituelle Prinzipien praktizieren, tun wir uns mit dem Universum zusammen, um unser Leben wieder auf die Reihe zu kriegen.

In manchen Fällen bedeutet *rechtes Handeln,* dass wir uns bei einem Menschen entschuldigen müssen, der der allerletzte

Mensch auf Erden ist, bei dem wir uns entschuldigen wollen. Oder dass wir uns an einen Ort begeben müssen, der der letzte Ort auf Erden ist, an den wir uns begeben wollen. Aber wenn unser Herz uns sagt, es ist »das Richtige, dies zu tun«, dann wird uns dieses Tun zum Segen gereichen. In unserer Gesellschaft ist die Vorstellung weitverbreitet, dass wir etwas nur dann tun sollten, wenn es sich gut *anfühlt* oder wir denken, dass es uns etwas Wertvolles einbringt. Diese Vorstellung entspringt der spirituellen Ignoranz und ist von der Wahrheit meilenweit entfernt.

Uns selbst die emotionale Erlaubnis zu geben, einfach zu tun, was wir wollen, ist nicht Freiheit, sondern ein Freibrief. Es befreit nicht, es kerkert ein. *Rechtes Handeln* – zu versuchen, das Richtige zu tun – ist der einzige Weg zur Erleuchtung, weil er aus der Führung des Herzens entsteht.

Rechter Lebenserwerb

Rechter Lebenserwerb meint das Prinzip, in Bezug auf Beruf und Karriere ethische Entscheidungen zu treffen; es bedeutet, seinen Lebensunterhalt nicht dadurch zu verdienen, dass man Menschen oder Tieren Schaden zufügt, denn das verhindert die Erleuchtung. Wenn wir unsere Arbeit erst einmal als einen Kanal verstehen, über den sich unsere Liebe in die Welt hinein ausdehnt, wollen wir unseren Lebensunterhalt auf eine Weise verdienen, die sich mit einer höheren Berufung vereinbaren lässt.

Heutzutage stellt das Prinzip des *rechten Lebenserwerbs* viele von uns vor Herausforderungen. Wir fragen uns vielleicht, ob wir wegen einer unethischen Praxis der Firma, für die wir arbeiten, den Mund aufmachen sollten, haben aber Angst, unseren Arbeitsplatz zu verlieren, »und so wichtig ist die Sache dann auch wieder nicht«. Oder wir verlangen zu viel für ein Produkt, weil wir diesen Monat das zusätzliche Geld brauchen. Oder wir treten indirekt für Gewalt ein, indem wir an einem Werbespot oder Film mitarbeiten, in dem unnötig Gewalt gezeigt wird. Oder wir verkaufen ein Produkt, von dem wir im Grunde wissen, dass es nicht hält, was es verspricht.

Angesichts der schwerwiegenden ethischen Verfehlungen der heutigen Weltwirtschaft — riesige Konzerne, die ihren eigenen kurzfristigen ökonomischen Gewinn über die Gesundheit und das Wohlbefinden der Bewohner des Planeten und des Planeten selbst stellen — ist das Thema *rechter Lebenserwerb* auch von kollektiver Bedeutung. Reicht es denn, wenn wir als Individuen alles tun, was wir können, um uns in unseren beruflichen Angelegenheiten ethisch zu verhalten? Oder sind wir nicht aufgerufen, das Gesamtbild eines ökonomischen Systems, das zunehmend auf gesteigerte Profite für wenige auf Kosten von vielen angelegt ist, in den Blick zu nehmen und zu überdenken?

Es ist leicht, hier ein wenig herumzuschlittern und zu denken, wir würden keine negativen Konsequenzen auf uns ziehen, wenn wir mit unserem Lebenserwerb niemandem direkt schaden. Wenn wir aber indirekt ein unethisches Unternehmen unterstützen, beispielsweise in Form von professioneller Kundenbetreuung, dann verstoßen wir in der Tat gegen das Prinzip des *rechten Lebenserwerbs*.

Kein Prinzip auf Buddhas Edlem Achtfachem Pfad ist für die Zukunft der Menschheit relevanter als das, das die fortgeschrittenen Nationen dieser Welt auffordert, sich mit dem negative Karma zu befassen, das wächst, wenn das Geschäftsgebaren in den Dienst der Gier statt in den Dienst der Liebe gestellt wird.

Viel unnötiges Leiden in der heutigen Welt – angefangen bei den Individuen, die von der Weltwirtschaft ins Abseits gedrängt werden, bis hin zu den Wirtschaftskrisen, die durch die unmoralischen Bankpraktiken herbeigeführt werden – wurde durch den Mangel an *rechtem Lebenserwerb* verursacht. Nicht unbedingt vonseiten unserer eigenen Person, aber vonseiten des Systems, an dem wir teilhaben. Spirituell gesehen, können wir es uns nicht leisten, uns in Bezug auf Geld oder sonst irgendetwas nur um uns selbst zu kümmern. Ich sah einen Protestler der Occupy-Bewegung ein Schild hochhalten, auf dem stand: »*Wall Street sollte rechten Lebenserwerb praktizieren.*« So ist es.

Allein das Wissen, dass der *rechte Lebenserwerb* Bestandteil des Achtfachen Pfades ist, lenkt unsere Aufmerksamkeit auf dieses Thema. Das ist das Geschenk des Buddhismus wie auch jeder anderen spirituellen Lehre. Es stellt unsere Spiritualität nicht irgendwo »da drüben«, in irgendeiner von unserem Alltag weit entfernten Ecke ab. Wenn wir uns alle nur ein bisschen stärker darum bemühen, das Prinzip des rechten Lebenserwerbs durchgängiger anzuwenden, werden sich allmählich kleine und große Veränderungen in unseren finanziellen Angelegenheiten zeigen. Der Verstoß gegen dieses Prinzip bildet das Zentrum einer Menge negativen Karmas in unserem Leben sowohl als Individuen als auch als Gesellschaft. Wenn wir anfingen, die große Bedeutung des *rechten Lebenserwerbs* zu ehren und zu würdigen, hätte das eine radikal positive Auswirkung auf uns alle.

Rechtes Bemühen

Rechtes Bemühen oder auch *rechte Anstrengung* ist das aktive Bemühen um Erleuchtung – das einzige Gegenmittel gegen die neurotischen Obsessionen des Ego-Geistes. Wir sollten *rechtes Bemühen* praktizieren, weil der Geist in jedweder Richtung, in die er gewandt wird, extrem machtvoll ist. Ein Geist, der nicht bewusst und aktiv auf das Bemühen um rechte Gesinntheit ausgerichtet wird, wird in den Dienst der falschen Gesinntheit gestellt. Mara ist immer bestrebt, den Sieg über die Liebe davonzutragen, und nimmt jede Gelegenheit wahr, unseren Mangel an Wachsamkeit auszunutzen.

Wenn wir deprimiert sind, verlegt sich Mara auf negative Gedanken und Gefühle wie Opferhaltung, Hoffnungslosigkeit, Zynismus, Wut, Rachegelüste, Angriff und Schuldzuweisung. Es erfordert Anstrengung, solche Gedanken zu transzendieren, sie als die Kräfte des Ego zu erkennen, die sie sind, und daran zu arbeiten, auf andere Weise zu denken. In Zeiten der Traurigkeit ist es wichtiger denn je, sich dem *rechten Bemühen* zu verpflichten, weil die Traurigkeit uns unsere Energie raubt und so in besonderem Maße kräftezehrend ist. Mara nährt sich von Faulheit, Aufschieben, Rationalisierung und Nachgiebigkeit sich selbst gegenüber.

Manchmal bedeutet *rechtes Bemühen*, sich bei jemandem zu entschuldigen; manchmal bedeutet es, mit einer Ratenzahlung zu beginnen, um eine Rechnung abzubezahlen; manchmal, die dicke Luft in einer Beziehung zu bereinigen; manchmal, damit anzufangen, mehr Sport zu treiben oder mehr zu meditieren oder mehr zu lesen; manchmal bedeutet es, jemandem einen Gefallen zu tun; manchmal, eine Dankeskarte zu schreiben; manchmal bedeutet es, etwas Nettes zu tun, für das Sie einfach keine Zeit zu haben meinten; manchmal bedeutet es, dass Sie Ihre Verantwortlichkeiten als Bürger wahrnehmen; manchmal, für einen guten Zweck zu spenden; manchmal, das Haus durchzuputzen; manchmal, eine Freundin oder ein Familienmitglied anzurufen. Gewöhnlich wissen wir in unserem Herzen, was zu tun ist. *Rechtes Bemühen* meint einfach, wir entscheiden uns dazu, es zu tun.

Manchmal, wenn das Leid so groß ist, dass wir uns vor Schmerzen zusammenkrümmen, bedeutet *rechtes Bemühen* nur, jeden Morgen aufzustehen und einen Fuß vor den anderen zu setzen, genug Gewissheit aufzubringen, noch einen Tag durchzustehen. Und das ist für sich genommen eine gute Sache. Was immer an *rechtem Bemühen* wir aufbringen können, zugunsten des Mitgefühls für uns selbst und andere, wird das Universum empfangen und in gleicher Weise beantworten. Wenn wir uns anstrengen, die Prinzipien der Erleuchtung zu befolgen, werden die Kräfte der Erleuchtung uns ermächtigen und befähigen.

Rechte Achtsamkeit

Achtsamkeit ist heutzutage angesagt, und im Zuge ihrer Popularisierung wurden Abhandlungen über praktisch alles verfasst, angefangen bei der achtsamen Erziehung über das achtsame Arbeiten, bis hin zur achtsamen Scheidung. Achtsam zu sein ist sicherlich der Höhepunkt der spirituellen Reise, da es die geistige Ausrichtung ist, aus der alles Mitgefühl hervorgeht.

Rechte Achtsamkeit meint »rechtes Gewahrsein« oder »rechte Aufmerksamkeit«. Sie bedeutet, den Geist dazu zu disziplinieren, dass er sich auf das, was über das Vergängliche hinaus ewig ist, besinnt, die letztendliche Wirklichkeit jenseits der Illusionen der Welt wahrnimmt und erfasst. *Rechte Achtsamkeit* ist das Erlangen eines Bewusstseinszustands jenseits aller Konzepte, Symbole, Illusionen und falscher Assoziationen des sterblichen Geistes. Sie ist der Schnittpunkt zwischen Menschlichem und Göttlichem, die vollkommene Übereinstimmung des sterblichen Geistes mit dem Geist Gottes. Dort, an diesem Ort, gibt es keinen Antrieb für falsch gesinntes Denken oder Verhalten, keine Anfälligkeit für Maras Todestanz, keine hysterisch kreischenden Stimmen in unserem Schädel. Der achtsame Geist ist der ganzheitliche oder heile und heilige Geist.

Vor nicht allzu langer Zeit war ich in Neu-Delhi. Ich sollte mittags jemanden in einer Hotellobby treffen, wusste aber nicht, wie er aussah, da wir nur per E-Mail kommuniziert hatten. Die Lobby war sehr belebt, und ich kam etwas zu spät. Ich sah mich um und wurde ziemlich unruhig. Eine nette junge Frau, die für das Hotel arbeitete, kam auf mich zu und fragte, ob sie mir helfen könne. Ich sagte, ich sei wegen der Umstände ziemlich gestresst und wüsste nicht, was ich tun sollte. Sie erwiderte, ich solle mich in einer Ecke der Lobby niederlassen und mich beruhigen, dann würde mir sicherlich klar werden, was ich als Nächstes tun sollte. Ich kicherte und dachte bei mir: »Richtig, das sollte ich eigentlich wissen.«

Es braucht Jahre der Meditation und Praxis, um beständige *rechte Achtsamkeit* zu erlangen. Doch manchmal werden wir einfach in einen solchen Zustand versetzt, gleichsam als ein Geschenk der Gnade in bestimmten Momenten, wenn wir es am wenigsten erwarten. Ob wir nun auf die *rechte Achtsamkeit* als Ziel blicken oder uns an Augenblicke erinnern, in denen wir wussten, dass wir uns in diesem Zustand befanden – sie strahlt wie ein Leuchtfeuer göttlicher Möglichkeit für uns alle. Buddha erlangte sie, und indem wir seinem Weg folgen, folgen auch wir diesem Licht zu unserer Erleuchtung.

Rechte Sammlung

Rechte Sammlung oder *rechte Versenkung* meint die *rechte Konzentration*, die *rechte Fokussierung* des Geistes. Indem wir unseren Geist auf das, was wahr ist, fokussieren, erheben wir uns nicht nur über das Leiden, sondern transzendieren es auch. Das beinhaltet die Entwicklung und Kultivierung eines stillen, ruhigen Geistes, um die Kräfte des Chaos in uns zu beschwichtigen.

Buddhistische Meditation ist, wie *Ein Kurs in Wundern* und alle ernsthaften spirituellen Praktiken, ein Instrument, mittels dessen ein leidender Geist seine Qual transzendiert. Derartige Methoden schulen uns darin, auf die Gegenwart fokussiert zu bleiben, wenn der Geist von der Vergangenheit und Zukunft besessen ist; auf das Mitgefühl fokussiert zu bleiben, wenn das Ego von der Schuld einer anderen Person besessen ist; auf die tieferen Wirklichkeiten des Lebens fokussiert zu bleiben, jenseits der Illusionen der Welt.

In *Ein Kurs in Wundern* heißt es, dass wir so wenig erreichen, weil unser Geist undiszipliniert ist. Wir sind dem Ego gegenüber viel zu tolerant, wenn es in das negative, mäkelige Denken abdriftet. Buddhisten nutzen die Meditation zur Fokussierung des Geistes auf das wirklich Wahre, um so das aufzulösen, was nicht wahr ist.

Es gibt eine buddhistische Geschichte über einen Kriegsherrn, der seine Gefolgsleute in ein Kloster schickte, um dort zu verkünden, dass er es in seinen persönlichen Besitz überführe und alle Mönche das Kloster zu verlassen hätten. Ein Mönch aber weigerte sich zu gehen. Als die Gefolgsleute dem Kriegsherrn von dieser Weigerung berichteten, fragte dieser: »Habt ihr ihm gesagt, dass er getötet wird, wenn er nicht tut, was ich sage?« Die Gefolgsleute erwiderten, sie hätten in der Tat diese Botschaft übermittelt, der Mönch habe sich aber nicht gerührt, er sei einfach sitzen geblieben.

Da entschloss sich der Kriegsherr, selbst mit dem Mönch zu reden.

Er ging ins Kloster, schwang sein Schwert und drückte die Spitze leicht gegen die Kehle des Mönches. »Weißt du«, bellte er, »dass ich dich mit diesem Schwert von unten bis oben aufschlitzen könnte?«

Der Mönch sah den Kriegsherrn an und erwiderte sehr gelassen: »Weißt du, dass ich es zulassen könnte?«

Da ließ der Kriegsherr sein Schwert sinken und fiel auf die Knie. Er erkannte, dass er sich in der Gegenwart eines spirituellen Meisters befand, gab sein gewalttätiges Leben auf und trat die Reise zu seiner eigenen Erleuchtung an.

Der Mönch hatte durch *rechte Sammlung* einen Geisteszustand erlangt, in den die Angst nicht einzudringen vermochte. Seine spirituelle Praxis hatte ihn an einen Ort jenseits der Illusion und ihrer Macht gebracht. Ohne Angst vor dem Tod lebte er an einem Ort ohne Furcht. Und das gab ihm Macht über weltliche Kräfte. Sein erleuchteter Zustand machte ihn in der Welt nicht schwächer, er machte ihn stärker.

Diese Geschichte ist ein Beispiel dafür, wie die spirituelle Praxis einem von Kummer und Leid erfüllten Geist nutzt; sie verändert unsere Schaltkreise im Gehirn in Bezug auf das, was uns leiden lässt. Sie bringt die sterbliche Welt in Einklang mit einer größeren Wahrheit, wenn wir die Situationen nicht durch die vorgeschriebenen Filter sehen, sondern so, wie sie wirklich sind. Wie sich herausstellte, war der Mönch mächtiger als der Kriegsherr. Das bedeutet, mit rechter Gesinntheit ist jeder und jede von uns mächtiger als das Ego – und somit mächtiger als unsere Traurigkeit und mächtiger als unsere Angst.

Rechte Sammlung erinnert uns daran, dass es nicht ausreicht zu versuchen, positiv zu denken, um unsere geistige Qual und Pein außer Kraft zu setzen. Es bedarf der Disziplin ernsthafter Meditation, wenn unsere Muskeln der inneren Einstellung eine Verbesserung erfahren sollen. Eine vage und nebelige Spiritualität kann hier nicht zum Erfolg führen. Doch eine ernsthafte Praxis der Kultivierung eines auf Liebe und Mitgefühl gegründeten Denksystems kann nicht scheitern. Ob unsere Meditationspraxis nun eine des Buddhismus, die Transzendentale Meditation, das Arbeitsbuch von *Ein Kurs in Wundern* oder irgendeine andere ist, es gibt kein kraftvolleres Instrument zur Konzentration des Geistes auf das, was wirklich ist.

Der Buddhismus ist ein einzigartiges und kostbares Geschenk an den Planeten, eines, das sich viele Milliarden Menschen über Tausende von Jahren hinweg zu eigen gemacht haben. Seien die Lehren des Buddha nun unsere vorrangige spirituelle Praxis oder eine zusätzliche Praxis zu einer anderen, sie sind so tief wie der tiefste Ozean und so weit, wie das Herz sich ausdehnen kann. Buddhas Erleuchtung förderte die spirituelle Evolution der Menschheit, und seine Lehren vertiefen unser Verständnis – und auch unsere Praxis – eines jeden anderen Systems spiritueller Wahrheit. Die

Vier Edlen Wahrheiten und der Edle Achtfache Pfad sind kraft-
volle Anweisungen zur Transzendierung unseres von Kummer
und Trauer erfüllten Geistes. Buddha ist ein Licht, das Milliarden
dunkle Nächte erhellt hat und weiterhin erhellt.

10
DAS LICHT DES MOSES

Juden versammeln sich Generation um Generation beim Passahfest, um die Geschichte vom Auszug aus Ägypten, der Reise aus der Sklaverei ins Gelobte Land, zu lesen. Die Geschichte des Exodus ändert sich nie, aber wir verändern uns. Große religiöse Erzählungen erinnern uns an Dinge, die sich nicht ändern, damit wir klüger mit den Dingen verfahren, die sich ändern.

Das Judentum ist intellektuell komplex und emotional tief greifend. Die Theologie der Religion ist, wie beim Islam, eng mit der Geschichte des Volkes verwoben. Wie andere Religionen schreibt sie nicht nur vor, wie man in der Welt lebt, sondern auch, wie man deren Verheerungen überlebt. Leiden oder Hass oder Vorurteile oder Unterdrückung sind dem jüdischen Volk nicht fremd. Seine Leidenserfahrung ist nicht in einer anderen Ecke angesiedelt als seine Beziehung zu Gott. Das Drama der Juden lässt sich weder außerhalb des historischen Musters der Ablehnung noch außerhalb von Gottes ewigem Versprechen von Rettung und

Erlösung verstehen. Die Juden stecken den Schlag ein – das historische Muster ist offensichtlich. Aber Gott hat sein Versprechen immer gehalten, und die Juden haben eine Beziehung zu Gott entwickelt, die nicht nur das Judentum, sondern die ganze Welt in einen Raum der Möglichkeiten versetzt, den das Ego nur zeitweilig stören kann. Der größte Triumph der Juden ist, dass sie überlebt haben. Und dabei haben sie ein Muster psychischen Überlebens – und des Triumphes – aufgebaut, das ein Geschenk an die ganze Welt ist.

Jedes Jahr zum Passahfest erzählen die Juden die Geschichte der Israeliten, wie sie aus der Sklaverei in Ägypten herausgeführt wurden, vierzig Jahre lang die Wüste durchwanderten und schließlich ins Gelobte Land gebracht wurden.

Ihr Exodus wurde von Moses angeführt, einer der großen Gestalten der religiösen Literatur (ob es ihn tatsächlich als historische Person gegeben hat oder nicht, ist eine faszinierende Kontroverse, letztlich aber irrelevant). Alle großen abrahamitischen Religionen – Judentum, Islam und Christentum – sehen in Moses einen weltumfassenden und historischen Boten bis in alle Zeit.

Als Moses geboren wurde, waren die Juden Sklaven in Ägypten. Einer Überlieferung zufolge erzählten ägyptische Astrologen dem Pharao, dass der Befreier der Kinder Israels an einem bestimmten Tag geboren würde, sagten aber nicht, ob es ein Jude oder Ägypter war. Um sich gegen jede Möglichkeit, dass ein solcher Befreier auftauchte, zu wappnen, verfügte der Pharao, dass alle an diesem Tag geborenen männlichen Kinder im Nil ertränkt wurden.

Dies war der Tag von Moses' Geburt. Als er in diese Welt eintrat, war das Haus, in dem er geboren wurde, von strahlendem Licht erfüllt. Licht sollte sein ganzes Leben lang ein Thema sein – angefangen beim Licht, das das Haus seiner Geburt erfüllte, über den brennenden Dornbusch, aus dem Gott zu ihm über seine große Mission sprach, bis hin zum Licht, das sein Gesicht leuchten ließ, als er nach dem Empfang der Zehn Gebote vom Berg Sinai zurückkehrte. Dieses Licht – das Symbol spiritueller Erkenntnis – ist das Licht, das jeden Geist oder jedes Umfeld erfüllt, in dem die Gedanken Gottes gegenwärtig sind. Moses wurde, wie wir alle es werden, vom Licht sowohl informiert als auch geschützt. Nur das Licht hat die Macht, die Dunkelheit des Ego-Geistes auszutreiben. Nur spirituelle Erkenntnis kann uns alle vor dem Wahnsinn retten, der in und unter uns wütet.

Moses' Mutter Jochebed war klar, dass sie ihn vor den ägyptischen Soldaten nicht verstecken konnte. Es brach ihr das Herz. Fest entschlossen, ihr Kind zu retten, fertigte sie einen wasserdichten Korb an, legte Moses hinein und setzte ihn im Schilf am Nilufer aus.

Es gibt keinen größeren Schmerz als den einer Mutter, die von ihrem Kind getrennt wird. Wir alle haben schon irgendeinen Aspekt gewaltsamer Trennung von unseren eigenen Schöpfungen erfahren. Wer von uns hat noch nicht den Schmerz erlebt, von unserer Unschuld, unserem Glück, unserem Potenzial, von dem, was uns zusteht, getrennt zu werden? Und haben wir nicht alles uns Mögliche getan, um diese Dinge zu schützen, sie zu verbergen, sie an einen sicheren Ort zu bringen?

Moses' Bestimmung war stärker als die Kräfte, die angetreten waren, ihn zu vernichten, und das gilt für uns alle. Die Dinge entwickelten sich so, dass für sein Überleben gesorgt war. Die Tochter des Pharaos, die selbst gegen die Grausamkeit des königlichen Erlasses, all die Kinder zu ermorden, rebelliert hatte, fand Moses am Nilufer im Schilf und zog ihn im Palast als ihr eigenes Kind auf. Bezeichnenderweise waren es die Liebe von Moses' Mutter, ihr Mut und ihre Entschlossenheit, alles Nötige zu seinem Schutz und seiner Rettung zu tun, die den Weg für seine sichere Reise bereiteten. Das ist eine Botschaft an uns alle. Unser Herz mag gebrochen sein, aber es liegt in der Natur des Universums, dass die Geschichte noch nicht vorbei ist, wenn das Ego uns verletzt oder irgendetwas genommen hat; sie hat gerade erst begonnen. Tu, was die Liebe gebietet, und die Liebe wird einen Weg finden.

Das Ego sucht immer nach Mitteln und Wegen, um zu zerstören; der reine Geist aber sucht immer nach Mitteln und Wegen, um zu retten und zu bewahren. Das Universum sucht Leute und Situationen aus, die offen sind, die nächste Ausformung der Liebe zu empfangen und zu fördern. Des Pharaos Tochter fand Moses am Nilufer im Schilf und zog ihn als ihr eigenes Kind im Palast groß. Ohne dass jemand um die Hintergründe wusste, wurde Jochebed Magd des Pharaos und half, das Kind aufzuziehen. Liebe stirbt nie; sie verändert nur ihre Gestalt.

Beachten Sie, dass in dieser Geschichte die Grausamkeit von der mächtigsten Gestalt – dem Pharao – begangen wird. Die anderweltlichen Kräfte hingegen, die seine Grausamkeit überwanden, bahnten sich ihren Weg über die machtloseste Person. Moses' Mutter hatte dem Erlass des Pharaos keine Macht entgegenzusetzen, und doch schuf ihre Liebe einen Weg, durch den die Grausamkeit des Pharaos untergraben wurde. Die Liebe bewog sie, etwas zu tun, was dazu führte, dass eine Person, die innerhalb des weltlichen Systems ausreichend Macht besaß, von da ab übernehmen konnte.

Wie oft kommt es vor, dass wir nicht wissen, was wir tun, wen wir anrufen, wo wir Hilfe suchen oder wo wir die Lösung für ein Problem finden sollen, wenn eine sehr viel größere Kraft uns aufhält. Wenn wir aber unser Herz offen halten – am Glauben festhalten und uns nicht der Verzweiflung unterwerfen –, werden wir etwas tun, das zu jemandem führt, der uns eine helfende Hand reichen kann. Wenn Jochebed einfach aufgegeben hätte, hätte Moses nicht überlebt. Ihre Botschaft an die Leidenden ist deutlich: Tut, was ihr könnt. Wenn wir uns wirklich die Erkenntnis zu eigen machen, dass Gott für jedes Problem die Lösung hat, dass das Universum auf unsere Befreiung programmiert ist, dann können wir darauf vertrauen, dass sich ein Weg aus der Dunkelheit zeigen wird, solange wir durchhalten.

DER BRENNENDE DORNBUSCH

Moses wuchs im Palast des Pharaos auf und konnte so dem grausamen Schicksal der jüdischen Sklaven entgehen. Doch er hatte eine emotionale Verbindung zu seinem Volk; auch wenn er nicht unter Juden aufwuchs, berührte ihn ihr Leiden sehr. So sehr, dass er tatsächlich einen ägyptischen Sklaventreiber tötete, als er ihn einen jüdischen Sklaven schlagen sah. Moses machte sich davon, um der Vergeltung für seine Tat zu entgehen. Er reiste in das Land Midian, begann ein neues Leben als Schafhirte, heiratete und hatte ein Kind. Und dort traf er eines Tages, als er seine Schafe weidete, auf den brennenden Dornbusch.

Es ist ziemlich interessant, dass Moses ein Mörder war, oder? Man könnte zwar anführen, dass der Tod des Sklaventreibers gerechtfertigt war – vielleicht hätte dieser sonst den Sklaven umgebracht, und Moses hatte das Gefühl, keine andere Wahl zu haben. Doch es bringt uns in Erinnerung, und das ist wichtig, dass das Kind des Schicksals – also wir alle – seine eigenen dunklen Seiten hat. Oftmals sind wir nicht deprimiert wegen etwas, das uns ein anderer angetan hat, sondern wegen etwas, das wir selbst getan haben. Das Ego, das uns überhaupt erst dahin gebracht hat, den Fehler zu machen, hält uns dann vor, dass wir wegen dieses Fehlers beschädigte Ware, Versager, hässlich und selbst Gott widerwärtig sind. Doch Gott erschien Moses im brennenden Busch, *nachdem* dieser den Mord begangen hatte.

Mit anderen Worten: Nichts, absolut gar nichts kann dazu

führen, dass wir von Gott weniger geliebt oder weniger erwählt werden, dass wir zu etwas weniger Großem bestimmt sind. Wenn überhaupt, so sorgt die Tatsache, dass wir die Dunkelheit der Welt erlebt haben, in uns und in anderen, für ein tieferes Verständnis, was uns zu einem noch wertvolleren Kanal für Gottes Macht und Kraft macht. Was das Ego verfinstert, erhellt Gott.

Die Unschuld jener, die nicht genug von der Welt gesehen haben, um etwas anderes als Licht zu kennen, hat ihre Schönheit. Noch größer ist die Schönheit der Unschuld jener, die so viel von der Welt gesehen haben, dass sie die Dunkelheit geschaut und doch das Licht gewählt haben. Es ist wichtig, dass wir uns selbst dann, wenn wir das Gefühl haben, uns von Gott abgewandt zu haben, daran erinnern, dass er sich von uns nicht abgewandt hat. Das kann er gar nicht, denn die Liebe ist nicht fähig, sich von ihren Geschöpfen abzuwenden. Für uns kommt es darauf an, uns heute für die Liebe zu entscheiden, auch wenn wir uns gestern nicht für sie entschieden haben. Gott blickte nicht auf Moses und sagte: »Was?! Du erwartest von mir, dass ich dich *einsetze,* nach den Fehlern, die du gemacht hast?« Vielmehr dauerte es nicht lange, bis Gott Moses, nachdem er einen gewaltigen Fehler begangen hatte, zur Größe berief.

Als Moses eines Tages die Herden seines Schwiegervaters weidete, erschien ihm ein Engel in einem brennenden Busch, der nicht vom Feuer verzehrt wurde. Engel sind, so definiert es *Ein Kurs in Wundern,* »Gedanken Gottes«. Somit unterschied sich Moses in gewisser Hinsicht nicht von anderen, die sich in der Natur aufhalten oder sich »um die Herde kümmern«, indem sie in der einen oder anderen Form Leuten helfen, und eine Erscheinung haben. Eine Erweckung. Einen Durchbruch erleuchteter Erkenntnis. Ein Gefühl von Wissen. Es ist keine andere Art von innerem Wissen als das, was Sie oder ich oder sonst wer erfahren mögen. Dass Gott zu Moses sprach, war nichts anderes, als wenn er zu irgendjemandem von uns spricht; es ist ein Symbol für die Art und Weise, in der er zu uns allen spricht.

Und was bekam Moses von Gott zu hören? Als Erstes wurde ihm gesagt, er solle seine Sandalen ausziehen. Die Sandalen sind ein Symbol für das, was die Erde berührt. Uns wird gesagt, wir sollen uns Gott ohne Sandalen nähern, denn der Raum, in dem Gott weilt, ist heiliger Boden. Wir geben unsere weltlichen Belange ab und nähern uns Gott mit nichts anderem als unserem offenen Herzen.

Heutzutage sind wir ständig von letztlich sinnlosen Dingen abgelenkt, die uns allesamt an die Regionen der Erde binden. Nachrichten rund um die Uhr, empörende politische Vorkommnisse und Weltereignisse, lächerlicher Tratsch – alles das überlädt unser Bewusstsein und hält uns an die Welt des Leidens gefesselt. Wenn wir uns Gott nähern, müssen wir unsere Sandalen ablegen. Wir müssen unseren »Kopf frei kriegen«.

In der russisch-orthodoxen Kirche wird Moses' Begegnung mit dem brennenden Busch als seine Fähigkeit beschrieben, »ungeschaffene Energien« oder »Herrlichkeit« zu sehen. Es ist interessant, dass der Busch nicht vom Feuer verzehrt wurde, aber fortwährend brannte. Dass Gott aus dem brennenden Busch zu Moses sprach, steht nicht für ein Ereignis, sondern für einen Bewusstseinsbereich, den Moses aufsuchte. Es ist der ewige Strom göttlichen Feuers, dass allzeit in allen Herzen brennt.

Im Licht geboren (eine Schöpfung Gottes) für ein Volk, das vom Pharao (dem Ego) verfolgt wird, und dazu bestimmt, nach großen Prüfungen ein Führer zu sein (die Geschichte des Exodus), steht Moses für die Reise einer jeden Seele. Wir alle sind aus Gott geboren, wandern dann in die Sklaverei des Egobewusstseins und werden schließlich von der Stimme Gottes geleitet, ins gelobte Land zu ziehen und unsere Brüder und Schwestern mitzunehmen.

ICH BIN, DER ICH BIN

Moses hörte bei seiner Begegnung mit dem brennenden Busch die Stimme Gottes. Kommt heute jemand daher und sagt: »Gott hat mir dies« oder »Gott hat mir das« gesagt, fragen wir uns aus guten Grund, ob er oder sie den Kontakt zur Wirklichkeit verloren hat. Wenn andererseits jemand regelmäßig meditiert und betet, hört sie oder er mit der Zeit das, was in *Ein Kurs in Wundern* die »Stimme für Gott« genannt wird. Ernsthafte spirituelle Praxis macht uns zu einem fein gestimmten Instrument der Intuition. So wie wir die Stimme des Ego hören, die uns ständig mit negativen Botschaften fertigmacht, können wir auch den Geist still werden lassen und die leise Stimme im Innern vernehmen, die die Stimme für Gott ist. Es ist nicht so, dass sich die eine wie Tony Bennet und die andere wie Lady Gaga anhört. Beide hören sie sich so an wie wir. Die eine klingt so, wie wenn wir hysterisch, wütend und egoistisch sind; die andere klingt so, wie wenn wir friedlich, ruhig und liebevoll sind. Alle hören wir ständig in unserem Innern entweder die Stimme des Ego oder die des reinen Geistes, aber nur die eine davon ist unser wirkliches Selbst.

Moses wusste, dass er die Stimme Gottes hörte, wusste aber nicht, wie er es den anderen sagen sollte. »Sag ihnen«, sagte Gott, »ICH BIN, DER ICH BIN.« Diese Textstelle wurde auf unzählige Art und Weise übersetzt und interpretiert, wie alle religiösen Texte. Eine Interpretation besagt, dass Gott sich nicht als »ICH BIN, DER ICH BIN« beschrieb, sondern als »ICH BIN, DER ICH SEIN WERDE.«. Aus spiritueller Sicht ist beides stimmig – denn wer und was wir im Kern sind, existiert außerhalb der Zeit. Am wichtigsten ist hier die Offenbarung, dass der Gott in uns unser essenzielles Selbst ist; die Essenz Gottes ist die Essenz in jedem und jeder von uns, und die Essenz von jeder und jedem von uns ist die Essenz Gottes. Wenn wir von unserem wahren Selbst oder der Liebe her sprechen, geben wir dem Ausdruck, was die Stimme für Gott uns gesagt hat. Durch Gebet und Meditation beginnen wir die leise, stille Stimme für Gott zu vernehmen. Somit ist es unsere Aufgabe auf Erden, mit Worten und auch Taten widerzuspiegeln, was wir gehört haben.

Die Stimme Gottes wies Moses an, zu seinem Volk zurückzukehren und ihm zu sagen, dass Gott ihn auserwählt habe, sie aus der Sklaverei ins Gelobte Land zu führen.

Stellen Sie sich also mal vor: Sie gehen spazieren, und plötzlich haben Sie eine Erscheinung oder Offenbarung, das Gefühl von einer göttlichen Präsenz. Dies dauert nicht nur einen Augenblick, es hält eine ganze Weile an. Und es ist nicht nur einfach angenehm, es ist eine Anweisung. Sie bekommen ein Gefühl, das Gefühl von einer Mission, einer Berufung – Sie haben das ganz starke Gefühl, dass Gott Arbeit für Sie hat. Sie sind hier, um zu helfen, Ihr Volk aus dem Leid heraus und zum Frieden zu führen.

Was?!

Moses reagierte genau so, wie es die meisten von uns getan hätten. Im Grunde sagte er: »*Auf keinen Fall.*«

»Wer bin ich«, fragte Moses Gott, »dass ich zum Pharao gehen und die Israeliten aus Ägypten herausführen könnte?« Gottes Antwort enthielt drei Punkte: Erstens rügte er Moses dafür, dass er die Kühnheit hatte, Gottes Wahl des Gefäßes anzuzweifeln; zweitens sagte er Moses, dass er durch die wunderbaren Kräfte seines Stabs Hilfe bekommen würde; und drittens sagte er ihm, dass er seinen Bruder Aaron schicken würde, um sein Sprachrohr zu sein.

Mit anderen Worten, ganz egal, welche Probleme wir Gott als Grund für »Sir, das kann ich unmöglich tun« vortragen, seine Antwort auf jedes unserer Argumente lautet: »Ja, du kannst das.«

Die Seele ist auf die Größe der Mission programmiert. Wenn wir von diesem Lichtstrahl abgespalten sind, steigen wir in die

Dunkelheit hinab. Sehr viel Unglücklichsein in dieser Welt entsteht aus der Tatsache, dass die Leute nicht ihre Missionen in ihrer Größe durchführen, und sie wissen es. Jeder und jede von uns hat eine solche Mission, denn wir alle sind Kinder Gottes. Aber indem wir Gott nicht fragen, worin unsere Mission besteht, und indem wir uns ihm nicht zur Verfügung stellen, damit er uns zur Erfüllung der Mission anleiten kann, verfallen wir in die neurotischen Muster einer Seele, die sich nicht selbst erkennt oder daran erinnert, warum sie hier ist.

In meinem Buch *Rückkehr zur Liebe* schreibe ich: »Unsere tiefste Angst ist nicht die, dass wir unzulänglich sind. Unsere tiefste Angst ist die, dass wir unermesslich machtvoll sind.« Dieser eine Abschnitt, fälschlicherweise oft Nelson Mandela zugeschrieben, ist sehr bekannt geworden. Und warum? Weil er auf den Widerstand des Ego hinweist — wie auch auf die Mission der Seele —, die Größe unseres Potenzials als Kinder Gottes voll und ganz in Anspruch zu nehmen.

Die Macht und Kraft, die Moses' Stab innewohnt, ist von großer Bedeutung, denn sie bezieht sich auf die Macht und Kraft des spirituellen Bewusstseins. Wie Merlins Zauberstab ist der Stab das Symbol für fokussiertes, lichterfülltes, diszipliniertes Denken. Er kanalisiert die Gedankenkraft, wenn sie direkt vom Göttlichen hinabströmt und den menschlichen Geist nicht nur zu einem Kanal für Gottes *Denken* macht, das auf Erden ausgeführt, sondern auch für seinen *Willen,* dem auf Erden entsprochen werden soll.

Um seine Macht zu beweisen, wies Gott Moses an, den Stab auf den Boden zu werfen, der sich daraufhin in eine Schlange verwandelte. Moses wich voller Angst zurück, aber Gott sagte, er solle die Schlange am Schwanz hochheben – und die Schlange wurde wieder zum Stab.

Der Übergang des Stabes von der Furcht einflößenden Schlange zur Wunder wirkenden Quelle der Macht verweist auf unsere Beziehung zu unserer eigenen Geisteskraft. Das Ego schreckt vor der Spiritualität zurück, weil es vor unserer Größe zurückschreckt. Es behauptet, es sei gefährlich, sich Gott zu ergeben, wenn wir das tun, hätten wir keine Kontrolle mehr. Aber wenn wir erst einmal die Schlange aufnehmen und das Kommando über unseren Geist übernehmen, verwandelt sich die Energie der listigen Schlange in unsere stärkste Unterstützung bei der Durchführung unserer Missionen.

Wir haben alle einen Stab – grenzenlose Gedankenkraft –, und wie Moses sollen wir ihn nutzen, um Gottes Wunder zu wirken. Wenn wir hohe und liebevolle Gedanken haben, sind ihre Auswirkungen liebevoller Natur; haben wir niedere und auf Angst gegründete Gedanken, sind deren Auswirkungen nicht liebevoller Natur. Wenn Moses seinen Stab hochhielt, waren die Israeliten siegreich; wenn er ihn sinken ließ, behielten die Feinde Israels die Oberhand. Weder war es für ihn noch ist es für uns immer leicht, den Stab Gottes zu tragen. Irgendwann wurden Moses die Hände schwer, und er glaubte nicht, den Stab noch länger hochhalten zu können. Da wurde er von Aaron und Hur unterstützt, sodass »seine Hände erhoben blieben, bis die Sonne unterging«. Unsere Stäbe fühlen sich beim Streben nach unserem höheren Selbst oft schwer und wie eine Bürde an; derartige Anstrengungen laufen dem Instinkt des Ego zuwider. Manchmal können wir nicht ohne die Unterstützung von Freunden und geliebten Menschen den rechten Weg im Leben nehmen. Doch so wie zu Moses Hilfe kam, um ihn zu unterstützen, kommt auch zu uns Hilfe, um uns aufrecht zu halten.

DIE GROSSE MISSION DES MOSES

Die Geschichte des Moses erzählt, dass Gott ihn zu einer großen Mission berief und dass er ihm auch half, sie durchzuführen. *Ein Kurs in Wundern* stellt die Frage, ob es vernünftig sei, anzunehmen, dass Gott uns eine Aufgabe zuweist und uns dann nicht mit den Mitteln ausstattet, sie auszuführen.

Gott sagte Moses, was er tun und wie er es tun sollte, um die Israeliten aus der Sklaverei zu befreien und sie ins Gelobte Land oder das »Land von Milch (Nahrung) und Honig (Süße)« zu führen. Die erste Aufgabe war, den Pharao zu überreden, seine Sklaven zu entlassen. Natürlich weigerte sich der Pharao anfänglich, der Aufforderung von Moses, »Lass mein Volk ziehen«, nachzukommen.

Gott reagierte darauf mit den zehn Plagen – vom Wasser des Nils, das sich in Blut verwandelte, über Frösche, die Land und

Leute bedeckten, und Stechmücken, die sich auf Mensch und Tier setzten, sowie weitere sieben Plagen bis zum Tod aller Erstgeborenen. Damit wollte er den Pharao endlich davon überzeugen, dass er tun sollte, wozu Gott ihn aufforderte. Die zehn Plagen sind eindrückliche Symbole dafür, wie ein Leben, das in der Sklaverei des Ego geführt wird, aufhört zu *funktionieren*. Erst verlieren wir unsere Selbstachtung. Dann verlieren wir unsere Freunde. Dann verlieren wir unser Geld. Dann verlieren wir unseren oder unsere Geliebte. Und ab einem bestimmten Punkt dringt die Botschaft durch, und wir kapieren.

Die zehnte Plage – der Tod aller Erstgeborenen in Ägypten – war besonders entsetzlich. Moses sagte den Israeliten, sie sollten die Türpfosten ihres Hauses mit dem Blut eines im Frühjahr geborenen Lamms bestreichen, damit der Engel des Herrn an diesen Häusern vorüberging und die Erstgeborenen verschonte. Das Blut des im Frühjahr geborenen Lamms steht für die Energie des Neuen, des Unschuldigen; dem sollen wir unsere Behausungen oder unser inneres Selbst widmen. Aus metaphysischer Sicht geht es bei dieser Geschichte nicht darum, dass durch Gottes Erlass die Kinder Ägyptens getötet werden; vielmehr bezieht sich dies auf die Tatsache, dass böse Gedanken scheitern und unschuldige Gedanken geschützt und gesegnet werden.

Man sollte meinen, dass die Israeliten nach allem, was Moses für sie getan hatte, durch sein Erscheinen unter ihnen ermutigt wurden. Aber sie waren ambivalent, was ihren Auszug aus Ägypten anging; sie waren ebenso skeptisch und verärgert wie dankbar

247

und voll des Lobes. Sie hatten sich an die Sklaverei gewöhnt, sie hatten sich in ihr Leid gefügt. Wie oft finden auch wir, wenn wir um der Freiheit willen mit etwas brechen sollen, dass die Sklaverei der Vertrautheit des Ego der Ungewissheit vorzuziehen ist, die mit der Veränderung einhergeht. Unsere Gestörtheit kann eine perverse Art von Wohlfühlzone bilden.

Oftmals halten wir die Stimme, die uns aus der Knechtschaft herauszieht (der Name Moses bedeutet »der aus dem Wasser *herausgezogen* wurde«), zumindest anfänglich eher für etwas, das uns an unseren Schmerz erinnert, statt dass es uns davon erlöst. Die Israeliten wussten, dass sie als Sklaven zu essen und ein Dach über dem Kopf hatten; wie konnten sie, wenn sie flohen, sicher sein, dass sie ihre Reise ins Gelobte Land überlebten? Wie oft ziehen auch wir den steinigen Weg des Ego dem steinigen Weg der Selbstverwirklichung vor? Wir kommen lieber mit unserer inneren Sklaverei zurecht, als Staub aufzuwirbeln und um der Freiheit willen einen Schnitt zu machen. Wir akzeptieren lieber die falschen Bequemlichkeiten des Opferdaseins, statt die Verantwortung auf uns zu nehmen, die der Sieg mit sich bringt. Moses aber steht für die Stimme in uns allen, die uns immer aus der Reserve lockt, hochzieht, vorwärtszieht hin zur Wahrheit unseres wahren Wesens und der Größe unserer Aufgabe im Hier.

AUCH WENN ES EINES WUNDERS BEDARF

Schließlich ließ der Pharao seine Sklaven frei. Und in dieser Nacht, in der Hektik des »Schnell, bevor er seine Meinung ändert«, flohen die Israeliten. Als sie aber die Nordspitze des Roten Meeres erreichten, sahen die Israeliten zu ihrem Schrecken, dass die ägyptische Armee hinter ihnen her war und auf sie zustürmte. Der Pharao hatte beschlossen, dass er seine Sklaven wiederhaben wollte. Das Ego gibt nie nach, es sagt nie: »Okay, geh«, und meint es auch so. Wann immer es »Du kannst jetzt gehen« sagt, meint es eigentlich: »Geh – bis ich rausgefunden habe, wie ich dich zurückkriege.« Es bedarf eines Wunders, eines spirituellen Erwachens, um uns aus den Klauen des Ego zu befreien.

Wie oft hat uns eine ähnliche Verzweiflung gepackt wie die, die die Israeliten beim Anblick der ägyptischen Armee empfunden haben müssen? Sie konnten nur weitergehen und im Meer ertrinken oder stehen bleiben und von der Armee überwältigt und getötet oder in die Sklaverei zurückgeführt werden. Wie oft hatten auch wir das Gefühl, uns für die Freiheit entschieden zu haben, um dann in die Knechtschaft des Ego zurückgezerrt zu werden? Um uns zu retten, braucht es mehr als einen starken eigenen Willen; es braucht ein Wunder. Die Israeliten bauten für ihre Rettung auf Moses, und er rettete sie.

In diesem Augenblick ereignete sich eines der großen Wunder der Geschichte, eine der machtvollsten Demonstrationen von

Gottes Handeln für sein Volk. In diesem Augenblick wies Gott Moses an, seinen Stab zu heben und seine Hand auszustrecken: »Moses streckte seine Hand über das Meer aus, und der Herr trieb die ganze Nacht das Meer durch einen starken Ostwind fort. Er ließ das Meer austrocknen, und das Wasser spaltete sich. Die Israeliten zogen auf trockenem Boden ins Meer hinein, während rechts und links von ihnen das Wasser wie eine Mauer stand.« Natürlich folgte die ägyptische Armee ihnen, und wir wissen alle, was mit ihr geschah.

Die Teilung des Roten Meeres ist einer der großen biblischen Beweise dafür, dass Gott tut, was immer nötig ist, einschließlich der Transzendierung von Raum und Zeit, um den Weg zur Befreiung seiner Kinder zu ebnen. Das Universum ist darauf programmiert, uns vor den Armeen des Ego zu retten, seien dies unsere eigenen zwanghaften Gedanken oder die Bedingungen der äußeren Welt. Wir können sicher in die Wasser des Geistes eintauchen, auch wenn wir fürchten, dort zu ertrinken, denn Gott wird uns einen sicheren Übergang bereiten, und das Ego wird beschwichtigt werden.

Das Wissen, dass Gott *alles* tun wird, um sein Volk zu retten – und wir alle sind sein Volk –, ist eines der Bollwerke eines erleuchteten Lebens. Ein Gedanke wie »Das kann unmöglich passieren« wird ersetzt durch »Ich muss nicht wissen, wie es passieren wird; ich muss nur wissen, dass es passieren wird«. *Ein Kurs in Wundern* zufolge »gibt es bei Wundern keine Rangordnung nach Schwierigkeiten«.

Nachdem die Israeliten das Rote Meer durchquert hatten, sangen sie zur Feier ein Lied. Die Prophetin Miriam, eine Frau, die für Gott sprach, sang: »Ich singe dem Herrn ein Lied, denn er ist hoch und erhaben. Rosse und Wagen warf er ins Meer.« Dieses Singen steht für das Singen unserer Seelen, nachdem wir von unserem Leiden befreit worden sind. »Dem Herrn ein Lied singen« bezieht sich darauf, dass wir uns endlich frei fühlen, uns voll und ganz Ausdruck zu verleihen, ohne Angst – dass wir unsere eigene Stimme finden, unsere eigene Lebenskraft, unsere eigene emotionale Freiheit, nachdem wir im Gefängnis der Forderungen des Ego gelitten haben. Viele von uns haben »dem Herrn ein Lied gesungen«, so wie wir noch nie zuvor gesungen haben, wenn wir aus traumatischen Phasen in unserem Leben mit Talenten und Fähigkeiten auftauchten, von denen wir in unseren »Zeiten in der Wüste«, den Zeiten unserer persönlichen Verzweiflung, nichts wussten.

DIE ZEHN GEBOTE

Die Durchquerung des Roten Meeres fand ziemlich am Anfang des Exodus statt, der vierzig Jahre dauern sollte. Im dritten Monat kamen die Israeliten in der Wüste Sinai an. Dort rief Gott Moses zu sich auf den Berg, ein Ereignis, das von Rauch, Erdbeben und »gewaltigem Hörnerschall« begleitet wurde. Vierzig Tage und Nächte lang trank und aß Moses nichts, während er die Zehn Gebote empfing. »Mit dem Finger Gottes auf zwei Steintafeln geschrieben«, sollte er diese dem Volk Israel übergeben. Die Juden sollten nach diesen Grundsätzen leben, sich so an Gottes Gesetz halten und Überbringer dieses Gesetzes werden. Gott sagte Moses, es solle dem Volke Israel Folgendes mitteilen: »Ihr habt gesehen, was ich den Ägyptern angetan habe, wie ich euch auf Adlerflügeln getragen und hierher zu mir gebracht habe. Jetzt aber, wenn ihr auf meine Stimme hört und meinen Bund haltet, werdet ihr unter allen Völkern mein besonderes Eigentum sein. Mir gehört die ganze Erde, ihr aber sollt mir als ein Reich von Priestern und als ein heiliges Volk gehören.«

Moses wurde aus dem Schilf am Nilufer gezogen, die Israeliten wurden zum Auszug aus Ägypten gebracht, und die von Gott übermittelten Zehn Gebote sind das Gesetz zum rechten Leben als freier Mann und freie Frau. Nachdem sie keine Sklaven mehr waren, waren die Israeliten frei zu leben, wie sie wollten. Selbst während wir in Freiheit leben, hält uns das Beachten innerer Gesetze auf dem Pfad der Rechtschaffenheit, dem Pfad der Heiligkeit, dem Pfad der Liebe.

Die Zehn Gebote zeigen die Prinzipien auf, die uns mit unserem höheren Selbst in Einklang bringen, indem sie uns mit Gott in Einklang bringen. Das »Du sollst nicht« in den Zehn Geboten ist eine Beschreibung des Verhaltens, wenn wir mit unserem wahrem Selbst in Einklang sind. Letztlich ist »Gottes Gesetze zu befolgen« und »wirklich wir selbst sein« dasselbe. Als Moses vom Berg herabstieg, nachdem er die Zehn Gebote empfangen hatte, leuchtete sein Gesicht, denn er hatte Gott gesehen.

Obwohl die Zehn Gebote ursprünglich vor Tausenden von Jahren übergeben wurden, sind sie so zeitgemäß wie eh und je. Denn sie sprechen die tiefe, zeitlose Wirklichkeit der Wahrheit in uns allen an. Gottes Stimme ist uralt, und Gottes Stimme ist jetzt.

1. Ich bin der Herr, dein Gott. Du sollst keine anderen Götter neben mir haben.

   Wann immer Sie glauben, dass das Geld Sie retten wird, oder der neue Job oder das Prestige oder die Beziehung, dann besinnen Sie sich darauf, dass Gott – »der Sie aus dem Land Ägypten, aus dem Haus der Knechtschaft« herausgebracht hat – alles Gute in Ihr Leben gebracht hat. Und nicht das Geld oder der Job oder der Ruhm oder der Sex. Diese Dinge waren nicht da, um das Universum für Sie umzuordnen, als Sie ganz unten waren, unfähig, irgendwie zu funktionieren. Gott war da.

2. Du sollst dir kein Bildnis noch irgendein Gleichnis machen ...; bete sie nicht an, und diene ihnen nicht.

   All diese weltlichen Dinge, die Sie Ihrer Meinung nach retten werden, vor denen Sie sich verbeugen, die Sie Ihrer Ansicht nach aufsaugen müssen, um das Leben zu führen, das Sie führen wollen. Darüber möchten Sie vielleicht noch einmal nachdenken. So etwas nennt man Götzenanbetung, und es wird nicht funktionieren. Götzen stürzen. Warum? Weil sie nicht Gott sind. Wir geraten manchmal in Verwirrung und meinen, sie seien Gott.

3. Du sollst den Namen des Herrn, deines Gottes, nicht missbrauchen.

*Sie denken vielleicht, dass Sprache keine Rolle spielt, aber das tut sie. Worte
haben Macht. Mit den Worten fahrlässig umzugehen ist so zerstörerisch, wie
es kreativ ist, sorgfältig mit ihnen umzugehen. Die Welt ist kein Witz, und
das Göttliche in uns ist es auch nicht. Schlampig über Gott zu reden heißt,
schlampig über sich selbst zu reden. Erwarten Sie sich davon nichts Gutes.*

4. Gedenke des Sabbattags, dass du ihn heiligest.

*Die Belastungsfähigkeit unseres Nervensystems ist begrenzt. Sie sind kein
menschliches Tun und Machen; Sie sind ein menschliches Wesen. Immer
nur Tempo, Tempo, Tempo, Arbeit, Arbeit, Arbeit, muss los, muss los zerstört die Nebennieren, entzieht Lebenskraft und führt zu dummen Entscheidungen, die sich auf Ihr Leben und das Leben anderer auswirken. Ein
Tag in der Woche. Nur ein Tag. Schaffen Sie sich Ihren »Sabbat« in Bezug
auf wichtige Dinge, tiefe Dinge, liebevolle Dinge. Schichten Sie um, wenden
Sie sich nach innen, und stellen Sie Ihre Energien neu ein, um mit Gott in
Einklang zu kommen. An den anderen sechs Tagen ist es gut, sich jeden Tag
ein bisschen Zeit zu nehmen. Aber am Sabbat geben Sie Gott das Ganze.
Sie werden länger leben, gesünder und glücklicher sein, wenn Sie es tun.*

5. Du sollst deinen Vater und deine Mutter ehren.

*Wir können nicht glücklich sein, wenn wir nicht unser Kindheitsdrama
durchschauen und die Dinge mit unseren Eltern in Ordnung bringen.
Wenn sie gute Eltern waren, verdienen sie wahrscheinlich mehr Freundlichkeit und Respekt, als sie derzeit von Ihnen bekommen. Und wenn sie*

keine so guten Eltern waren, müssen Sie ihnen trotzdem vergeben, oder Ihre Beziehungen werden Ihr ganzes Leben lang ein Schlamassel sein.

6. Du sollst nicht töten.

Schwer zu glauben, dass wir das heute noch zu hören bekommen müssen, aber wir töten immer noch, stecken gewaltige Ressourcen in die Herstellung von noch mehr Tötungsmaschinerie, ignorieren im Grunde dieses Gebot. Das Ego liebt »starke Verteidigung« und den zweiten Zusatzartikel zur Verfassung der Vereinigten Staaten, das Recht auf den Besitz und das Tragen von Waffen. Aber das Ego ist auch ein Mörder …

7. Du sollst nicht ehebrechen.

Es ist an der Zeit, zuzugeben, dass der übermäßig saloppe Umgang mit Sex für uns selbst und andere schädlich ist. Sex ist eine der machtvollsten Kräfte des Universums, eine, die sowohl heilen als auch schädigen kann. Wenn Sie mit dieser Energie Schindluder treiben, wird jemand zwangsläufig verletzt werden. Und es könnte sein, dass Sie das sind. Wenn Sex nicht einer geheiligten Verbundenheit entspringt, kommt er nicht von Gott. Ob die Verpflichtung zur Verbundenheit die Ihre war oder die einer anderen Person, es ist an Ihnen, sie zu achten.

8. Du sollst nicht stehlen.

Noch einmal, es ist schon erstaunlich, dass wir immer noch daran erinnert werden müssen. Aber Konzerne stehlen nach wie vor Saatgut; Nationen und Konzerne stehlen nach wie vor Land; und die Reichen stehlen noch immer von den Armen. Und wir nehmen das hin!

9. Du sollst kein falsch Zeugnis reden wider deinen Nächsten.
   *Und noch einmal, Worte haben Macht. Negativer Tratsch, üble Nachrede,
   Hassreden — das alles kann die Karrieren von Menschen, ja sogar ihr
   Leben zerstören. Es spielt keine Rolle, ob jemand im Raum war, als Sie
   diese unfreundlichen oder unfairen Bemerkungen machten; stellen Sie sich
   vor, das Universum hat Ohren. Worte sind Energie, und Energie nimmt
   Form an. Was immer Sie sagen, kommt zu Ihnen zurück.*

10. Du sollst nicht begehren deines Nächsten Haus …
    *Gott hat ein Universum der grenzenlosen Fülle geschaffen. Wenn Ihr
    Nachbar etwas Großartiges hat, schmälert das nicht Ihre Fähigkeit, es auch
    zu haben. Aber wenn Sie seinem Erfolg Ihren Segen vorenthalten, begrenzt
    das nur Ihre Fähigkeit, das Gleiche anzuziehen. Sie bekommen nur das im
    Leben, das im Leben anderer zu segnen Sie bereit sind.*

AUF DEN RUF REAGIEREN

Die Israeliten wanderten durch die Wüste, und ihre Reise war
weiterhin schwierig und war weiterhin von Wundern begleitet.
Gott ließ Manna vom Himmel regnen und bedeckte das Lager
mit Wachteln, damit die hungrigen Wanderer zu essen hatten.
Gott gab Moses die Macht in die Hände, eine Armee zurückzu-
halten. Das Band zwischen Gott und den Israeliten wurde in
dieser Zeit ihres Leidens tiefer. Einmal gebot Gott Moses, mit
seinem Stab gegen einen Fels zu schlagen, als die Israeliten Trink-

wasser brauchten. Da er das Wasser nicht sogleich hervorkommen sah, schlug Moses ein zweites Mal gegen den Fels. Dafür bestrafte ihn Gott, indem er ihm den Eintritt ins Gelobte Land verweigerte. Aus metaphysischer Sicht bedeutet dies, dass der Mangel an Glaube unsere Macht schmälert und uns inneren Frieden verwehrt.

Bei vielen von uns besteht das Problem nicht darin, dass wir nicht hören, was Gott sagt; es besteht darin, dass wir nicht *glauben,* was Gott sagt, oder dass uns *nicht gefällt,* was Gott sagt. Dann setzen wir unseren Unglauben in Handeln um, tun oder sagen etwas, das Gottes Plan stört und unser Wunder abwendet. Aber das Leben wird uns weiterhin zu unserer Bestimmung der tieferen Beziehung mit Gott »ziehen«, und dazu, dass wir die Aufgaben, die er uns zuweist, kraftvoll ausführen.

Wir alle machen in unserem Leben einen Exodus durch; wir alle werden mit mysteriöser Hand aus der Sklaverei ins Gelobte Land befördert. Der Exodus ist unsere Reise durchs Leiden, ein Leiden unter der Knechtschaft des Ego, bis wir zur Freiheit unter Gott gelangen.

Moses bringt uns in Erinnerung, dass Gott Gott ist; Gott führte die Israeliten aus der Sklaverei und aus ihrem Leiden heraus, und das Gleiche wird er für uns tun. Manchmal in den Jahren der Sklaverei, manchmal in den Jahren in der Wüste und manchmal in den versprochenen Jahren geben uns die Worte Kraft: »Höre, Israel, der Herr, unser Gott, ist einzig. Amen.«

Die großen religiösen Traditionen übermitteln uns Geschichten von erleuchteten Wesen. Diese sollen uns anspornen, unsere eigene Heldenreise fortzusetzen im Wissen, dass wir auf die unausweichliche Herrlichkeit zusteuern, zu der uns unsere Reise letztlich führt, obwohl auch wir gegen Illusionen kämpfen, wandern und leiden.

Das Leiden der Juden unter dem Pharao ist ein grundlegender Mythos in der Menschheitsgeschichte, der unserem Bewusstsein die Beziehung zwischen den Kindern Gottes und dem uns verhöhnenden Ego einprägt. Das Ego ist in der Tat ein geistiger Sklaventreiber. Es ist der unbewusste Teil in uns, der uns immer und immer wieder zur Selbstsabotage führt – dazu, unsere Beziehungen zu untergraben, uns der Gesundung zu widersetzen, dumme Entscheidungen zu treffen und so weiter. Es ist der Teil in uns, der alles, was geschieht, so negativ wie möglich interpretiert. Es ist der Teil in uns, der darauf besteht, dass es keine Hoffnung gibt. Es steht für jedwede äußeren Kräfte, die uns unten halten wollen.

Das Ego hat nur ein Ziel: unser Leiden. Gott hingegen hat ein anderes Ziel: unsere Befreiung. Ob es nun das Leiden des Alters, der Krankheit und des Todes ist, von dem Buddha sprach; oder das Leiden der Juden in der Sklaverei oder als sie die Wüste durchwanderten; oder das Leiden von Jesus am Kreuz – alle drei Geschichten zeugen von der Bösartigkeit des Ego-Geistes.

Wie viel Böses auch immer in der Welt in Erscheinung tritt, mit der Zeit wird es ersetzt durch die Rückkehr der Liebe. Der Schöpfer des Universums setzt die Kraft außer Kraft, die sich seinem Plan in den Weg stellen möchte. Der Bogen des Universums bewegt sich, wie langsam auch immer, in Richtung des Guten.

Mit am erstaunlichsten an den großen religiösen Geschichten ist ihr psychologischer Scharfsinn. Gott dienen – das heißt, Liebe ausdehnen – ist nicht etwas, das wir tun »sollten«. Es ist die einzige Möglichkeit, glücklich zu sein. Doch diesen Punkt zu erreichen, sich durch all die Schatten in uns hindurchzubrennen, bis das Licht unseres wahren Wesens durchscheinen kann, das ist eine Reise. Es ist ein Prozess; es ist keine Gegebenheit. Und dieser Prozess kann hart sein.

Die vierzig Jahre, in denen die Israeliten auf ihrem Weg ins Gelobte Land litten, waren nicht leicht. Sich seiner selbst wirklich gewahr zu werden, sich durch die Schichten des falschen Selbst hindurchzubrennen, kann zutiefst schmerzhaft sein. Unsere gegenwärtige Gesellschaft reagiert auf diesen Schmerz, indem sie schnelle Abhilfe verspricht. Aber in manchen Fällen erweist sich die Zeit, die wir in der Wüste verbringen, als Grundlage für unsere Erneuerung. Viele von uns sehen dort in der Wüste ihre ersten Wunder.

Die großen religiösen Geschichten sind nicht einfach Geschichten, sondern verschlüsselte Botschaften von Gott an uns alle. Gott weilt im Quantenfeld der Nicht-Zeit, des Nicht-Raums, und was er irgendjemandem übermittelt, übermittelt er allen. Er wird *uns* aus der Sklaverei führen, er wird *uns* zur Tür der Erleuchtung führen. Was für einen größeren Segen könnten wir erhalten als den, dass Gott uns sagt, er wird uns »hierher zu mir« bringen?

Wenn wir zu Gott gebracht werden, werden wir von der Illusion von wer wir sind zur Wirklichkeit unseres wahren Wesens und Seins befreit. Wir gehen von der Sucht zur Nüchternheit über; vom Bedürftigsein zur Unabhängigkeit; von der Angst zur Tapferkeit. Wir geben die Teile von uns selbst auf, die sterben müssen, um das zu gebären, was da geboren zu werden versucht. Auf unserem Weg zum dahinterliegenden Leben brennen wir uns durch eine Menge Ego hindurch und müssen allem ins Auge sehen, dem wir ins Auge sehen müssen, bevor wir Gottes ansichtig werden. Das ist schmerzhaft, vielleicht auch qualvoll. Es ist demütigend. Es ist furchterregend. Aber die Reise durch die spirituelle Wildnis ist nicht vergeblich, denn sie wird uns schließlich ins Gelobte Land führen.

DER TOD DES MOSES

Als Moses hundertzwanzig Jahre alt war, stieg er auf den Berg Nebo, und Gott zeigte ihm das ganze Land bis hin zum Mittelmeer und sagte: »Das ist das Land, das ich Abraham, Isaak und Jakob versprochen habe mit dem Schwur: ›Deinen Nachkommen werde ich es geben.‹ Ich habe es dich mit deinen Augen schauen lassen. Hinüberziehen wirst du nicht.« Moses selbst wurde es nicht gestattet, ins Gelobte Land einzuziehen.

Da erging es Moses wie Susan B. Anthony, die ihr ganzes Leben den Frauenrechten widmete, aber selbst nicht mehr erlebte, wie der neunzehnte Zusatzartikel zur Verfassung verabschiedet wurde, der den Frauen das Wahlrecht zusichert; oder so wie Martin Luther King jr., der sagte, er habe das Gelobte Land gesehen, aber dann hinzufügte: »Es mag sein, dass ich nicht mit euch dahin gelange.« Die Generation, die immer noch die Erinnerung an die Sklaverei bewahrt, ist nicht immer die, die vollkommen davon befreit wird. Die Geschichte der Juden ist die Geschichte eines Volkes, eine Geschichte von Generationen, die kommen und gehen, von Anstrengungen, die eine Generation unternommen hat, der dann die Anstrengungen der nächsten folgen.

Josua, der in der Wüste geboren worden war, sollte als Führer der Israeliten ins Gelobte Land einziehen. Gott sagte zu ihm: »Sei mutig und stark. Fürchte dich nicht. Verliere nicht die Hoffnung. Ich bin der Herr, dein Gott. Ich bin bei dir bei allem, was du unternimmst.«

Die Geschichte des jüdischen Volkes ist in moderner wie in alter Zeit von extremem Leiden gekennzeichnet. Aus Judenhass und Judenfeindlichkeit entstand der Antisemitismus, und die damit verbundenen Verbrechen reichen viele Jahrhunderte zurück, von den Pogromen in Europa und Russland bis hin zu antisemitischen Vorfällen in der heutigen Zeit. Während des Holocausts — dem beispiellosen Massenmord an sechs Millionen Juden im Nationalsozialismus, zwischen 1941 und 1945 — sollen manche beim Betreten der Gaskammern die Worte Gottes gesprochen haben, die er an Josua richtet: Fürchte dich nicht. Ich bin bei dir, wo immer du hingehst.

Vor allem anderen ist das Gelobte Land ein Bewusstseinszustand. Es nur in geografischer Hinsicht zu verstehen hat nicht funktioniert, funktioniert nicht und wird nicht funktionieren. Es ist ein Geisteszustand, ein innerer Friede, und er allein wird unseren Kindern und Kindeskindern den äußeren Frieden garantieren. Der Bund beinhaltet nicht nur ein Versprechen, das Gott gab, sondern auch die Bedingungen der Beziehung, die wir mit Gott haben sollen. Es ist das Licht des Verstehens, wer wir in Gott sind und wer wir seinem Wunsch nach in der Welt sein sollen. Da wir selbst gelitten haben, sind wir aufgerufen, besonders sensibel für das Leiden anderer zu sein; unterdrückt, wie wir waren, sind wir aufgerufen, gegen jede Versuchung, selbst zu unterdrücken, überaus resistent zu sein. Gottes Aufforderung, ein heiliges Volk zu sein, ist wie auch die Aufforderung, ein heiliges Individuum zu sein, nicht schmerzfrei. Wie mein Vater sagte: »Die Lektionen, die Gott den Juden hinwirft, sind niemals leicht.« Die Reise der Israeliten begann vor Tausenden von Jahren und setzt sich bis zum heutigen Tag fort – so belastet wie immer, so dramatisch wie immer und so kraftvoll wie immer. Gott ist noch immer bei uns und wird bei uns sein, wo immer wir hingehen.

II
DAS LICHT JESU

Dass Jesus gelebt hat, ist eine historische Tatsache; aber auch eine mystische. Jesus ist ein zeitloser Kanal für spirituelle Kraft – er ist nicht nur ein Mann, der vor zweitausend Jahren gelebt hat, sondern er ist auch eine psychische Realität, deren Erfahrung wir alle fortwährend machen. Seine Geburt steht für unsere eigene Wiedergeburt; sein Wirken steht für unseren eigenen Pfad, dem wir folgen sollen; und sein Tod und seine Wiederauferstehung stehen für unser eigenes Vermögen, Schmerz, Leid und Tod zu transzendieren.

Buddhas Beobachtung des Leidens führte zu seiner Suche nach Erleuchtung; Moses' Mitgefühl für das Leiden seines Volkes befähigte ihn, die Stimme Gottes zu hören, die ihn anwies, die Israeliten aus der Sklaverei herauszuführen; und Jesu Leiden am Kreuz verdichtet die Leiden und Tränen und den Schmerz der Menschheit zu einem einzigen Ereignis. Das Wichtigste dabei ist, dass sich in Jesu Wiederauferstehung Gottes Antwort auf unser Leiden widerspiegelt: In ihm endet alles Leiden.

Das Leiden Jesu am Kreuz verkörpert die ganze Bösartigkeit des Ego. Jesu Kreuzigung ist das ultimative Symbol dafür, dass das Ego bekam, was es wollte, nämlich uns leiden und letztlich sterben zu lassen. Das Ego ist der Glaube, dass wir unser Körper *sind*, und somit scheint der Tod des Körpers der höchste Triumph des Ego zu sein. Die Wiederauferstehung ist Gottes Antwort auf die Kreuzigung, das Wiedererscheinen der Wahrheit, nachdem sich die Illusion bei uns durchgesetzt hatte. Sie ist das endgültige Wiedererscheinen des Lichts nach der Dunkelheit. Sie ist die Tatsache, dass der Tod nicht existiert, denn was Gott geschaffen hat, kann nicht sterben. Sie ist der Ausdruck von Gottes Willen, der niemals nicht geschah, nicht nur im Leben Jesu, sondern auch in unserem Leben. Ganz gleich, was passiert, ganz gleich, was an Bösem sich ereignet, Gott hat und wird immer das endgültig letzte Wort haben; mit der Zeit wird alles gut sein. Tatsächlich wird es herrlich sein.

Die spirituelle Wirklichkeit gilt für einen Gewahrseins- oder Bewusstheitszustand jenseits von Zeit und Raum, daher führt es uns über die bloße Hoffnung hinaus, wenn wir die Wiederauferstehung anerkennen. Wir *hoffen* nicht nur, dass alles mit der Zeit gut werden wird. Wir *wissen*, dass alles mit der Zeit gut werden wird, weil es im Geist Gottes bereits so ist. Im Geist Gottes — im Quantenfeld grenzenloser Liebe — ist alles bereits vollkommen. Wir können daher inmitten unserer Kreuzigung unsere Wiederauferstehung verkünden. Wie es in *Ein Kurs in Wundern* heißt: »Das Wunder lässt die Zeit in sich zusammenfallen.« Wir warten nicht darauf, dass sich die Umstände ändern, um zu erkennen, dass die

Dinge vollkommen sind. Wir erkennen an, dass die Dinge vollkommen sind, und unsere Überzeugung bewirkt, dass die Umstände sich ändern. Wie immer liegt die Macht in unserer Gedankenkraft, indem wir bestätigen, dass Gott *ist*. Und so geschieht es, dass wir es so geschehen machen.

WEIHNACHTEN

Weihnachten und Ostern sind zwei existenzielle Säulen, die jeder Situation zugrunde liegen. Weihnachten steht für eine Wahl, die uns immer zur Verfügung steht, die Wahl, unser besseres Selbst zu gebären. Ostern steht für die Tatsache, dass der Geist Gottes unser Leben der göttlichen Vollkommenheit zurückgeben wird, ganz gleich, welche Tricks das Ego anwendet.

Die Geschichte Jesu begann natürlich mit der Geschichte seiner Mutter. »Sie wurde aus ihrem Schlummer erweckt« – das heißt aus der Stumpfheit und Starre des Ego aufgerüttelt; ihr und damit uns allen wurde gesagt, dass wir mehr sein können, als wir zu sein glauben. Gott hat sich entschieden, uns mit seinem Samen zu befruchten – Gottes Geist durchdringt unser Bewusstsein –, und wenn wir ihn in uns bewahren und sich entwickeln lassen, wird neues Leben in uns entstehen. Mit unserer Menschlichkeit als Mutter und dem Geist Gottes als Vater wird sodann Christus auf Erden geboren.

Unser freier Wille bestimmt, ob die Maria in uns sagt: »Ja

Gott, bitte bediene dich meiner; lass meinen Geist, meinen Körper, mein Selbst das Gefäß für deinen Geist sein und den Schoß, durch den du dich inkarnierst.« Maria steht für das weibliche Bewusstsein, durch das wir uns zur Verfügung stellen, um von Gott genutzt zu werden, sollten wir uns dazu entscheiden. Christus ist der Name für das Wesen, das in Erscheinung tritt, wenn wir dies tun.

Jenseits des Körpers, jenseits der materiellen Ebene, auf der Ebene des reinen Geistes, sind wir nicht voneinander getrennt. Denn Gott hat uns alle als eins geschaffen. Das ist die metaphysische Bedeutung der Aussage: »Es gibt nur einen gezeugten (oder auch einzig geborenen) Sohn.« Jesus ist der Name für das Einssein, das wir alle teilen. Sich auf der Ebene Christi zu vereinen heißt, einfach zu erkennen, dass wir bereits eins sind.

Der Christus-Geist ist der Geist, den wir alle, über den Körper hinaus, teilen. Im Grunde sind wir wie die Speichen eines Rades. Am Rand des Rades, an der Felge, sehen Sie viele und voneinander getrennte Speichen. Wenn Sie aber den Punkt ihres Ursprungs an der Nabe anschauen, dann sehen Sie, dass alle Speichen aus demselben Punkt hervorgehen. Dieser Punkt des Einsseins, dieser gemeinsame Quellpunkt, hat viele Namen – und einer ist Christus.

Michelangelo hatte das Gefühl, dass Gott eine so großartige Statue wie die *Pietà* oder den *David* bereits erschaffen hatte und es die Aufgabe des Bildhauers sei, nur noch den überflüssigen Marmor zu entfernen, der die Statue umgab. So haben wir alle das ewige Selbst, das vollkommene Selbst, das unveränderliche Selbst, das Gottes Schöpfung ist, in uns. Erleuchtung bedeutet, dass wir die angstbesetzten Gedanken, die es umgeben und verdecken, auflösen.

Ein Name für dieses gemeinsame Selbst ist Jesus. Er war einer, in dem alle auf Angst gegründeten Gedanken aufgelöst wurden; so wurde er eins mit Christus. Indem wir uns auf ihn besinnen, besinnen wir uns darauf, wer wir wirklich sind.

KREUZIGUNG

Wir kommen als unschuldige Wesen in diese Welt, sehnen uns danach, zu lieben und Liebe zu empfangen, aber das Ego setzt sich bei uns allen durch. Es trachtet danach, unsere Unschuld ans Kreuz zu nageln, unsere Liebe außer Kraft zu setzen, uns leiden zu lassen und, wenn es kann, uns zu töten. Es ist der Aspekt des Geistes, der Gott ablehnt, ihn verleugnet.

Das Leiden Jesu am Kreuz symbolisiert alles Leiden, das das Ego je verursacht hat oder verursachen wird. Ein menschliches Wesen brach das Schwert des Ego entzwei, indem es, während es die schlimmsten Folterqualen durchlitt, jene, die es marterten, voll und ganz liebte. Da wir alle im Geist verbunden sind, wird die Errungenschaft eines Einzelnen jedermann zugänglich. Jesus brach den Bann des Ego, indem er seinen Geist Gott vollständig übergab, und nun ist der Bann für jedermann gebrochen.

Der Körper ist die Ebene der Kreuzigung; der reine Geist ist die Ebene der Wiederauferstehung. Jesus zeigt die Macht der Liebe auf, mit der wir unsere Kreuzigungen meistern und über sie hinwegkommen. Die spirituelle Lektion jedweder Situation hat nichts mit dem zu tun, was uns angetan wurde, sondern damit, wie wir das, was uns angetan wurde, interpretieren. Wir haben die Wahl, mit welchem Universum wir uns identifizieren; und wir erleben uns als dem Universum verbunden, mit dem wir uns identifizieren. Wenn ich mich nur mit dem dreidimensionalen Universum identifiziere, wird sich das Ego bei mir durchsetzen. Wenn ich mich aber mit dem spirituellen Universum identifiziere, hat das Ego nicht die Macht und Kraft, mich zu beeinflussen.

Wir sind für das, was wir nach unserer Wahl denken, verantwortlich. Wenn ich mich nur mit meinem Körper identifiziere, identifiziere ich mich mit meiner Schwäche und werde die Welt auf eine Weise interpretieren, die mein Gefühl von Schwäche verstärkt; wenn ich mich aber mit Christus identifiziere, identifiziere ich mich mit meiner Stärke und werde die Welt auf eine Weise interpretieren, die mein Gefühl von Stärke verstärkt. Ob meine Kreuzigung im Bereich der Gesundheit, der Beziehungen, des Geldes und der Karriere oder irgendetwas anderem stattfindet, spielt keine Rolle. Die Kreuzigung nimmt viele verschiedenen Formen an, aber die Wiederauferstehung hat keine Form. Es gibt nur ein wirkliches Problem und eine wirkliche Antwort. Gottes Antwort ist die gleiche, egal, wie das Problem im Einzelnen aussieht. Wenn ich in irgendeiner Situation meine Barrieren entferne, die ich gegenüber der Liebe aufgebaut habe, rufe ich die wundersame Macht Gottes auf, sie zu transformieren. Die Kreuzigung ist das Energiemuster, mittels dessen das Ego danach trachtet, unser Leben zu ruinieren. Die Wiederauferstehung ist die Rückkehr zur Liebe und setzt somit das Ego außer Kraft.

Deshalb ist Liebe immer die Antwort. Die Frage »Wem muss ich vergeben?« ist in jeder Situation relevant für das Ausüben meiner Macht und die Rückkehr zu tiefer geistiger Gesundheit. Es *fühlt* sich nicht unbedingt so an, aber so ist es. Nur wenn ich in einem Zustand reiner Liebe bin, bin ich in meiner Macht, denn nur das ist die Macht und Kraft Gottes. Und daraus folgen alle Wunder.

WIEDERAUFERSTEHUNG

Die Wiederauferstehung ist nicht nur eine Glaubenssache, sondern eine existenzielle Gegebenheit. Sie beschreibt einfach, wie das Universum funktioniert – das Leben behauptet sich immer wieder selbst, auch wenn die Kräfte des Todes und der Dunkelheit zeitweilig vorherrschen. Es ist ein anderweltliches Ereignis, das die Welt wiederherstellt. Wie eine winzige Blume durch die Ritzen geborstenen Betons wächst, erscheint endlich der Geistesfriede, nachdem Zeiten des Kummers und Schmerzes das Herz verwüstet haben. Die Liebe erscheint immer und immer wieder aufs Neue, auch nach den niederschmetterndsten Ereignissen. Und obwohl unser Körper mit der Zeit schließlich loslässt, gibt es in Wirklichkeit keine Zeit und gibt es in Gott keinen Tod.

Jesus sagte: »Habt Mut, ich habe die Welt besiegt.« Er sagte nicht: »Macht euch keine Sorgen, ich habe alles in Ordnung gebracht.« In Ordnung bringen und besiegen sind zwei verschiedene Dinge. In Ordnung bringen heißt hier, die Dinge auf der weltlichen Ebene ändern; besiegen heißt hier, sich gänzlich über das Bewusstsein dieser Welt hinaus zu entwickeln.

Für manche ist Jesus ein Lehrer; für manche ist er eine Übermittlung oder Übertragung. Er ist das eine oder andere oder beides in unserem Leben, was immer wir wählen. Bei einer echten spirituellen Erfahrung gehen wir über das bloße intellektuelle Verstehen hinaus, erleben eine tiefe innere Veränderung.

Manche fragen: »Aber du glaubst doch nicht, dass sich die Wiederauferstehung wirklich auf physischer Ebene ereignet hat? Du hältst das doch nur für eine *Metapher*, oder?« Das ist ein banaler Einwand. Die Wiederauferstehung ist eine psychische Realität, ob sie nun physisch stattfand oder nicht. Sie ist mehr als ein Symbol oder eine Idee. Sie ist ein bleibender spiritueller Eindruck von grenzenlosen Möglichkeiten, den einer zuwegegebracht hat und der nun allen zur Verfügung steht.

Der Glaube an die Wiederauferstehung ist einfach eine Einsicht darin, wie das Universum agiert. Denn Wunder, die von Gott kommen, sind etwas Natürliches. Es gibt Gesetze des inneren Universums, die sich beobachten und wahrnehmen lassen, so wie es Gesetze des äußeren Universums gibt, die sich beobachten und wahrnehmen lassen. So wie die physische Schwerkraft Dinge niederdrückt, ist die Liebe eine Antigravitationskraft, die sicherstellt, dass alles, was hinabsinkt, sich schließlich wieder erheben wird. Das Ego zieht alle Dinge runter, und sie werden dann — wenn die Liebe gegenwärtig ist — wieder in die Höhe gehoben. Wir müssen unseren Geist mit der Liebe in Einklang bringen, damit dieses Prinzip in unserem Leben wirksam in Erscheinung tritt.

Wenn wir uns dazu entscheiden zu glauben, dass diese Wahrheit nicht wahr sein kann, so bleibt sie dennoch wahr, aber wir sind für sie blind. Wunder stehen immer zur Verfügung, aber wenn unser inneres Auge geschlossen ist, dann können wir nicht sehen. Gelegenheiten tauchen auf, und wir erkennen sie nicht; Hilfe kommt, aber wir schätzen sie nicht und nehmen daher das von ihr angebotene Wunder nicht an; die Liebe steht vor uns, aber wir lassen sie davonschlüpfen. In *Ein Kurs in Wundern* heißt es, dass wir wie Menschen in einem sehr hellen Raum sind, die sich die Hände vor die Augen halten und sich beklagen, dass es so dunkel ist.

Jesu vollständige Hingabe an Gott — oder Korrektur der Wahrnehmung — machte ihn eins mit der Sühne. *Ein Kurs in Wundern* zufolge wurde er von Gott ermächtigt, uns ein älterer Bruder zu sein, wenn wir ihn um Hilfe anrufen, während wir uns auf dem Pfad zu unserer Erleuchtung befinden. Wenn wir uns auf ihn besinnen, besinnen wir uns auf Gott. Wenn wir uns auf seine Macht besinnen, besinnen wir uns auf unsere eigene Macht. Wenn sein Geist mit unserem Geist verbunden ist, leuchtet er das Ego weg.

Jede Situation der Kreuzigung in unserem Leben wird dann wundersam transformiert.

Aber das braucht natürlich drei Tage.

Was bedeutet das? Es bedeutet, dass wir in der Zeit tiefster Finsternis unser Denken verändern und den Prozess in Gang setzen, durch den sich das Licht wieder behaupten wird. Auf der linearen Ebene braucht es Zeit – ein Zeitraum, der durch die vierzig Jahre der Israeliten in der Wüste und durch die drei Tage zwischen Kreuzigung und Wiederauferstehung symbolisiert wird –, bis die weltlichen Bedingungen unsere Veränderung im Bewusstsein eingeholt haben. Hat der reine Geist unser Denken auf der Ursachenebene neu eingestellt, führt dies automatisch zu Veränderungen. Während wir in dieser Welt leben, denken wir Gedanken, die nicht von dieser Welt sind, was uns Meisterhaftigkeit in dieser Welt verleiht.

Wenn wir unser Herz offen halten, auch wenn es dabei ist, zu brechen, wenn wir danach trachten, andere zu lieben, auch wenn sie uns ihre Liebe verweigert haben, dann denken wir wie Jesus und teilen seine Wiederauferstehung. Jesus wird uns – wenn wir darum bitten – seine Macht und Kraft verleihen, seinen Geist mit dem unseren vereinen, um das Ego wegzustrahlen. Er wird in der Lücke zwischen unserem Ego und dem reinen Geist stehen und uns so vor dem Wahnsinn des Ego-Geistes bewahren. Das bedeutet es, wenn es heißt, dass Jesus Dämonen austreibt: Wenn unser Geist seiner Fürsorge übergeben ist, werden wir über unsere Neurosen und Krankheiten und Ängste hinaus erhoben.

Wie heilt er die Kranken und erweckt die Toten wieder zum Leben? Als der Leprakranke vor Jesus stand, stand er vor jemandem, dessen Geist von der weltlichen Illusion geheilt worden war. Jesus sah nicht nur mit dem physischen, sondern mit dem inneren, dem spirituellen Auge, mit der Sehkraft des Heiligen Geistes. Als er auf den Leprakranken blickte, erblickte er durch die Illusion eines kranken Körpers hindurch in diesem Menschen das vollkommene Wesen, den Christus. Indem sich Jesus in Einklang mit dem Geist Gottes brachte, wurden ihm, wie auch schon Moses, die Macht und Kraft verliehen, alle Dinge in die göttliche rechte Ordnung zu erheben. In *Ein Kurs in Wundern* heißt es, dass Wunder aus der Überzeugung entstehen. Jesus glaubte einfach nicht an die Lepra, weil er wusste, dass nur die Liebe Wirklichkeit ist. Da sein Geist so davon überzeugt war, konnte der Leprakranke in seiner Gegenwart ebenfalls nicht an sie glauben – und wurde so geheilt.

Das bedeutet es, ein Wunderwirkender zu sein: die Präsenz der Alternative zu sein, jemand, dessen Geist von den Illusionen der Welt so geheilt ist, dass sich die Illusionen in unserer Gegenwart auflösen. Die großen spirituellen Meister der Welt, die wie Jesus dies erreicht haben, sehen wir als ältere Brüder und Schwestern an, als Lehrer und Lehrerinnen, als Leuchttürme, die aufzeigen, was uns möglich ist.

In *Ein Kurs in Wundern* heißt es, dass Jesus nichts hatte, was wir nicht haben, er hatte einfach nicht noch etwas anderes. Dass er in einem Zustand verweilte, der potenziell in uns allen existiert. Dass er uns helfen wird, wenn wir ihn bitten, in unseren Geist einzutreten, damit auch wir zu diesem Zustand geleitet werden. Die Kreuzigung ist ein persönliches Ereignis, eine menschliche Geschichte; aber die Wiederauferstehung ist eine spirituelle Gegebenheit, ein kollektives Feld unbegrenzter Möglichkeiten, das wir alle teilen. Wir können spirituell über die Regionen des Leidens hinwegspringen und die Herrlichkeit erfahren, die das Ende des Leidens mit sich bringt.

Sowohl die Kreuzigung als auch die Wiederauferstehung sind außergewöhnliche Kräfte, die in unserem Leben wirken, so wie sie auch im Leben Jesu gewirkt haben. Es sind psychische Realitäten, die zu verstehen dem Verständnis von unserem eigenen Leben zusätzliche Tiefe verleiht. Damit gewinnen wir die Fähigkeit, unsere Erfahrungen in der Welt klüger zu steuern. Unser Leiden nicht zu fühlen heißt, die Kreuzigung zu leugnen und zu verweigern; aber es nicht loszulassen heißt, die Wiederauferstehung zu leugnen und zu verweigern. Wir mögen gefallen sein, aber wir werden uns erheben.

OSTERN

Ostern ist ein Symbol der Wiederauferstehung, die krönende Errungenschaft des vergebenden Geistes. Es steht für den Triumph der Liebe und das heilende Potenzial, das jedem Augenblick innewohnt. Es steht für einen Grund zu hoffen, wenn alle Hoffnung verloren scheint; für das Potenzial des Lichts, das auch in der tiefsten Finsternis vorhanden ist; und für die Möglichkeit eines Neubeginns, der unmöglich schien, als alles schiefgegangen war.

Als Prinzip bedarf die Wiederauferstehung für ihre Existenz nicht unserer Erkenntnis. Aber als praktische Realität bedarf sie unserer Bereitschaft, wenn sie sich manifestieren soll. Wenn wir offen sind für unbegrenzte Möglichkeiten — bereit sind zu erwägen, dass es einen anderen Weg geben, dass ein Wunder möglich sein könnte — stehen wir für Wunder zur Verfügung. Wir werden schwanger mit Möglichkeiten, wenn wir erst einmal zugelassen haben, dass der Gedanke der unbegrenzten Möglichkeiten unser Bewusstsein durchdringt.

Wo Teile von uns — die Hoffnung, das Wachstum, die Kreativität — erstorben sind, stellt Gott unser gekreuzigtes Selbst wieder her zu neuem Leben, stellt er die kosmische Ordnung sogar in Situationen wieder her, in denen zuvor das allerentsetzlichste Chaos regierte.

Menschliches Leiden ist in einer von Illusion und Angst durchdrungenen Welt unvermeidlich, aber durch die Macht der Vergebung können wir es transformieren und tun dies auch. Mit jedem Gebet, jedem Moment des Glaubens, jedem Akt des Erbarmens, jedem Augenblick der Reue, jedem Bemühen um Vergebung bewegen wir uns mit der Zeit über das Leiden hinaus. Wir ersterben für die, die wir waren, und werden wiedergeboren als die, die wir sein sollen, und werden so über die Dunkelheit und die Unwissenheit und den Tod erhoben.

Wir alle machen dies durch – wir alle haben unsere eigenen Kreuzigungen, unsere eigenen Schlachten und Prüfungen und Beschwernisse. Aber wir alle besitzen auch das Potenzial zur Wiederauferstehung, ein innewohnender Gott, der aus der Dunkelheit herausruft und uns ins Licht bringt. Wiederauferstehung, Erlösung und Erleuchtung sind dasselbe.

Drei Tage, nachdem Jesus gekreuzigt wurde, gingen die ihm am nächsten stehenden Frauen zum Grab, um seinen Leichnam zu beanspruchen, aber sie fanden ihn nicht. Plötzlich erschienen ihnen zwei Engel, und diese sagten zu ihnen: »Was sucht ihr den Lebenden bei den Toten? Er ist nicht hier, sondern er ist auferstanden« (Lukas 24, 5–6).

Was bedeutet das, metaphysisch gesehen? Wenn wir erst einmal eine persönliche Krise überlebt haben und zu einer höheren Verständnisebene gebracht worden sind, existiert der Teil unser Persönlichkeit, der durch das Ereignis gekreuzigt wurde, nicht mehr. Gott hebt die Auswirkungen dessen auf, was uns weinen ließ. Es ist nicht so, dass wir unsere Probleme einfach »durcharbeiten«; wir werden von ihnen »errettet«.

Die Mitteilung der Engel, dass der Leichnam Christi nicht existiert, dass der gekreuzigte Christus auferstanden ist, bedeutet, dass der Aspekt von uns, der Selbstsabotage verübt hat oder Opfer der Sabotage eines anderen geworden ist, sich in unserer Persönlichkeit nicht mehr zeigen muss. Unsere neurotischen Muster, unsere Bitterkeit und Hoffnungslosigkeit; wenn diese Aspekte des Selbst von Gott geheilt worden sind, werden sie in das Wesen umgewandelt, das wir jetzt sind. Wir stecken nicht mehr in der Angst fest, sind nicht mehr ans Kreuz unserer eigenen Kreuzigung genagelt. »Hallelujah!« ist ein zu schwaches Wort dafür.

Wir werden neu durch unser neues Verstehen. Wir haben uns nicht nur einfach verbessert; wir haben uns *verändert*. Dieser Prozess ist sowohl eine Erweckung, ein Erwachen, als auch eine Reise. Wir tauchen auf aus der Pein der Konfrontation mit unseren Dämonen und treten nun, da wir sie niedergestarrt haben, ins Licht.

Die Vorteile der Reise summieren sich. Durch das, was wir durchgemacht haben, werden wir anders. Wir werden weiser, edler gesinnt, demütiger und bewusster. Wir werden friedlicher und aufgeschlossener für die Wunder des Lebens. Zu dieser Ganzheit im Innern zu finden, wo alle Bruchstücke unseres Selbst in Vergebung und Liebe zusammengefunden haben, ist die heiligste aller Arbeiten. Das ist das Wunder der Erlösung: Transformation und persönliche Wiedergeburt.

JESUS ALS ERLÖSER

Vom Ego-Bewusstsein »erlöst«, hat Jesus nun die Rolle des Erlösers für die inne, die noch darin gefangen sind. Nachdem er sich über die Illusionen seines eigenen Geistes erhoben hat, wurde er von Gott ermächtigt, allen zu helfen, die ihn anrufen, um dasselbe zu tun. Die exklusive, auf Angst gegründete Interpretation der Geschichte Jesu, die das Ego vorgenommen hat, gehört zu den großen tragischen Ironien der Welt. Wie es in *Ein Kurs in Wundern* heißt: »Bittere Götzen wurden aus ihm gemacht, der nur ein Bruder für die Welt sein wollte.« Wir geben Zeugnis von der Macht Jesu in unserem Leben, indem wir seine Liebe demonstrieren, und wir geben Zeugnis von seiner Wiederauferstehung, indem wir sie leben.

Jesus zu folgen heißt zu *lieben, wie er liebte*, denn bedingungslose Liebe ist unsere einzige Rettung und Erlösung. Lehren heißt vorführen, aufzeigen, darlegen, beweisen. Jesus fordert uns nicht auf, Märtyrer zu sein, sondern Lehrer – Menschen, die aufzeigen, wie Heilung stattfindet, wenn unser Geist in Gott heil und ganz gemacht wird. Als er zu seinen Jüngern sagte, dass sie aufs Land gehen und seine Heilsbotschaft lehren sollten, meinte er nicht: »Geht raus in die Welt, und haut den Leuten unser Buch um die Ohren.« Er meinte: »Geht raus in die Welt, und *seid Liebe*.« Das ist dasselbe, wie uns aufzuerlegen, in die Welt hinauszugehen und Wunder zu wirken, denn wenn wir Liebe sind, ereignen sich Wunder ganz natürlich. Wer die Welt liebt, ist ein Erlöser der Welt.

Alle echten spirituellen Pfade sind insofern Pfade der spirituellen Erlösung und Rettung, als sie den Geist heilen. Wenn wir lernen, wie Gott zu denken, ist das Erlösung. Jesus hat das Bewusstsein des Göttlichen, das potenziell in uns allen vorhanden ist, verwirklicht. Daher hat er nun die Macht, *uns* zu helfen, wenn wir ihn darum bitten, damit wir uns zur Schwingungsfrequenz dieses Bewusstseins erheben. Ist der Geist von Licht erfüllt, ist keine Dunkelheit da. Wenn der Geist mit Christus eins ist, existiert das Ego nicht.

Heutzutage ist es populär, zu sagen: »Ändere einfach deine Gedanken!« Aber eine solche Änderung ist nicht immer leicht, und schon gar nicht dann, wenn wir uns in einer deprimierenden Phase befinden. Wir können nicht einfach unsere Depression analysieren und erwarten, dass sie sich auflöst. Es gibt Zeiten, in denen wir ein Wunder brauchen, das uns hilft, uns über unsere Tränen zu erheben. Wir brauchen Hilfe, um von dem, was wir auf abstrakter Ebene wissen, zu dem übergehen zu können, was wir tatsächlich fühlen. Jesus ist eine der Kräfte, die uns aus dem Klammergriff der Angst erlösen und in die Arme der Liebe bringen kann.

DER GÖTTLICHE GEIST

Es war der *Geist* des Buddha, der unter dem Bodhibaum erwachte. Es war der *Geist* des Moses, der als Kanal für Gottes Kraft diente, um das Rote Meer zu teilen. Und es war der *Geist* Jesu, der ein Kanal für Gottes Macht und Kraft war. Der Geist, der sich nicht in Einklang mit Gott befindet, ist die Ursache für alles Leiden; der Geist, der sich mit Gott in Einklang befindet, ist die Ursache für das Ende des Leidens.

Mit Jesus wurden zwei weitere Männer gekreuzigt, einer zu seiner Linken und einer zu seiner Rechten. Doch es gibt keine

Berichte über *deren* Wiederauferstehung. Warum? Weil ihr Geist, so die Theorie, nicht erhellt war. Jesus hasste seine Ankläger nicht und machte auch denen, die ihn umgaben, keine Vorwürfe. Er liebte sogar selbst die, die ihn hassten. Sein Geist befand sich in so reinem Einklang mit dem bedingungslos liebenden Geist Gottes, dass ihm alle Macht Gottes gegeben wurde. Er ist das »Licht der Welt«, weil er das Licht im Innern unseres Geistes ist.

Jesus ist ein Eingangstor, so wie alle großen spirituellen Systeme. Sie sind Tore zu einem Feld unbeschreiblicher Liebe und Macht. Aber ein Eingangstor ist sinnlos, wenn wir es nicht durchschreiten. Als spirituell Suchende sind wir bestrebt, unser Bewusstsein so nahe zu Gott zu erheben, dass wir Meister und nicht Sklaven der sterblichen Welt werden – so wie der buddhistische Mönch, der sich dem Kriegsherrn gelassen widersetzte; wie Moses, der das Rote Meer teilte; und wie Jesus, der von den Toten wiederauferstand.

Für die, die leiden, ist das keine Sache der Theologie oder Metaphysik; für sie geht es darum, eine Erfahrung zu überleben. Egal, welcher Name auf der Tür steht, die wir auf unserem Weg zu Gott durchschreiten, entscheidend ist, dass wir die Tür öffnen. Es gibt keine kraftvolleren Worte als: »Lieber Gott, ich entscheide mich, in dich einzutreten. Bitte tritt ein in mich. Amen.«

Das Wunder ist, dass Gott eintreten wird, er ist schon da. Wenn wir das sehen, setzt uns das Licht in ihm und in uns selbst in Erstaunen. Unser Erstaunen verwandelt sich in Freude, unsere

Tränen verwandeln sich in Triumph, und endlich kehrt der Friede zurück.

Ich habe in meinem Leben viel Qual ertragen. Ich habe den Schmerz eines gebrochenen Herzens bei anderen gesehen und selbst erlebt. Doch ich habe auch gesehen, wie sich tiefe Finsternis in Licht verwandelte. Ich habe wieder Hoffnung in den Augen jener gesehen, die vordem keine hatten. Ich habe einen Blick darauf erhascht, wie das Universum agiert. Ich habe die Herrlichkeit Gottes gesehen. Ich bin eine Zeugin der Wiederauferstehung. In meinem Herzen weiß ich, dass sie wahr ist.

12
DU BIST STÄRKER ALS
DEIN SCHMERZ

Kein Buch, keine Heilbehandlung, kein Gottesdienst wird all unsere Tränen trocknen. Die spirituelle Medizin, die unsere Traurigkeit heilt, ist keine Pille und auch keine Spritze; sie ist ein innerer Prozess des Erwachens aus einem Traum, der sich als Wirklichkeit ausgibt. Angesichts der Tatsache, dass sich unsere ganze Gesellschaft einem Denken verschreibt, das uns voneinander trennt, uns sogar vor uns selbst schlecht macht und vor allem und jedem Angst erzeugt, überrascht es nicht, dass so viele Menschen das Gefühl haben, in einer sehr dunklen Wolke zu leben.

Unser wahres Selbst weiß, dass wir mit dem Universum eins sind, nach dem vollkommenen Bilde Gottes geschaffen, ewig unschuldig, gesegnet und geschützt und nur hier, um zu lieben und zu vergeben. Dieses wahre Selbst, wie auch immer wir es benennen möchten, ist unter Schichten von Illusionen verborgen. Gegenwärtig ist unser wahres Selbst so daran gewöhnt, sich in dem Käfig, der ihm vom Ego zugewiesen wurde, zusammenzukrümmen, dass es vergessen zu haben scheint, wie man in aller Herrlichkeit aufrecht dasteht. Es mangelt uns an den psychologischen Fertigkeiten, die zur Freude führen.

Wir kultivieren die emotionalen Gewohnheiten der Traurigkeit mehr als die emotionalen Gewohnheiten des Glücklichseins. Wir befassen uns so intensiv mit Gedanken der Angst und des Angriffs, dass unsere geistige Muskulatur, die Freude unterstützt, verkümmert ist.

Es ist an uns, diese Muskeln wieder aufzubauen, so wie es auch an uns ist, unsere physischen Muskeln zu stärken. Im Allgemeinen sind wir uns darin einig, dass wir für viele Dinge, die unser Leben betreffen, verantwortlich sind, aber das gilt irgendwie nicht für unsere Emotionen. Doch glücklich zu sein resultiert aus einer Entscheidung, die wir treffen. Mag sein, dass wir heute nicht glücklich sind, aber wenn unsere Muskulatur des Glücklichseins kräftig genug ist, werden wir auch die innere Stärke finden, dazu zurückzukehren.

Wir Menschen gehen meistenteils so durch Krisen, wie wir auch im Allgemeinen durchs Leben gehen. Wenn ich davon überzeugt bin, den wechselnden Gezeiten der Umstände ausgeliefert zu sein und dass Menschen oder Dinge die Quelle meines Glücks sind, dann heule ich zwangsläufig, wenn die betreffenden Menschen oder die Umstände nicht bringen, was ich mir wünsche. Und dann werde ich versucht sein, gegen die Menschen oder Umstände Groll zu hegen, was meinen Schmerz noch steigert.

Mein Geist ist somit die Quelle meiner Traurigkeit. Und mein

Geist ist die Quelle meines Glücklichseins. Nur ich kann darüber entscheiden, wie ich meinen Geist gebrauche, aber meine Wahl bestimmt darüber, ob ich auf meinem Weg zum Schmerz oder auf meinem Weg zum Frieden bin.

Ich befand mich einmal in einem Zeitschriftenladen an einem Flughafen und blätterte Modemagazine durch. Ich bewunderte die schönen Fotos, merkte aber, dass ich mich mit jeder Seite schlechter fühlte, was mich selbst anging. Mein Gesicht. Mein Körper. Mein Alter. Meine Klamotten. Und dann merkte ich, dass ich dabei war, eines dieser Magazine zu kaufen! Schnell legte ich es zurück, als handle es sich um heiße Kohlen, und dachte: »Warum soll ich mir das antun?!« Ich war dabei, von einer Erfahrung, die mir ein schlechtes Gefühl machte, schnurstracks dazu überzugehen, noch mehr davon zu bekommen. Das soll nicht heißen, dass solche Magazine keinen Platz im Leben haben, aber was mich an diesem speziellen Tag anging – nein.

Und tun wir uns das nicht ständig an? Wir sind so vom modernen Gebräu liebloser Wahrnehmungen vereinnahmt, dass wir versucht sind, zu meinen, wir hätten keine Wahl. Und genau hier beginnt das Erwachen. Wir haben eine Wahl. Wir haben immer eine Wahl.

SICH DAZU ENTSCHEIDEN, GLÜCKLICH ZU SEIN

Von Buddhas Edlem Achtfachem Pfad über die Zehn Gebote bis hin zum Arbeitsbuch von *Ein Kurs in Wundern* beinhaltet jede ernsthafte spirituelle Unterweisung mehr als nur ein Rezept dafür, sich gut zu fühlen. Erleuchtung bedeutet ernsthafte Arbeit.

Die Menschheit muss für ihr Überleben und Gedeihen einer Weltsicht entsagen, die auf Fiktion beruht und sich als Wirklichkeit ausgibt. Spiritualität ist die grundlegende und einschneidende Erkenntnis, dass uns die Sinne des Körpers belügen, dass die Zeit nicht das ist, was sie zu sein scheint, und dass das Universum formbarer ist, als wir dachten. Am Anfang ist das alles ein schrecklicher Schock, aber letztlich bedeutet dieses Wissen große Freude. Erst bringt es uns aus dem Konzept zu erfahren, dass wir nicht die sind, die wir zu sein glauben, und dass die Welt auch nicht das ist, für was wir sie hielten. Aber wenn wir schließlich kapieren, was das bedeutet, ist es die Quelle kompletter Erleichterung.

Dieser Augenblick der Erkenntnis, dieses Aufgeben einer begrenzten Sichtweise und dieses Offensein für Wunder bedeuten den Tod des Ego. Aber wie der Pharao in seiner Reaktion auf Moses' Forderung, die Israeliten aus der Sklaverei zu entlassen, sagt auch das Ego: »Nö. Nicht so schnell.« Auf den einen Moment der Egolosigkeit folgt nicht unbedingt ein Moment von noch mehr Egolosigkeit, sondern eher ein Moment der Panik. Das Ego baut starke Verteidigungsmechanismen auf. Zu viel Liebe wird nicht toleriert, und zu viel Vergebung geht schlichtweg gar nicht.

Wir sehr wir doch an unserem Leiden hängen. Für das Ego ist Schmerz schließlich eine Gipfelerfahrung. In gewisser Weise haben wir einen kulturellen Hang zur »Wundologie« entwickelt, wie Caroline Myss es nennt. Wir bekommen in unserer Gesellschaft mehr Unterstützung für die Orte, wo wir verwundet werden, als für die, wo wir geheilt werden. Wir finden leichter Kameradschaft unter denen, die unsere Tränen teilen, als unter denen, die unsere Freude teilen.

Es ist eine Kunst, ein emotionaler Balanceakt, Leiden zuzulassen mit der Gewissheit, dass es vorübergehen wird. Diese Gewissheit beruht nicht einfach auf unserem Glauben an Gott. Sie muss auf unserem Glauben an uns selbst beruhen. Wir müssen eine Methode entwickeln, mit uns selbst so ähnlich wie mit unseren Kindern zu reden: »... weil ich es so gesagt habe.« Ich werde das überleben, weil ich mich dazu entscheide, es zu überleben. Es besteht ein Unterschied zwischen dem Weg durch ein dunkles Tal, bei dem Sie wissen, dass Gott an Ihrer Seite geht, und einem höllischen Abstieg in einen bodenlosen Abgrund. Der bodenlose Abgrund kommt nicht von Gott, und wenn Sie jemals in einen solchen fallen sollten, dann schauen Sie, dass Sie es mit jedem erdenklichen Mittel in den Griff bekommen. »Weiche, Satan« funktioniert. Die Vorstellung, einem Vampir ein Kruzifix entgegenzustrecken, funktioniert. Auf die Knie zu fallen und zu flehen: »Gott, bitte hilf mir«, funktioniert.

Denn Sie *müssen* hochkommen. Wir brauchen Sie hier. Sie werden von Ihren Kindern oder Ihrem Partner gebraucht. Wenn es beides nicht gibt, werden Sie immer noch von der Welt gebraucht. Denn Sie sind, wie wir alle, ein kostbares Kind Gottes, und es gäbe ein großes Loch im Universum, wenn Sie sich dazu entschieden, sich abzumelden. Vielleicht können Sie Ihre Stärken nicht erkennen, aber sie existieren in Ihnen, weil Gott sie dort hineingelegt hat. Vielleicht können Sie keine Zukunft mehr vor sich sehen, aber sie existiert im Geist Gottes. Vielleicht können Sie sich nicht vorstellen, je wieder glücklich zu sein, aber das werden Sie, weil Gott Ihr Gebet erhört und für Sie Wunder auf Lager hat.

Das Ego quält und peinigt Sie, wie es uns alle quält und peinigt. Aber das Ego ist ein Lügner, und was es zu Ihnen sagt, ist nicht wahr. Sie sind nicht vertrocknet oder nutzlos oder beschädigt oder eine Versagerin oder ein Verlierer oder ein Problem für andere. Sie sind, solange Sie am Leben sind, und noch länger, von grenzenlosem Wert. Sie sind Gottes ewiges unschuldiges Geschöpf, ganz gleich, was irgendwer von Ihnen denkt, was irgendwer Ihnen angetan hat, was Sie falsch gemacht haben oder was für ein Scheitern Sie erlebt haben. So tief Sie von Ihrem Gefühl her auch gefallen sein mögen, so hoch werden Sie sich zu Gott erheben. Er wird Sie sanft in seine Hände nehmen und in die höchsten Höhen emporheben.

Er wird dies um seinetwillen tun. Nicht, weil Sie ein netter Mensch sind, was Sie sein mögen oder auch nicht. Er wird es tun, weil es das ist, was die Liebe tut, weil er sich nicht von seinen

Kindern abwenden kann, obwohl wir uns ständig von ihm abwenden. Er wird es tun, weil sein Schöpfertum und seine Gnade ohne Ende sind. Er wird es tun, nicht nur, weil er Sie liebt, sondern weil *Gott Liebe ist.*

Und seine Liebe ist grenzenlos. Dass Sie sich unter dem Gewicht der monströsen Kraft des Ego zusammenkauern, entspricht nicht Gottes Willen für Sie oder sonst irgendjemanden. Die Liebe ist der Sieger. Die Schlacht ist schon gewonnen. Sie müssen nicht um den Sieg kämpfen, sondern nur einsehen, dass er bereits erlangt worden ist. Denn nur das, was Liebe ist, ist Wirklichkeit, ganz gleich, welche Gestalt oder Form oder welchen Umfang die albtraumhafte Halluzination in Ihrem Leben jetzt annehmen mag.

Halten Sie durch, seien Sie stark, haben Sie Glauben und Vertrauen, bis das Morgen kommt. Denn es gab nie eine dunkle Nacht, auf die nicht das herrliche Erstrahlen von Gottes neuem Tag folgte. Ergeben Sie sich Gott, und bitten Sie ihn um Hilfe. Dann stehen Sie auf, trocknen Ihre Tränen, waschen sich das Gesicht und kommen, um jemand anderem zu helfen – jemandem, der eine schwere Zeit hat, dem oder der es vielleicht noch schwerer fällt als Ihnen, heute durchzuhalten. Wenn Sie sich mitfühlend seiner oder ihrer Schwäche zuwenden, werden Sie Ihre Stärke finden.

Wir wissen nie, was für Leiden sich hinter dem tapferen Äußeren von jemandem, dem wir begegnen, verbirgt. Aber wir können davon ausgehen, dass ganz gleich, wie viel Leiden wir ertragen haben, die Person zu unserer Linken und die zu unserer Rechten, wer immer sie seien, so viel gelitten haben wie wir. Ein tiefer Fluss der Qual liegt unter dem sterblichen Bewusstsein, da wir alle so sehr kämpfen, um in einer Welt zu überleben, die sich weigert, uns so zu sehen oder zu hören oder zu lieben, wie wir gesehen und gehört und geliebt werden möchten.

Derartige Gefühle machen Sie nicht zu einem sonderbaren Menschen. Sie machen Sie menschlich. Sie bedeuten, dass Sie den Schmerz empfinden, ein Fremder in einem fremden Land zu sein, und dass Sie bei der außerordentlichen Erkenntnis angelangt sind, dass die materielle Welt nicht Ihr Zuhause ist. Dass Sie sie nicht aushalten können, ist völlig berechtigt. Doch das ist nicht das Ende. Es ist der Anfang. Sie sind in dieser Welt nicht zu Hause, aber Sie sind in den Armen Gottes zu Hause.

Er hat Sie hierhergeschickt, um diese Ebene der Existenz wieder für das Licht zu beanspruchen, das sich im Herzen der Dinge findet. Die Erde ist sehr lange Zeit in Geiselhaft genommen worden, die Menschheit war eingesperrt in ihrem eigenen Geist und anscheinend auf die sehr kleinen Fitzelchen Freude beschränkt, die das Ego zulässt. Aber Sie sind nicht hier, um ein Gefangener in dieser Welt zu sein. Sie sind hier, um zu helfen, sie zu befreien.

Hat Ihr Leiden nicht irgendwie dazu beigetragen, sich der Gebrechlichkeit der Menschheit stärker bewusst zu sein? Hat es nicht Ihr Mitgefühl auf die ausgedehnt, die den Weg mit Ihnen gehen? Hat es Sie nicht auf irgendeine Weise auf ein größeres Leben vorbereitet?

Wenn Sie sich Ihr wahres Wesen und den glorreichen Grund für Ihre Existenz hier in Erinnerung bringen, dann werden Sie wieder auf die Knie fallen – dieses Mal nicht im Schmerz, sondern in Dankbarkeit, überwältigt vom Segen und dem Privileg, ein solches Wunder bekommen zu haben, wie es dieses Leben ist; ein Leben, das Sie haben, um es zu leben. Sie werden Gott bitten, Sie zu einem strahlenden Stern an den verdunkelten Himmeln der Welt zu machen, damit Sie seine Liebe und seine Güte für die verkörpern können, die weinen, wie Sie geweint haben. Welche Probleme Sie auch immer haben mögen, legen Sie sie jetzt einfach in die Hände Gottes. Er wird sie für Sie handhaben, während er Sie in jemanden verwandelt, der sie selbst handhaben kann. Sie werden sehr viel stärker daraus hervorgehen und bereit sein, in den Leben anderer Wunder zu wirken, so wie Gott in Ihrem Leben Wunder wirkte.

Gott selbst wird alle Tränen wegwischen, und das wird alle Zweifel wegwischen. Wenn der Morgen kommt, werden Sie sich kaum an den Schmerz dieser Nacht erinnern. Die Erinnerung daran wird nur auftauchen, wenn es für Sie nützlich ist, sich daran zu erinnern, damit andere durch Sie und Sie wiederum durch sie gestärkt werden. Blicken Sie nach vorn, nicht zurück. Zum Licht, nicht aufs Dunkel. Zu Gott und nicht auf irgendjemanden oder irgendetwas, der oder das weniger machtvoll oder rein ist; denn nur Gott ist Gott, und nur Gott kann tun, wovon das Ego sagt, dass es nicht getan werden kann: Sie aufheben und hoch emporheben.

Die Dunkelheit hat gegenüber dem Licht in Ihrem Herzen keine Macht. Haben Sie Geduld. Lassen Sie dem Zeit, wenn es Zeit braucht. Gott wird Sie nicht nur dem Leben zurückgeben, das Sie verloren zu haben glaubten, sondern auch einem Leben, das Sie nicht einmal in Ihren Träumen für möglich gehalten hätten. Nachdem Sie gelitten haben, werden Sie nun einen Geschmack für Süße und ein Talent für das Glücklichsein und einen Appetit auf Frieden entwickeln. Sie werden ein Überbringer von Süße und von Glücklichsein und von Frieden sein – um Ihretwillen, um Gottes willen und um der ganzen Welt willen.

Das ist der Lohn, wenn wir am Herrn festhalten und auf ihn vertrauen. Denn Gott ist gut. Gott ist groß. Und Gott ist wahrhaftig.

Amen.

DANK

Ein Buch zu schreiben ist nicht leicht. Dieser Prozess ist zum Teil anregend und beglückend, zum Teil aber auch nicht.

Bei diesem Buch wurde ich auf bedeutsame Weise unterstützt, und ich möchte mich bei jenen Menschen zutiefst bedanken, die über die Worte, Kapitel und Themen, über die ich schrieb, fast ebenso viel nachdachten wie ich. Ohne sie hätte ich dieses Buch nicht schreiben können.

Cindy DiTiberio, Liana Gergely, India Williamson und Wendy Zahler trugen allesamt unermesslich viel zum Überarbeitungsprozess bei. Alle waren sie da, wenn ich sie brauchte, wie Engel, die mir Auftrieb gaben, mich anschoben, ja mich sogar über die Ziellinie schubsten.

Mein Dank geht auch an Mickey Maudlin, der mir die Gelegenheit gab, dieses Buch zu schreiben, und der darauf vertraute, dass ich etwas von Wert im Kopf hatte, als ich ihm die Idee dazu vortrug. Wie üblich ist es eine Ehre, unter seiner Betreuung und Anleitung zu arbeiten.

Ich danke Ellis Levine für ihren exzellenten juristischen Rat und Beistand; Tammy Vogsland für das Zusammenhalten meiner materiellen Welt; und Laurie DiBenedetto, Christa Hope, Catherine Roberts und Tammy Brenizer, die das Rad am Laufen halten, damit ich tun kann, was ich tue.

Mein Dank geht auch an Katie Piel, Alex Yerik, Irene Csara und Mike Burns für ihre wertvolle Hilfe.

Ich danke dem wundervollen Team bei HarperOne: Lisa Zuniga, Anna Paustenbach, Melinda Mullin, Terri Leonard, Laura Lind und Jessie Dolch für ihre Geduld und Exzellenz.

Ich danke Frances Fisher, David Kessler, Victoria Pearman, Candace Block, Alana Stewart, Stacie Maier, Alyse Martinelli und Lane Bowes für das Band und den Schatz der Freundschaft.

Und ich danke auch Ora Nadrich, Ben Decker, Jamie Adler, Katherine Woodward Thomas, Lawrence Koh, Jonathan Duga und Tara Margolin für Geschenke der Güte und Freundlichkeit, die ich nie vergessen werde.

Und ich danke noch einmal dir, India, meiner Tochter, die auch meine beste Freundin, Teilzeitlektorin, Geschäftsführerin, größter Segen und größte Freude ist. Keine Mutter war je stolzer oder dankbarer oder verliebter.

Ich danke auch den vielen Menschen, die während einiger Veränderungen in meinem Leben in den letzten paar Jahren so freundlich zu mir waren. Die mir erwiesene Unterstützung,

Freundschaft und Großzügigkeit sind Geschenke, für die ich unendlich dankbar bin. Ich hoffe, in diesem Buch ein paar Lektionen dargestellt zu haben, die ich gelernt habe.

Und ich danke allen, die meine Bücher gelesen haben, zu meinen Veranstaltungen kamen, bei meinen Workshops halfen oder in irgendeiner Weise ihre Geschichte mit mir geteilt haben. Ich bewahre Sie alle in meinem Herzen, und das sind keine bloßen Worte.